职业教育旅游类专业升级与数字化改造系列教材

管理学基础

张 圆 石媚山 主编
刘真明 周 航 常红旭 李秋君 田晓华 张 翊 柯任泰展 副主编

清华大学出版社
北京

内 容 简 介

本书作为应用型融媒体教材,系统阐述了管理学的基本规律和一般方法。全书共分为十二章,分别是管理概述、管理理论的发展历程、决策、计划、目标与目标管理、组织、人员配备、领导、激励、沟通、控制和创新。每章包括课前案例、管理思想、管理故事、管理案例、管理游戏,并设置管理工具内容、管理实践、案例分析、课后测验。

本书突出能力培养、强化中国管理文化、凝练课程思政元素、编写体例创新与课程资源立体化,在提高学生管理素质与能力的同时,提升民族自豪感,引导树立正确的价值观,起到思政教学的作用。本书可作为高等职业院校管理类、经济类和其他专业管理学课程教材。

本书封面贴有清华大学出版社防伪标签,无标签者不得销售。
版权所有,侵权必究。举报:010-62782989,beiqinquan@tup.tsinghua.edu.cn。

图书在版编目(CIP)数据

管理学基础/张圆,石娟山主编. —北京:清华大学出版社,2023.3(2024.8 重印)
职业教育旅游类专业升级与数字化改造系列教材
ISBN 978-7-302-63118-7

Ⅰ.①管… Ⅱ.①张… ②石… Ⅲ.①管理学-职业教育-教材 Ⅳ.① C93

中国国家版本馆 CIP 数据核字(2023)第 044119 号

责任编辑:聂军来
封面设计:刘　键
责任校对:李　梅
责任印制:刘　菲

出版发行:清华大学出版社
　　　　网　　　址:https://www.tup.com.cn, https://www.wqxuetang.com
　　　　地　　　址:北京清华大学学研大厦 A 座　　邮　　编:100084
　　　　社　总　机:010-83470000　　　　　　　　邮　　购:010-62786544
　　　　投稿与读者服务:010-62776969, c-service@tup.tsinghua.edu.cn
　　　　质量反馈:010-62772015, zhiliang@tup.tsinghua.edu.cn
　　　　课件下载:https://www.tup.com.cn, 010-83470410
印 装 者:三河市龙大印装有限公司
经　　销:全国新华书店
开　　本:185mm×260mm　　　印　张:14.5　　　字　数:347 千字
版　　次:2023 年 3 月第 1 版　　　　　　　　　印　次:2024 年 8 月第 2 次印刷
定　　价:49.00 元

产品编号:094934-02

序 言

习近平总书记在主持中央政治局第三十四次集体学习时强调，发展数字经济是把握新一轮科技革命和产业变革新机遇的战略选择。《中华人民共和国国民经济和社会发展第十四个五年规划和2035年远景目标纲要》提出，迎接数字时代，激活数据要素潜能，推进网络强国建设，加快建设数字经济、数字社会、数字政府，以数字化转型整体驱动生产方式、生活方式和治理方式变革。党的二十大报告指出，推进教育数字化，建设全民终身学习的学习型社会、学习型大国。这些都表明，数字化转型是世界范围内教育转型的重要载体和方向，以数字化转型推动职业教育的创新发展是新时代赋予职业院校的历史使命，也是职业教育主动贯彻国家战略，服务经济社会数字化转型的必然选择。

2021年，教育部印发的《职业教育专业目录（2021年）》从专业名称到内涵全面进行数字化改造。2022年，教育部发布的《职业教育专业简介》突出了职业岗位能力培养，更新了课程体系，升级了专业内涵。在《职业教育专业目录（2021年）》中，旅游大类下分别设置了旅游类和餐饮类两个小类，其中旅游类又设置了旅游管理等13个专业。在新时代、新产业、新目录、新简介、新标准下，如何实现旅游类专业升级和数字化改造成为旅游职业教育高质量发展的重大课题。

青岛酒店管理职业技术学院作为参与《职业教育专业目录（2021年）》和《职业教育专业简介》（2022版）研制的单位之一，依托"双高计划"建设的有利契机，积极探索专业升级和数字化改造的路径与方法，将纸质教材的数字化改造作为推进专业升级和数字化改造的重要内容。学校坚持践行立德树人根本任务，适应新时代技术技能人才培养的新要求，服务经济社会发展、产业转型升级、技术技能积累和文化传承创新，牵头打造了职业教育旅游类专业升级与数字化改造系列教材。本系列教材具有以下特点。

一是强化课程思政，以习近平新时代中国特色社会主义思想为指导，在教材编写过程中充分融入中华优秀传统文化，引导学生树立正确的世界观、人生观和价值观。

二是突出校企双元开发，兼顾理论，强调实践，满足不同学习方式需求，注重以典型工作任务、案例等为载体组织教学单元，融入相关"1+X"职业技能等级证书标准。

三是注重数字化资源融入，面向教师"教"、学生"学"和教学做一体化，教材中以二维码的形式，大量融入微课、动画、案例、表格、电子活页等，同时还有大量面向新技术、新产业、新业态、新模式的原创性数字化素材。

四是关注教师数字化素养提升，通过习题、案例、讨论、实操等方式引导教师从数字化意识、数字技术知识与技能、数字化应用、数字社会责任以及专业发展五个维度积极拥抱数字化，助力教师的教学。

  感谢所有参与教材的主编和编写成员，他们都是旅游职业教育领域的佼佼者；感谢清华大学出版社的大力支持，经过多轮的研讨最终确定了这些选题确保这套教材的顺利出版。"人生万事须自为，跬步江山即寥廓"，希望通过我们的一点探索，能够为旅游职业教育的发展贡献一份绵薄之力，希望通过我们的一点努力，能够为文旅产业这个幸福产业的发展添砖加瓦。

青岛酒店管理职业技术学院文旅学院院长
石媚山
2023 年 2 月

前 言

从人类开始形成群体并通过合作实现独立个体无法达到的目的开始,管理就出现了。在现实生活中,管理广泛存在。从国家治理到企业管理,再到个人和家庭事务的处理,都需要一定的管理智慧与方法。不同社会组织的管理工作,既有自身的特殊性,也有一些共同的原理。管理学就是以管理活动中的共性作为研究对象,总结和提炼管理活动的一般规律。

编者作为高职院校的教师,从事管理学教学十余年,对高职阶段的学生需求与特点较为了解,并从众多管理学教材和专家学者的学术专著与科研论文中搜集到大量的教学资源。编者以管理与管理学的基本问题为切入点,以计划、组织、领导、控制和创新五大管理职能为主要框架,充分考虑高职高专教育与信息化时代的特点,结合课程思政教学的要求,使本教材呈现出以下特点。

1. 突出能力素质培养

高等职业教育面向生产、管理和服务培养高素质技能型人才,管理能力是高职毕业生综合素质的重要组成部分,而管理本身既有科学性又有艺术性,在学习理论知识的基础上结合日常实践才能真正提升管理能力。因此,本书不仅注重管理知识的讲解,也关注管理意识的培养和管理技能与管理素质的训练,通过设置典型案例和管理实训,将知识讲解与案例分析和管理实践密切结合,全面提升学生的管理能力。

2. 凸显中国管理贡献

中国传统文化博大精深,儒家、道家、墨家、法家、兵家等每一个思想流派中都蕴含着治国理家的理念,对今天的管理者和被管理者都有重要启迪。为便于读者使用,本书框架结构延用管理学教材固有体系,在内容上进行适度创新,加入中国管理思想并大量引用中国古代管理故事和现代典型管理案例,帮助读者在更好地理解管理理论的同时,领会中国古代的经典管理思想,了解中国的企业管理实践,树立文化自信。

3. 凝练课程思政元素

在信息与网络高度发达的时代,大学生很容易受到外部享乐主义、实用主义和功利主义的影响,而思想政治素质是用人单位衡量专业人才综合素质的重要指标之一,因此课程思政教育已经成为大学教育的重要内容。本书结合中国管理思想和案例,同时挖掘管理学知识与思政教学的结合点,在弘扬中华文化的基础上,凝练课程思政元素,并将"坚持自信自立、守正创新、问题导向、系统观念"等党的二十大精神内容引入其中,为管理学教师进行课程思政教学提供参考。

4. 体现编写体例创新

在体例方面,考虑到管理学知识相对晦涩难懂,本书每一章节都按照课前导入、课中理解、课后复习的顺序进行编排,在正文基础上设置课前案例、管理故事、管理思想、管理案例、管理游戏、管理实践、案例分析、课后测验等模块，个别章节还根据正文内容设置了管理工具模块，使内容更加充实，形式更加丰富，便于读者对管理知识的深入理解和把握。

5. 实现课程资源立体化

在信息化时代，包含大量相关资源的立体化融媒体教材是教材出版的一大趋势。本书利用二维码技术，将书中的管理思想、管理案例、管理游戏等资源以二维码形式插入正文中，既保证资源的丰富性、形式的多样性，又确保正文内容的连续性，有利于读者对管理学基本知识的融会贯通。同时，利用微课和动画模块将每章的重点内容立体呈现，便于读者自学与考前复习。

本书由青岛酒店管理职业技术学院张圆和石媚山担任主编，青岛酒店管理职业技术学院刘真明、北京财贸职业学院周航、济宁职业技术学院常红旭、青岛酒店管理职业技术学院李秋君、潍坊学院田晓华、青岛酒店管理职业技术学院张翊、柯任泰展担任副主编，青岛酒店管理职业技术学院陈赞和于克晓、青岛国际高尔夫俱乐部有限公司内部市场化管理部经理岳敬梅参与了本书的编写。具体分工为：张圆编写第一章、第三章、第六章、第十二章和第二章的部分内容，柯任泰展编写第二章的部分内容，张翊编写第四章，常红旭编写第五章，周航编写第七章，李秋君编写第八章，刘真明编写第九章和第十一章，田晓华编写第十章，岳敬梅提供部分案例，石媚山和张圆主审，最后由张圆总撰成书。青岛酒店管理职业技术学院陈赞和于克晓参与部分授课视频的录制。

本书在编写过程中参考了大量管理学教材和国内外专家学者的专著与科研论文资料，并从互联网选用了部分管理故事与企业管理案例，在此向所有作者表示衷心的感谢！

鉴于编者能力有限，书中如有不当之处，敬请广大专家、读者批评指正。

编　者

2022 年 11 月

目 录

第一章 管理概述 /1
第一节 管理及其职能 /2
第二节 管理者 /6
第三节 管理的外部环境与组织文化 /13

第二章 管理理论的发展历程 /19
第一节 早期管理思想的发展 /20
第二节 管理理论的发展 /27

第三章 决策 /41
第一节 决策概述 /42
第二节 决策的制定 /47

第四章 计划 /57
第一节 计划概述 /58
第二节 计划的制订 /65

第五章 目标与目标管理 /73
第一节 目标概述 /74
第二节 目标管理及其过程 /82

第六章 组织 /93
第一节 组织概述 /94
第二节 组织结构的设计 /96

第七章 人员配备 /113

第一节 人员配备概述 /114
第二节 人员的选聘与录用 /119
第三节 人员的培训与考核 /124

第八章 领导 /135

第一节 领导概述 /136
第二节 领导理论 /142

第九章 激励 /155

第一节 激励概述 /157
第二节 激励理论 /159

第十章 沟通 /171

第一节 沟通概述 /172
第二节 有效沟通 /176

第十一章 控制 /185

第一节 控制概述 /186
第二节 控制的方法 /194

第十二章 创新 /199

第一节 创新概述 /200
第二节 创新的内容 /203
第三节 创新的过程与组织 /209

附录 管理学基础课程思政元素表 /217

参考文献 /218

二维码目录

管理思想：儒家经典中与管理意思相仿的词汇 /3
动画：管理的含义 /4
动画：管理的职能 /4
管理思想：老子与管理的职能 /5
管理测试：如何成为优秀的管理者 /6
微课：管理者的类型划分 /7
管理案例：基层管理者干什么 /8
微课：管理者的技能 /8
管理故事：为什么他得不到提拔 /10
管理故事：列队虫的悲哀 /10
动画：管理者的角色 /10
微课：管理者的角色体验 /13
动画：管理的外部环境 /13
动画：管理的一般环境因素 /13
管理案例：柯达破产带来的启示 /13
管理工具：PEST分析模型 /14
动画：管理的任务环境因素 /14
管理故事：慷慨的农夫 /14
管理工具：波特五力分析模型 /14
管理案例：归真堂的坎坷上市之路 /15
管理思想：上下相和的组织氛围 /15
管理案例：以"仁本思想"为基础的娃哈哈"家文化" /15
管理游戏：齐眉棍 /16

管理案例：华为对员工奉献精神的培养 /26
动画：泰勒科学管理理论的主要内容 /28
管理案例：施密特试验 /28
微课：如何评价泰勒提出的科学管理制度 /28
管理游戏：拍手游戏 /29
管理案例：对联合邮包服务公司管理的思考 /29
微课：一般管理理论 /29
动画：管理五大要素 /29
微课：法约尔14条原则 /30
动画：法约尔14条原则解析 /30
微课：韦伯行政组织理论观点 /31
动画：霍桑实验的四个阶段 /32
动画：霍桑实验的结论 /34
微课：霍桑实验对现代管理的贡献 /35
管理思想：人性善恶 /35
动画：决策的含义 /42
管理思想：中国古代政治决策制度 /43
管理测试：你善于决策吗 /43
管理案例：铱星计划 /44
动画：决策的类型 /44
微课：战略决策、管理决策和业务决策 /45

管理案例：蒙牛集团战略转型 /45
管理思想：中国古代军事决策 /45
微课：常规决策和非常规决策 /45
管理案例：通用公司的"全员决策" /46
动画：决策的过程 /47
管理故事：霍布森选择 /48
管理思想：庞统献计 /48
管理案例：阿斯旺水坝的灾难 /48
管理案例：王华的决策分析过程 /49
微课：囚徒的两难选择 /49
动画：定性决策法 /49
管理游戏：回形针的用途 /49
微课：头脑风暴法的应用 /49
微课：决策树分析法 /51
动画：不确定型决策法 /52
动画：计划的含义 /58
微课：计划的含义解析 /58
微课：计划与决策的关系 /58
微课：传统文化中的计划理念 /59
管理思想：传统文化中的计划 /59
动画：计划的要素 /60
管理故事：投资的机会损失 /60
动画：计划的意义 /60
管理思想：未战先算、多算取胜 /60
管理思想：《孙子兵法》与《三国演义》
　　　　　对谋攻思想的解读 /61
动画：计划工作的原则 /61
微课：长期、中期与短期计划 /62
管理案例：中共中央关于制定国民经济和
　　　　　社会发展第十四个五年规划 /64
管理故事：目标指引成功 /66
管理案例：某少先队活动经费预算
　　　　　方案 /67

动画：计划制订的方法 /67
微课：滚动计划法 /68
微课：目标是什么 /74
动画：组织目标的含义 /76
动画：组织目标的类型 /76
管理思想：《孙子兵法》目标导向的"安
　　　　　国全军"思想 /76
管理故事：5年后你在做什么 /77
管理游戏：蛙跳游戏 /78
动画：目标的特征 /78
管理思想：管仲治齐的阶段目标 /79
微课：SMART原则 /80
管理案例：华为海外市场目标的制定 /80
微课：什么是目标管理 /82
动画：目标管理的含义 /82
动画：目标管理的程序 /83
管理思想："隆中对"中的战略目标 /84
管理案例：海尔的目标体系 /86
微课：目标管理的优点 /88
动画：组织的含义 /94
管理思想：中华传统管理智慧所倡
　　　　　导的组织目标 /94
管理思想：王熙凤利用分工落实责任 /94
管理故事：不拉马的士兵 /94
动画：管理幅度的含义 /95
管理故事：选立百姓官长 /95
微课：组织设计的原则 /96
管理案例：福特公司的劳动分工 /97
动画：部门划分 /100
微课：部门划分 /101
管理案例：小米的扁平式结构 /103
动画：组织结构的常见类型 /104
微课：直线职能制 /105

二维码目录

微课：事业部制的特点 /105
管理案例：美的的事业部制 /106
管理案例：华为的矩阵制组织结构 /106
管理思想：汉武帝集权 /107
动画：职权 /108
微课：人员配备的原则 /117
管理故事：他们都是出类拔萃的人 /117
动画：工作分析的含义 /118
管理工具：职位说明书 /118
微课：内部竞聘 /119
管理工具：猎头公司 /120
管理工具：广告设计的AIDA原则 /120
动画：人员选聘的流程 /121
管理工具：情景模拟面试法 /122
管理案例：一次未见面的面试 /123
管理工具：MBTI职业性格测试 /123
动画：培训实施流程 /124
微课：培训需求分析的三个方面 /124
管理思想：孔子因材施教 /124
管理工具：柯氏四级评估模型 /125
动画：工作轮换的含义 /125
管理思想：管仲按贡献发俸禄 /127
管理思想：汉武帝确立察举制 /127
管理案例：且慢下手 /127
管理工具：行为锚定等级评价法 /129
动画：考核的流程 /130
管理案例：海底捞的门店考核 /130
动画：领导的含义 /138
动画：领导的本质 /138
微课：领导影响力的来源 /139
管理思想：老子眼中的领导权力来源 /139
微课：管理者与领导者的区别 /140
管理测试：你是领导者还是管理者 /140

动画：领导的作用 /141
管理案例：苏梅的困惑 /143
动画：领导特质理论 /143
动画：领导行为理论 /144
微课：领导作风理论 /144
管理测试：你可能是哪种风格的领导者 /144
管理思想：《资治通鉴》中的领导行为理论 /145
微课：管理方格理论 /146
动画：领导权变理论 /146
管理故事：李广和程不识的不同领导风格 /148
管理游戏：七巧板 /150
动画：激励的含义 /157
管理思想：杀敌者，怒也 /157
管理案例：涨薪效果不理想，格力通过员工持股计划留住人才 /158
动画：激励的作用 /158
管理案例：长城汽车揽获多项雇主品牌类殊荣 /158
动画：内容型激励理论 /159
微课：马斯洛需要层次理论 /159
管理思想：仓廪实则知礼节，衣食足则知荣辱 /160
微课：双因素理论 /160
管理故事：大厂的激励，年轻人不买账了 /161
管理案例：周鸿祎鼓励员工创业 /162
微课：ERG理论 /162
管理故事：受挫就"躺平"算什么正义 /162
动画：过程型激励理论 /163

微课：期望理论 /163
管理故事：公平不等于一视同仁 /164
动画：行为改造理论 /165
管理思想：赏罚分明 /166
动画：沟通的含义 /172
管理思想：老子的沟通思想——
　　　　　"不争" /174
动画：沟通的过程 /174
动画：沟通的类型 /175
管理故事：选择自己的上司 /175
管理游戏：你说我画 /175
微课：正式沟通和非正式沟通 /176
动画：沟通障碍 /176
管理思想：诚信为本的沟通价值 /177
动画：文化障碍 /178
微课：沟通中的语言障碍 /178
微课：倾听的技巧 /180
管理故事：好主意来自倾听 /180
动画：控制的含义 /186
管理工具：常见行使控制职能的岗位 /186
微课：控制的原则 /186
管理思想：擒贼先擒王 /187
管理思想：将在外，君命有所不受 /187
管理案例：本田公司三年来净利润首次
　　　　　下滑，被产品质量拖后腿 /187
动画：控制工作的过程 /188
管理思想：中国古代产品生产标准
　　　　　制度 /188
管理思想：古代灾情奏报制度 /189
微课：控制的类型 /192

动画：事前控制的含义 /192
微课：事中控制的优点与不足 /192
动画：事后控制的含义 /193
管理思想：危机管理思想和意识 /193
动画：预算控制的含义 /194
管理案例：巴黎2024奥运会预算66亿欧元，
　　　　　超支在所难免 /194
管理案例：苹果的iPhone利润率有多高，
　　　　　听听华为高管的见解 /195
管理案例：福耀集团优异的成本控制
　　　　　能力 /195
动画：创新的含义 /200
管理思想：诡道制胜 /201
动画：创新的类型 /201
动画：技术创新的含义 /203
管理案例：西菱动力的生产工艺创新 /204
管理思想：革故鼎新的创新理念 /205
微课：制度创新 /205
管理案例：青岛国际高尔夫俱乐部有限
　　　　　公司大型活动市场化服务与
　　　　　管理办法 /205
管理案例：海尔的人单合一尝试 /207
微课：服务创新 /207
管理案例：海底捞的服务创新 /208
管理案例：小米网络营销模式创新 /208
微课：商业模式创新 /209
管理案例：丁香园的商业模式创新 /209
动画：创新的过程 /209
管理工具：六项思考帽 /210
动画：创新过程的组织 /211

第一章
管理概述

课前案例

《华为基本法》

1987年，43岁的任正非与几个志同道合的朋友用凑来的两万元人民币在深圳一间破旧厂房里创立了一家名为"华为"的小公司。在那个年代，估计连任正非本人都不敢想象这家连明天都不知道在哪儿的小公司将改变中国乃至全世界的通信制造业。

2010年，华为营业收入218.21亿美元，首次进入《财富》世界500强榜单，排名第397位；2011年，华为以273.557亿美元的年营业收入再次强势进入榜单，排名第352位；2013年，华为首次超越全球第一大电信设备商爱立信，名次排到第315位。在此后的三年里，华为又完成了三级跳，排名从第285位上升到第228位，并于2016年来到了第129位。

与此同时，在2016年研究机构Millward Brown编制的全球100个最具价值品牌排行榜中，华为的排名从2015年的第70位上升到了第50位。2016年8月，全国工商联发布的"2016中国民营企业500强"榜单中，华为以年营业收入3950.09亿元强势登顶，并在"2016中国企业500强"中排名第27位。

在这些成绩的背后，是以任正非为代表的华为人数十年如一日的坚持和付出，是时刻处于危机之中的理性思考，以及主动求变、先人一步的决心和勇气。

如果我们研究过很多国外走向衰败的大企业，就会发现这样一个共同点：它们无一例外都是在时代的变革中转型失败了的，尤其是在以技术为王的信息技术和通信技术的领域，诺基亚和柯达便是其中最典型的例子。

在这点上,华为无疑是处理得最好的,因为在历次的演进过程中,它都会选用一种温和的改良方式,这一方面保证了企业的平稳运营,另一方面也能够让企业始终充满活力,在市场的风起云涌中乘风破浪。

那么,为什么自成立以来,华为总能保持这样的韧性和弹性呢?其中一个最重要的原因是:《华为基本法》保证了企业基本东西是不变的,在这个基本法里几乎涵盖了公司的核心价值观、愿景以及战略方向等方面的所有内容。

在"华为基本法"被正式确定以后,华为的发展方向也就基本确定了,在此之后华为的每一次内部运作、华为管理制度的每次实施和变革等都是在此基础上进行的。

虽然"华为基本法"只是华为人对自己企业内部的一次深刻梳理和总结,是华为为寻求一般解决办法而进行的一次卓有成效的尝试,但正是这部在确定之初遭受很多人质疑的华为"宪法"如今却成为很多企业家、管理学家争相研究的对象。作为我国第一部真正意义上的全面总结企业战略、价值观,落实企业文化建设的纲领性文件,它对我国企业的文化建设起到了巨大的推动作用,将很多企业挂在墙上、装在文件袋里的标语口号摔得稀碎,以执行和落地为核心的行为将会在相当长一段时间内成为其他企业重构企业文化、重塑管理组织、重调业务结构等的指导性思想。

资料来源:黄继伟.华为管理法 [M].北京:中国友谊出版公司,2017.

问题思考

1. 请分析华为快速成长的原因。
2. 华为近几年来生存环境发生了哪些改变?请查阅资料了解华为的应对措施。

第一节　管理及其职能

一、管理的重要性

管理的历史与人类的历史一样悠久,自有人类以来就存在管理活动。当一件事情需要两个以上的人才能完成时,就会有人协调其他人的活动,并与别人一起或通过别人来完成这一事情。这个人从事的活动就是管理活动。从远古时代人类的合作狩猎到以万里长城为代表的各种工事的修建以及国家的存续和发展等各个方面都需要管理。

📖 管理故事:丁谓一举三得修皇宫

北宋大中祥符八年(1015年),京城失火,皇宫被烧毁,宋真宗派大臣丁谓主持皇宫修复工作。

这项工作困难重重,一是烧砖需要的泥土,要去遥远的郊外取;二是修皇宫需要大量建筑材料,陆路运输困难;三是清理废墟的垃圾如何运出京城。

经过意见征集和认真思考，丁谓最终确定了解决方案。首先在皇宫前面的大街上挖出一条沟，利用挖出来的泥土烧砖；然后将京城附近的汴水引入大沟，形成一条人工运河，用以运输建筑材料；皇宫修复之后，再将碎砖烂瓦等垃圾填入沟中，修复原来的大街。

丁谓这一措施可谓一举三得，轻而易举地解决了重修皇宫的难题。

到了现代社会，管理一样重要。从微观层面来看，一个人想要在组织中有所成就，需要具备一定的管理能力，一个企业想要在行业立足甚至成为领头羊，需要对企业的方方面面进行合理管理；从中观层面来看，任何一个行业要健康发展也需要相关部门的监督和管理；而从宏观层面上看，国家的繁荣昌盛、社会的和谐稳定更需要日趋完善的管理。可以说管理是无处不在的，一旦管理缺失或者管理不善就会出现各种漏洞、各种差错。

典型的案例数不胜数。自1996年起连续14年占据全球手机市场份额第一的诺基亚，在面对智能手机崛起时的错误决策，导致其不得不将包括移动手机在内的一系列业务出售给微软公司。2020年初爆发的新冠疫情让各国政府在应对时措手不及，截至北京时间2021年12月23日，全球累计确诊病例已经超过2.77亿例，其中确诊人数最多的美国超过了5 251万例，而中国政府在面对新冠疫情时以对人民群众健康高度负责的态度，组织各方力量全力以赴做好防控工作，在全国坚持应检尽检、坚决落实疫情防控等应对措施，使中国成为抗疫最成功的国家之一。

二、管理的含义

在《现代汉语词典（第7版）》中，"管理"有三种含义，分别是负责某项工作使顺利进行；保管和料理；照管并约束（人或动物）。

管理思想：儒家经典中与管理意思相仿的词汇

实际上，关于管理的含义并没有统一的说法。现代很多学者从自己的研究领域出发对管理进行了界定：经济学家认为管理是一种经济资源，政治学家认为管理是一种职权系统，社会学家认为管理是一个阶级和地位系统，心理学家则认为管理就是使人们适应组织的过程……即使同样是管理学家，也都因研究切入点的不同对管理进行了不同的界定。

"科学管理之父"弗雷德里克·温斯洛·泰勒在《科学管理原理》中提出："管理就是确切地知道你要别人干什么，并使他用最好的方法去干。"在泰勒看来，管理就是指挥他人用最好的办法去工作。在泰勒看来，管理就是指挥他人用最好的方法工作。

诺贝尔经济学奖获得者赫伯特·西蒙认为："管理就是制定决策"（《管理决策新科学》）。

彼得·德鲁克在《管理——任务、责任、实践》中提出："管理是一种工作，它有自己的技巧、工具和方法；管理是一种器官，是赋予组织以生命的、能动的、动态的器官；管理是一门科学，一种系统化的并到处适用的知识；同时管理也是一种文化。"他还提出："管理就是牟取剩余。"所谓"剩余"就是产出大于投入的部分。他认为任何管理活动都是为了一个目的：就是要使产出大于投入。

"管理过程理论之父"亨利·法约尔在《工业管理与一般管理》中提到："管理是所有

的人类组织（无论家庭、企业或政府）都有的一种活动，这种活动由5项要素组成：计划、组织、指挥、协调和控制。"法约尔的观点是当前管理学定义的基础。

哈罗德·孔茨在《管理学》中提出，"管理就是设计并保持一种良好的环境，使人在群体里高效率地完成既定目标的过程。"

动画：管理的含义

人际关系学说的创始人乔治·埃尔顿·梅奥认为管理就是做人的工作，管理的主要内容是以研究人的心理、生理和社会环境之间的相互关系为核心，通过激励员工，调动人的积极性。

美国管理协会认为，管理是通过他人的努力来达到目标。

综合以上对管理学含义的界定，我们认为：管理是在一定环境中的管理者，通过实施计划、组织、领导、控制和创新等职能，有效地利用各种资源，达到组织目标的过程。在这个含义中主要涉及以下几点。

1. 管理是针对群体的

虽然有自我管理的存在，但是在管理学当中提及的管理一般是针对他人或者一个群体的管理。

2. 管理是有特定目标的

管理的出现就是为了完成一个人所完成不了的任务，本身就是目的性很强的、有意识的一种活动，管理的目的就是保证组织的目标实现。

3. 管理是对资源的协调整合

组织的资源主要包括组织可以调用的人力资源、财务资源、实物资源及信息资源等。对组织来说，任何一种类型的资源都是有限的，因此管理的存在就是为了合理利用这些有限的资源，以期得到更大的回报。

4. 管理是通过管理职能发挥作用的

管理有计划、组织、领导、控制四个基本职能以及一个创新职能，管理过程就是四种基本职能的循环以及管理创新，管理者需要通过这五个职能的落实去保障组织目标的实现。

5. 管理是在一定的环境进行的活动

管理不是游离于真空的活动，管理的过程会受到来自组织内部和外部的各种环境影响，根据马克思主义哲学的理论观点，管理活动的开展也会影响组织内部和外部的环境。

三、管理的职能

动画：管理的职能

管理的职能是管理过程中各项活动的基本功能，又称管理的要素，是管理原则、管理方法的具体体现。管理职能的划分有许多学派，目前管理学界公认的管理职能有五个方面，分别是计划、组织、领导、控制以及创新职能。

1. 计划

计划是管理者为实现组织的目标对工作所进行的筹划活动。

计划是管理的首要职能，它包括组织目标的选择和确立、实现组织目标的方法的确定和抉择、计划的编制以及计划的实施和反馈。计划是管理职能中最基本的职能，也是实施其他管理职能的前提。

2. 组织

组织是管理者为实现组织目标而建立以协调组织结构的工作过程。具体包括把为达到目标所必需的各种业务活动进行组合分类、对组织中的权力进行合理分配、规定上下左右的协调关系。为保证组织目标实现，还必须不断对这个结构进行调整，对所需人员进行选拔和培养，这一过程就是组织。组织为管理工作提供了结构保证。

3. 领导

为使个体和群体能够自觉自愿而有信心地为实现组织既定目标而努力，组织中需要有管理者对下属的工作进行指挥和协调，并适时地对下属进行激励。在这个过程中必不可少的是管理者与下属之间各种形式的沟通。领导职能的对象是组织中的人，因此领导也是四个基本管理职能中最具艺术性的一个，如何提高管理者的领导能力一直是管理学家们探讨的课题。

4. 控制

控制是指管理者为保证实际工作与目标一致而进行的活动，即按既定目标和标准对组织的活动进行监督、检查，发现偏差，采取纠正措施，使工作能按原定计划进行，或适当调整计划以达到预期目的。控制工作是一个延续不断的、反复发生的过程，其目的在于保证组织实际的活动及其成果同预期目标相一致。

5. 创新

管理的四个基本职能循序完成，并形成周而复始的循环往复，这就是管理的基本过程，其中每项职能之间都是相互联系、相互影响的，以构成统一的有机整体。但管理过程只有计划、组织、领导和控制是不够的。从某种意义上来说，它们同属于管理的"维持职能"，其任务是保证系统按预定的方向和规则运行，但是，组织是在动态环境中存续的，必须不断调整组织活动的内容和目标，以适应环境变化的要求，这就是管理的"创新职能"。管理创新的本质是激发和引导组织从旧的稳定状态跃迁到新的稳定状态。日常管理目标是维持稳定状态下的工作效率，而创新管理的目标是通过变化寻求更高的效率。

四、管理的科学性和艺术性

管理既是一门科学，又是一门艺术。管理是科学性与艺术性的统一。

管理具有科学性。管理科学是人类在长期的社会生产实践活动中，对管理过程中的客观规律的归纳、总结与反复实践验证。管理已经形成了基本的理论体系，可以用来指导人们的管理活动实践。

管理思想：老子与管理的职能

管理具有艺术性。管理是一种随机的创造性工作，管理的环境和管理的对象都不是一成不变的，因而管理是具有实践性的，管理者需要在参考管理理论的基础上依据实际情况创造性地提出解决问题的思路。

因此，想要学好管理必须理解管理是科学性和艺术性的结合，要在理解管理理论的基础上多实践，一边学习一边应用，在反复实践中真正提升自己的管理能力。

> 📖 **管理故事：量体裁衣**
>
> 清朝时，北京城里有一家生意兴隆的裁缝店。每次有人来做衣服，裁缝师傅总是一边量尺寸，一边观察他的形体特点。如果顾客只是来送布料，衣服是替别人做的，裁缝师傅就会问穿衣人的年龄、职业、性情等。一次，一位来做衣服的顾客被问得不耐烦了，对裁缝师傅说："你只管做衣服，别总问长问短，太啰唆了！"裁缝师傅解释道："凡是我问的，都与做衣服有关。比如给刚考中的举人老爷做衣服，就要问明年龄。若是年轻人，必定性情骄傲，走路挺胸凸肚，衣服就要做得前长后短。反之，如果是上了年纪的举人，得志太晚，大都意志消沉，走起路来必定弯腰曲背，衣服就要做得前短后长。"裁缝的一番话，说得这位嫌麻烦的顾客心悦诚服，后来人们都夸这位裁缝师傅善于量体裁衣。
>
> 资料来源：孙建中.量体裁衣[M].北京：连环画出版社，2019.

第二节　管　理　者

一、管理者的含义

从管理的含义当中，我们可以看到管理者的存在。事实上，管理成功与否，在很大程度上取决于管理者这个至关重要的角色。管理者是组织管理活动的主体，任何组织的管理活动都与管理者密切相关。那么，在一个组织中哪些成员属于管理者呢？

在组织中有两类人，分别是管理者和操作者。操作者只需要做好组织分配给自己的工作，不需要对别人的工作进行指挥和协调，例如学校里负责授课的老师、医院里的医生、餐厅的服务员就是典型的操作者。而管理者则是指那些在组织中指挥他人完成具体任务的人，如公司的经理、总监、主管，医院的院长、主任、护士长，学校的校长、系主任、教导主任，机关的局长、处长、科长等。他们虽然有时也做一些具体的事务性工作，如校长也会给学生讲课，医院院长也会给患者做手术，护士长也会给病人打针等，但其主要的职责是指挥下属工作，而不是完成具体的操作性事务。

由此可见，管理者就是在组织中从事管理活动的人。

管理测试：如何成为优秀的管理者

二、管理者的类型

组织的正常运转离不开管理者，规模越大的组织需要管理的事务就越复杂，需要的管理者数量也就越多，而每个管理者具体负责的工作也是不同的，按照他们在组织中具体负责的领域和所处的层次可以对管理者进行类型的划分。

（一）按管理领域划分

按照管理者在组织中的管理领域可以分为综合管理人员和专业管理人员。

1. 综合管理人员

综合管理人员需要运用各项管理职能对自己所管理的组织或者部门的全部工作予以负责。例如，工厂的厂长、车间主任、班组长等。

微课：管理者的类型划分

2. 专业管理人员

专业管理人员只需要在组织中负责某一具体类别的工作。例如，组织中的财务处长只需要管理与资金和账目有关的事务，人事处长只需要管理与员工招聘、培训、晋升等与人力资源有关的事务，研发中心主任只需要管理与新产品研发有关的事务等。我们会发现，组织中的专业管理人员有很多，并且专业管理人员在不同的组织中也各不相同，如高校中一般会有招生就业办公室主任，而不会有研发部主任，有些组织甚至会把个别业务外包，所以也就不会有相关的专业管理人员。

（二）按管理层次划分

按照管理者在组织中所处的管理层次，可以将管理者分为高层管理者、中层管理者和基层管理者。在任何组织中我们都可以把管理者抽象为这三个层次，如图1-1所示。

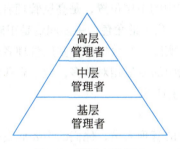

图1-1 管理者的层次

1. 高层管理者

高层管理者处于组织的最高层，对整个组织的管理全面负责。他们的主要工作是制订组织发展的总目标、发展战略等关乎组织未来的重大决策，并对组织的资源进行统筹安排。他们的工作主要是做出决策，因此也称决策层。这一层次的管理者在组织中比例极低，例如，企业的总裁、董事长、总经理、副总经理，学校的校长、副校长，医院的院长、副院长等。

📖 **管理故事：丞相的职责**

汉初，陈平和周勃都在汉文帝手下当丞相。在一次接受群臣朝见时，汉文帝问右丞相周勃："全国一年中判决的案件有多少？"周勃谢罪说："不知道。"孝文帝又问："全国一年中钱粮的收支有多少？"周勃又谢罪说不知道，急得汗流浃背，惭愧自己不能回答。于是汉文帝又问左丞相陈平。陈平说:"有主管的人。"汉文帝说:"主管的人又是谁?"陈平说:"陛下若问判决案件的情况,可询问廷尉;问钱粮收支的情况,可询问治粟内史。"汉文帝说:"如果各自有主管的人,那么你所主管的是些什么事呢?"陈平谢罪说:"为臣诚惶诚恐!陛下不知我才智低劣,让我勉强担任宰相的职位。宰相一职,对上辅佐天子调理阴阳,顺应四时,对下养育万物适时生长,对外镇抚四夷和诸侯,对内爱护团结百姓,使公卿大夫各自能够胜任他们的职责。"汉文帝称赞他回答得好。右丞相周勃大为不悦,退朝后埋怨陈平说:"您怎么不在平时教我对答这些话!"陈平笑着说:"您身居相位,不知道丞相的职责吗?陛下如若问起长安城中盗贼的数目,您也要勉强凑数来对答吗?"这时周勃自知自己的才能比陈平差远了,不久之后就推托生病,辞去丞相职位。

这个故事出自司马迁《史记》中的一篇文章《陈丞相世家》。陈平的回答告诉我们:高层管理者应该从日常管理实务中抽离出来,将注意力聚焦在组织战略性目标的制定、核心理念的确立等方面。

资料来源:佚名.史记《陈丞相世家》原文及翻译.[EB/OL]. http://www.5156edu.com/html/z3679m3511j1419.html.(2020–02–21)[2022–01–06].

2. 中层管理者

中层管理者处于组织架构中的中层位置,是高层管理者决策的执行者,因此又称执行层。中层管理者在组织中是承上启下的角色,主要职责是正确领会高层管理者的指示精神,并创造性地结合本部门的工作实际,有效指挥各基层管理者开展工作,他们注重的是日常管理事务。中层管理者在组织中的数量相对较多,包括企业的部门经理、学校的系主任或者二级学院院长、医院的科室主任等。

3. 基层管理者

基层管理者是在组织一线的管理人员,他们的主要职责是直接指挥和监督现场作业人员,保证完成上级下达的各项计划和指令,因此基层管理者也称操作层。相对于高层管理者和中层管理者,基层管理者主要关心的是具体任务的完成。他们的工作直接关系到组织计划能否落实,目标能否实现,所以基层管理者在组织中十分重要。基层管理者在组织中的数量庞大,主要包括企业中的班组长、学校的教研室主任、医院里的医疗组长等。

管理案例:基层管理者干什么

微课:管理者的技能

三、管理者的技能

为了保证管理的有效性,管理者需要相应的管理技能。美国著名管理学家罗伯特·卡茨认为,有效的管理者应当具备三种基本技能:技术技能、人际技能和概念技能。

1. 技术技能

技术技能是指从事自身管理范围内的工作所需的基本技术和具体方法。如会计师要会记账、餐厅管理者要会摆台等。技术技能对基层管理者来说尤为重要,因为他们的大部分时间都是在指导、训练、帮助下属人员,或回答下属人员的有关问题,因而必须熟悉下属人员所做的各种工作,全面而系统地掌握与本部门工作内容相关的各种技术技能,这样才能更好地指导下属工作,更好地培养下属。

2. 人际技能

人际技能是指把握与处理人际关系的有关技能,即理解、动员、激励他人并与他人共事的能力。一个好的管理者需要妥善处理同上级、下属、同行和他人的关系。显然,不管是哪一个层次的管理者都需要具备一定的人际技能,以保证自己能够与周围的人有效地沟通与合作,进而实现组织目标。

3. 概念技能

概念技能是指能够洞察企业与环境相互影响的复杂性,并在此基础上加以分析、判断、抽象、概括,并迅速做出决断的能力。越是处于高层的管理人员,越需要制订关乎组织发展全局的重要决策。他们所做的决策影响范围更广、影响期限更长,因此他们需要更多的概念性技能。

任何一个层次的管理者都需要这三种管理技能。人际关系技能对不同管理层的重要程度区别并不明显,但是技术技能和概念技能对不同层次管理者的重要程度差别较大。技术技能对于基层管理者来说尤为重要,伴随职位的晋升,技术技能对管理者的重要性逐步降低,而概念技能对管理者的重要性逐步上升,对高层管理者来说,概念技能是最重要的。

当然,基层管理者也要做一些关于本部门发展的决策,制订本部门的整体计划,为了做好这些工作,他们也需要掌握一定的概念技能。而高层管理者并不经常从事具体的作业活动,所以并不需要全面掌握完成各种作业活动所需具备的技术技能。但他们也要对技术技能有基本的了解,否则就无法与他们主管的专业技术人员进行有效沟通。在现实中,对技术技能一窍不通的人不能成为高层管理者,但那些在某一专业领域是专家而对其他相关领域专业知识一无所知的人也不会成为称职的高层管理人员。例如,医院的院长应该了解医疗过程,但如果他仅精于外科手术而不具有基本的财务管理知识,那么他也无法成为一个合格的院长。处在中间的中层管理者,需要做的决策比高层管理者影响面小,比基层管理者影响面大,直接指导下属工作的内容比基层管理者要少,比高层管理者又多,因此对他们来说三项技能都是较为重要的,从比例上看差不多是三项技能的平衡。图1-2为不同层次管理者技能的差别。

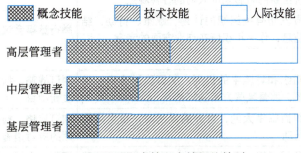

图1-2 不同层次管理者技能的差别

四、管理者的角色

管理故事：为什么他得不到提拔

管理故事：列队虫的悲哀

动画：管理者的角色

1954年，德鲁克在《管理的实践》一书中率先提出"管理者角色"的概念，引发了管理学界的广泛关注和讨论。20世纪60年代末期，亨利·明茨伯格对5位总经理的工作进行了一项仔细的研究，最终的结论是，管理者扮演着10种不同但高度相关的角色。管理者角色（Management roles）这个术语指的是特定的管理行为范畴，这10种角色可以进一步组合成三个方面：人际关系、信息传递和决策制订。表1-1为亨利·明茨伯格管理者的角色。

表1-1 亨利·明茨伯格管理者的角色

管理者角色	角色描述	典型活动
人际关系方面		
挂名首脑	象征性的首脑，必须履行许多法律性的或社会性的例行义务	迎接来访者，签署法律文件
领导者	负责激励和动员下属，负责人员配备、培训和交往	实际上从事所有的有下级参与的活动
联络者	维护自行发展起来的外部接触和联系网络，向人们提供信息	发感谢信，从事外部委员会工作，从事其他有外部人员参加的活动
信息传递方面		
监听者	寻求和获取各种特定的即时信息，以便透彻地了解组织与环境，作为组织内部和外部信息的神经中枢	阅读期刊和报告，保持私人接触
传播者	将从外部和下级得到的信息传递给组织的其他成员——有些是关于事实的信息，有些是解释和综合组织的有影响的人物的各种观点	举行信息交流会，用打电话的方式传达信息
发言人	向外界发布有关组织的计划、政策、行动、结果等信息，作为组织所在产业方面的专家	举行董事会议，向媒体发布信息
决策制定方面		
企业家	寻求组织和环境中的机会，制订改进方案以发起变革，监督某些方案的策划	制订战略，检查会议执行情况，开发新项目
混乱驾驭者	当组织面临重大的、意外的混乱时，负责采取补救行动	制订战略，检查陷入混乱和危机时期的应对措施
资源分配者	负责分配组织的各种资源——事实上是批准所有重要的组织决策	调度、询问、授权，从事涉及预算的各种活动和安排下级的工作
谈判者	在主要的谈判中作为组织的代表	与工会进行合同谈判

（一）人际关系方面

罗宾斯认为，人际关系方面的角色直接来自管理者的正式权力基础。管理者在处理组织成员和其他利益相关者的关系时，扮演的就是人际关系方面的角色。人际关系角色有三种，分别是挂名首脑、领导者和联络者。

1. 挂名首脑

挂名首脑作为组织的最高首脑，管理者必须行使一些具有礼仪性质的职责，代表组织参加一些法律性或者社交性的公开仪式，如接待重要的来访者、签署一些法律文件、代表组织拜访重要客户等。

2. 领导者

管理者需要全面负责组织的发展，因此他必须在组织内扮演领导者的角色，和员工一起工作，对员工进行动员、激励和培训，带领员工为实现组织的目标而努力。

3. 联络者

组织的发展离不开与外界的各种竞争与合作，管理者需要在组织外部维系自己的关系网，通过各种手段及时获取与组织发展息息相关的信息，并传达给组织内部各部门。

（二）信息传递方面

信息传递方面，管理者需要从组织外部和组织内部两个方面获取并传递信息。在这个方面管理者主要扮演监听者、传播者和发言人的角色。

1. 监听者

作为监听者，管理者通过各种方式主动收集来自组织内部和外部的信息，以保持对组织发展环境的了解。例如，管理者需要及时阅读政府工作报告、相关期刊、组织财务报告等；再如对于一所高校的管理者来说，他必须关注教育部及相关部门的一些动态，及时获取教育领域的相关信息，同时还要关注相关行业的发展动态，了解某些专业未来的动向。

2. 传播者

管理者应当把获取到的外部信息传递到组织内部需要信息的各个部门，以保证各部门达成组织的目标。有一些信息可以直接传达，有一些信息需要管理者自行理解之后再进行传播。例如政府工作报告中的一些相关条文，管理者应当理解透彻后再向组织成员传达。

3. 发言人

这个角色主要面向组织的外部。管理者要把信息发送给组织之外的个人和单位。管理者需要对外传递关于本组织的计划、政策和成果信息，使得那些对企业有重大影响的人能够了解企业的经营状况。例如，管理者要就财务状况向董事会和股东会（大会）报告，还要让消费者了解组织的规范生产、产品创新等。

（三）决策制定方面

决策制定方面的角色是管理者最重要的角色。管理者应当通过信息的获取和处理得到结论，并以此为依据为组织发展做出决策。决策制定方面主要包括企业家、混乱驾驭者、资源分配者和谈判者四种角色。

1. 企业家

管理者需要识别环境中的机会与威胁，发起组织关于发展战略、组织结构、产品研发、市场策略等各方面的变革。这是管理者非常重要的一个角色，它往往决定着组织未来发展的成败。

2. 混乱驾驭者

作为混乱驾驭者，管理者需要在环境突发改变的情况下帮助组织做出正确决策，以渡过难关。与企业家角色的不同点在于，这是非自愿地回应压力。管理者需要对未来环境进行预测，然而没有组织能够事先考虑到每一个偶发事件，因此管理者必须花费大量时间应对突发事件。

> **管理故事：曹玮应变除叛军**
>
> 北宋真宗时，宋与西夏两国边境经常发生战事。
>
> 有一年，在北宋与西夏国交界的渭州（今甘肃宁夏部分地区），投敌的北宋兵特别多，西夏将军们高兴极了。可是有一天，一个埋伏在北宋军中的西夏军探子向主帅报告了这样一件事。
>
> 前天下午，宋军渭州守将曹玮正在和客人下棋。有个部将向曹玮报告："将军，今天又发现五十多个士兵叛逃西夏国。"
>
> "知道了。"正在兴致勃勃下棋的曹玮听完报告，镇定自若，一点也没有惊慌失措。报告人的话音一落，他不假思索地回答道："慌什么，那是我派过去的。"
>
> 曹玮这句话刚出口，好像马上发觉自己说露了嘴，立即抬起头环顾左右，见在场的都是自己的亲兵，便没再说什么。
>
> 可是，曹玮的亲兵无意中把这一重要情况泄露给西夏国在宋军中的探子。于是就出现了西夏探子向主帅报告的这一幕。
>
> "原来是这样，我本来就疑心，这些宋兵可能不是真心投诚过来的。"西夏军主将恍然大悟。"来人，把所有投诚过来的宋兵全都给我斩了！"一声令下，先后投向西夏军的几百宋军，全部被杀。
>
> 等到把这批降兵杀完之后，西夏军主将细细一想："不好，我们中了曹玮的奸计了。"正当他后悔得跺脚捶胸的时候，渭州将军府内曹玮正在哈哈大笑。原来，曹玮随机应变，用一句假话借刀杀人。从此，宋军士兵便不敢投敌了。
>
> 曹玮在面对手下士兵投敌的棘手问题时，采用妙招予以应对，这其实就是管理者混乱驾驭者角色的体现。
>
> 资料来源：佚名.曹玮应变除叛军.[EB/OL]. https://www.gushiba.com.cn/mingren/jiangxiang/12366.html.（2021-01-24）[2021-11-12].

3. 资源分配者

管理者负责在组织内合理分配他可以掌控的人、财、物等各种资源。为了做到这一点，管理者要设计组织的结构，即决定组织成员分工和协调工作的模式，在此基础上为下属分配工作任务和相应的资源（包括通过预算的方式分配资金，以及对各部门员工数量和实物资源数量的分配）。

4. 谈判者

组织要不停地进行各种重大的、非正式的谈判，这些谈判一般由组织最高管理者带领进行。因为最高管理者有足够的权力来支配各种资源并迅速做出决定，有利于提高谈判的效率。例如西方国家的组织管理者有时需要跟工会进行谈判以平衡工人利益和组织利益。

在一个组织中，管理者有不同的层次，也有不同的专业领域，因此从实践上来讲，每位管理者具体要扮演的角色，可以是上述10种角色的任意排列组合。

微课：管理者的角色体验

第三节　管理的外部环境与组织文化

组织的生存发展与各种内外部的环境密切相关，管理的过程会受到来自组织内部和外部的各种环境因素影响，因此组织需要研究与自身发展相关的各种外部环境和内部环境，从中找到发展的机遇，规避可能的风险。组织的管理环境一般包括外部环境和内部环境两部分，其中内部环境包括组织的文化与物质环境。

一、管理的外部环境

管理的外部环境是存在于一个组织外部的影响组织绩效的各种力量和因素的总和。环境变化可以为组织提供新的机会，也会带来威胁。研究管理环境的目的在于预测变化，迅速应对。外部环境包括一般环境因素和任务环境因素。

动画：管理的外部环境

（一）一般环境因素

一般环境因素也称宏观环境因素，是对组织绩效产生的影响相对间接的外部因素，主要有政治环境、经济环境、社会环境、技术环境等。

动画：管理的一般环境因素

1. 政治环境

政治环境具体包括执政党性质、政治体制、经济体制、政府的管制、税法的改变、专利的数量、环境保护法、产业政策、投资政策、国防开支水平、政府补贴水平、反垄断法规、与重要大国关系、地区关系、民众参与政治行为等。我国政府实施一系列的减税降费政策对组织来说就属于政治环境要素。

2. 经济环境

经济环境主要包括宏观和微观两个方面的内容。宏观经济环境主要指一个国家的国民收入、国民生产总值及其变化情况以及通过这些指标能够反映的国民经济发展水平和发展速度。微观经

管理案例：柯达破产带来的启示

济环境主要指企业所在地区或所服务地区的消费者收入水平、消费偏好、储蓄情况、就业程度等因素。这些因素直接决定着企业目前及未来的市场大小。

3. 社会环境

社会环境包括一个国家或地区的人口数量及其增长趋势，居民文化水平，以及宗教信仰、风俗习惯、审美观念、价值观念等。这些因素会对企业的经营方向、管理理念等方面产生影响。

管理工具：PEST 分析模型

4. 技术环境

技术环境包括与企业所处领域的活动直接相关的技术手段的发展变化，也包含国家对科技开发的投资和支持等。随着人类进入知识经济时代，技术的不断革新给企业经营带来更多便捷和机遇的同时也带来极大的挑战，稍有不慎便会出现亏损、甚至是破产等结果，因此管理者必须更加关注技术创新。

（二）任务环境因素

任务环境因素也被称作微观环境因素，是对组织发展影响较为直接的外部环境要素，主要包括供应商、顾客、竞争者、相关政府部门及特殊组织等。

动画：管理的任务环境因素

1. 供应商

供应商又称资源供给者，是为组织提供原材料、资金、人才、信息和技术等资源的各种组织。主要供应商一旦发生问题会致使组织运转减缓甚至终止。因此组织需要与供应商保持良好的合作，同时不能过于依赖某一个供应商。

2. 顾客

顾客是指从企业购买产品或服务的个人或组织。顾客的数量、类型及需求的变化，都会给企业带来机会或威胁。企业需要及时洞察主要顾客消费偏好的变化，并对自己的产品进行升级。

3. 竞争者

管理故事：慷慨的农夫

管理工具：波特五力分析模型

竞争者主要指与组织争夺消费者的同行、替代品生产者，也包括与自己需要相同资源的组织。竞争者是让组织比较有危机意识的一类环境要素，竞争者的存在也可以督促组织不断自我革新，促进行业整体的不断进步。美国的耐克和德国的阿迪达斯这两大运动品牌是大家公认的运动品牌霸主，两家公司的竞争也从未停止。然而阿迪达斯还有一个竞争了半个多世纪的亲兄弟——彪马。这些竞争者的存在让阿迪达斯在技术和营销等领域不断创新，正如彪马首席执行官比约恩·古尔登所说："两家（阿迪达斯和彪马）之间确实存在竞争，但不是负面的敌对，而是良性的竞争关系。"

4. 相关政府部门

相关政府部门会对组织实行严格的监督。例如，疫苗的研发、生产和上市等流程都需要接受国家药品监督管理局的监管，旅游行业的相关企业需要接受各级别的文化和旅游管理部门的监管。

5. 特殊组织

特殊组织包括与组织发展息息相关的工会、消费者协会、环境保护组织等。特殊组织的存在会给组织发展带来各种正面或者负面的影响。

管理案例：归真堂的坎坷上市之路

二、组织文化

罗宾斯认为，组织文化是影响组织成员行动、将不同组织区分开的共享价值观、原则、传统和行事方式。在大多数组织中，这些共享价值观和惯例经过长时间的演变，在某种程度上决定了"这里的事情应该如何完成"。任何组织都有自己的文化，但并非所有的文化对员工都有同等程度的影响。这就是强文化与弱文化的差别。

管理思想：上下相和的组织氛围

（一）强文化

强文化是组织的核心价值观被广泛、深度共享的文化。

在组织中，接受核心价值观的组织成员越多，他们对这种价值观的信仰就越坚定，组织文化也就越强。组织文化越强，就会对员工的行为产生越大的影响，高度的价值观认同感在组织内部创造了一种很强的行为控制氛围，从管理者到员工都会受到这种文化的影响，做出符合组织核心价值观的各种选择。

在强文化中，组织成员对于组织的立场有着高度一致的看法，这种目标的一致性提高了组织的内聚力和员工的忠诚度。一般在业界有名的组织都会有自己明确的组织文化，例如华为的文化是"狼性文化"，娃哈哈的文化是"家文化"，海尔的文化是"应变文化"等。并且他们的文化对组织成员影响很大，是典型的强文化代表。

（二）弱文化

弱文化是指组织没有典型的可以指导全体员工行为的核心管理理念。组织文化特点不鲜明，或者只被少数管理者所认同，社会多元文化对组织成员影响深刻，导致社会文化的影响力超过组织自身文化的影响力。在弱文化的状态下，组织难以形成较高的凝聚力和战斗力。

管理案例：以"仁本思想"为基础的娃哈哈"家文化"

管理实践：分组建立模拟企业并进行团队游戏

- 任务目标

（1）培养学生利用管理知识组建企业的能力。
（2）培养学生的人际沟通能力。
（3）培养学生的团队协作能力。

● 任务要求

（1）学生自行分组建立模拟企业。
（2）学生根据所学专业选择模拟企业经营方向。
（3）通过演讲的方式竞聘模拟企业负责人。
（4）初步设计模拟企业组织结构。
（5）进行内部招聘，确定每一位成员在模拟企业中的职位。
（6）各模拟企业全员参与"齐眉棍"游戏。

管理游戏：齐眉棍

案例分析

忙碌的生产部长

金星公司是一家生产住宅建筑用品的企业。王雷是该厂的生产部长，他的直接上级是公司总经理。张立是装配车间的主任，归王雷领导。张立手下有7名工人负责装配住宅中的各种用锁。

一天，总经理打电话对王雷说："我们收到好几次客户投诉，说我们的锁装配得不好。"王雷很快作了调查并向总经理汇报说："那些锁的装配没有我的责任。那是装配车间主任张立的失职，他没有检查手下的工人是否按正确的装配程序工作。"

王雷同时向总经理汇报了他在这个星期所做的几件重要的工作：① 对工厂的下半年生产进度与人员使用作了初步安排；② 表彰上个季度业绩突出的员工；③ 对一位求职者进行面试，填补厂里质量管理职位的空缺；④ 包装生产线上一位操作工去看病，他顶班在生产线上干了大半天；⑤ 将生产系统中有关人员间的关系做了一点调整，让工程师们以后直接向工厂的总监汇报工作，不必再通过总工程师。

从总经理那里汇报回来，王雷抓紧时间办妥了几件事：① 与工会处理了一桩劳资纠纷；② 向厂里的基层管理人员解释了在工伤赔偿政策上打算做出哪些改动；③ 同销售部经理讨论了产品的更新换代问题；④ 打电话给一家供应厂商，告诉他们有一台关键的加工机器坏了，无法修理，请他们速来换一台；⑤ 考虑了如何改进厂里的制造工艺。待办完这些事，他一看表才知早已过了下班的时间。

资料来源：佚名. 案例分析忙碌的生产部长. [EB/OL].https://www.docin.com/p-2293454996.html.
（2020-01-08）[2022-2-12].

根据案例回答下列问题。

1. 王雷和张立分别是这家企业的（   ）管理人员。
   A. 高层和中层　　　B. 中层和基层　　　C. 高层和基层　　　D. 都是中层
2. 关于锁的装配不善问题，公司总经理应该首先责成（   ）负起最终责任。这依据的是（   ）原则。
   A. 装配车间主任，监督职责明确原则
   B. 装配车间的工人们，执行职责明确原则
   C. 生产部长，责任的不可下授原则

D. 依据责权对等原则，没人该对此负责

3. 王雷向总经理汇报他这星期做了几件重要的工作，请在下列空格里依次填写这些工作所体现的活动或职能性质。

A. _____   B. _____   C. _____
D. _____   E. _____

4. 劳资纠纷的处理和工伤赔偿政策的解释都共同需要（　）管理技能。
   A. 人际技能   B. 技术技能
   C. 概念技能   D. 根本不需要管理方面的技能

5. 产品更新换代和制造工艺改进对管理工作的职能和技能的要求是（　）。
   A. 它们都是技术方面的问题，与管理工作无关
   B. 它们都涉及管理中的决策职能，所以只要具备概念技能就可做好该类工作
   C. 它们是纯粹技术领域的业务决策，做好该项决策需要有一定的管理技能，但主要限于技术技能方面
   D. 技术领域的决策是一项富有挑战性的工作，要求同时具备概念技能和技术技能，有时还需人际技能

6. 打电话请供应厂商来换一台同目前用坏的机器一样的设备，这是设备简单替换问题，需要的管理技能主要是（　）。
   A. 概念技能和技术技能   B. 人际技能和技术技能
   C. 技术技能   D. 人际技能和概念技能

课后测验

一、单项选择题

1. 山川旅行公司刘总经理在总体市场不景气的情况下，以独特的眼光发现了惊险型旅游项目与40～45岁男性消费者之间的相关性，在此基础上设计了具有针对性的旅游路线与项目，并进行了前期宣传。但因为涉及与交通、保险、环保等行业部门的协调，新项目得到正式批准的时间比预期晚了整整一年，由此丧失了大量的市场机会。你认为（　）最能概括刘总的管理技能状况。
   A. 技术技能、人际技能、概念能力都弱
   B. 技术技能、人际技能、概念能力都强
   C. 技术技能和人际技能强，但概念能力弱
   D. 技术技能和概念技能强，但人际技能弱

2. 基层管理者需要指导和监督基层人员工作，因此对基层管理者最重要的是（　）。
   A. 概念技能   B. 人际技能   C. 技术技能   D. 三种能力的平衡

3. 下列不属于管理职能的是（　）。
   A. 计划   B. 组织   C. 沟通   D. 控制

4. 对整个组织的管理全面负责的是（　）。
   A. 高层管理者   B. 中层管理者   C. 基层管理者   D. 以上都不是

5. 越是处于高层的管理人员，越需要制订关乎组织发展全局的重要决策，因此对他们来说最重要的是（　　）。

   A. 概念技能　　　　　　　　　　B. 人际技能

   C. 技术技能　　　　　　　　　　D. 三种能力的平衡

6. 2022年冬奥会在北京市和河北省张家口市举行，2021年1月18日，国家主席习近平来到北京首都体育馆，听取北京冬奥会、冬残奥会筹办工作整体情况介绍，察看场馆改造和花样滑冰队训练情况；来到国家高山滑雪中心了解国家高山滑雪中心建设情况，在高山滑雪中心竞技结束区察看赛场保障运行和竞技比赛训练情况；前往国家雪车雪橇中心察看雪车、雪橇运动员完整训练过程。这体现了总书记对管理者（　　）角色的履行。

   A. 挂名首脑　　　B. 领导者　　　　C. 发言人　　　D. 混乱驾驭者

二、判断题

1. 对组织发展来说，环境怎样变无关紧要。（　　）
2. 管理是针对群体的。（　　）
3. 娃哈哈"家文化"以"人本思想"为基础。（　　）
4. 对组织中的权力进行合理分配、规定上下左右的协调关系属于管理的领导职能。（　　）
5. 法约尔认为管理的职能包括计划、组织、指挥、协调和控制。（　　）
6. 管理的环境指的就是组织的外部环境。（　　）

三、名词解释

1. 管理
2. 管理者

第二章

管理理论的发展历程

课前案例

《周礼》中的市场运行管理

《周礼》中的"市政"从市场的"开市"到市场的经营都有专职人员与专职机构负责,这些专职人员与专职机构按照规定严格管理,形成了一套严密的管理体系。

（一）"开市"与"市"的规模、类别的确定

《周礼》将"市"按照贸易主体、规模大小、交易时间的不同分为"大市""朝市""夕市"。以百姓为主进行交易的集市于正午刚过开市交易,称"大市"。而早晨开市的则以商贾为主,称"朝市"。傍晚开市的以小商贩为主,称"夕市"。无论"大市""朝市""夕市"都被圈定在有围墙、有门出入的固定场地中。在被圈定的固定场地中,设有管理机构的总办公场所"思次",由"市"的总官"司市"将标志"市"的旗帜挂在"思次"的房屋上以表示"开市"。

（二）"市政"工作的办事机构与人员

"思次"下按等级分为"次"和"叙",分别负责市场的管理与经营。

（1）对"市"交易过程的管理。其一,严把货物的入市关。由称作"胥"的管理员执

鞭把守市门检查货物与出入人员。市场交易的货物需盖有专属部门的印章才可以出入市场。其二，进行待售货物的分类、定价。由"贾师"将待交易货物统一分类、审查、公平定价后才可入市交易。其三，按照利民政策调剂市场。鼓励对民生有利的牲畜、食物等日常商品交易。

（2）制订维护市场治安的规章制度。一是处理纠纷。《周礼》规定，要及时处理纠纷与诉讼，讲求"时效"性。二是合理征收市场税赋。"关市之赋"是向商贾征收的赋税，包括次布（店铺房屋税）、总布（货物税）、质布（地契、田宅、牲畜交易等契税）、罚布（罚款）、廛布（货仓的税赋）。征收"市税"由"廛人"负责，将征收的赋税统一缴入泉府（钱府）。但如果遇到灾荒则免征税赋。三是打击假冒伪劣。制定了四十八项条例以处罚那些有欺诈行为之人。此外，还根据案件情节及影响的大小实行等级处理，情节严重但又不够触犯刑律的适用"大刑"，鞭挞惩戒；触犯刑律者送交司法处置。

（3）市场"管理官员"的职责规定。《周礼》中确定了具体的市场管理官员与机构，如司市、质人、廛人、胥师、贾师、司虣、司稽、胥、肆长、泉府、司门、司关、掌节等，分别给予不同的职责分工、各司其职。

资料来源：刘志琴."立朝与立市"：从《周礼》看中国传统市政的职能与理念[J]. 河北大学学报. 2021（5）：26-34.

> **问题思考**
> 1. 中国古代的商业管理体现了哪些管理思想？
> 2. 如何评价《周礼》中的商业管理措施？

第一节　早期管理思想的发展

一、中国古代管理思想

在中国悠久的历史长河中，涌现出很多思想家，他们编著书籍、阐述治国理念，为我们留下了许多宝贵的文化遗产。中国古代治国思想中最具代表性的流派是儒家、道家、法家，它们在国家管理中始终发挥主导作用，在不同历史阶段被管理者选择或者融合使用。除此之外，其他诸子百家及某些特殊历史阶段所涌现的杰出思想家的管理理念也极为丰富。虽然这些管理思想和经验并未被总结成为理论，但对今天的管理实践依然有很强的指导意义，受到世界各国管理界的推崇。

（一）儒家管理思想

在中国传统管理思想中，儒家思想占据着重要的地位，是历代统治者治国理政的主要依据。儒家创始人孔子，春秋时期鲁国人，是我国历史上伟大的思想家和教育家，也是影响深远的世界文化名人。先秦儒家的代表人物还有孟子和荀子。"四书"（《论语》《孟子》《大学》《中庸》）与"五经"（《诗经》《尚书》《礼记》《周易》《春秋》）是传统儒学的基本教材。

儒家认为人性本善，提出了仁政、德治、礼制的基本管理方法，以"齐家治国平天下"为终极目标。儒家管理思想主要包括以下内容。

（1）仁政。"仁"是孔子思想的核心，孟子把孔子以个人修养为主的"仁"推广到政治领域，把仁爱同治国结合起来，提出"仁政"的概念，将其发展为治国安邦的管理学说。

（2）德治。儒家认为管理者应该带头遵守社会道德规范，引导被领导者效仿，最终实现管理的目标。《论语·子路》中记载："其身正，不令而行；其身不正，虽令不从。"儒家认为在人的素质中，最重要的是"德"，其次是"才"，真正的管理者应该是德才兼备的。

📖 管理故事：身正令行

汉代名将李广不但是一位骁勇善战、百发百中的神箭手，还是一位体贴士卒、廉洁奉公的将军。他历任七郡太守，前后四十余年，每次一得到朝廷的赏赐，就立即分赏给部下，同士卒一起吃喝。李广家里没有多余的财物。他带兵打仗，每次长途跋涉、口干舌燥之时，遇到水源，总是先让士卒喝饱。如果全部士卒没有饮够，他绝不进水；如果士卒没有全部吃饱，他绝不进食。再加上他平时对下属和蔼、宽厚、不苛求，士卒们都很爱戴他。司马迁在《史记·李将军列传》中引用了孔子关于"身正令行"的话，然后由衷地赞叹道："这里说的不正是李将军吗？"

资料来源：佚名．"以德服人"让人主动跟随．[EB/OL]．https://www.docin.com/p-1123273285.html．（2015-04-14）[2022-04-25]．

（3）礼制。儒家认为，礼制代表宗法制度，是规范人们行为的一种手段，也是推行仁政德治的必要方式。礼是治国的根本，也是德治的重要基础，礼的最终目的是为了构建和谐有序的社会秩序。

（二）法家管理思想

法家思想建立在人性本恶的假设之上，提出法制、刑治的管理方法，达到崇君权和富国强兵的管理目标。在先秦诸子百家当中，唯独法家的思想是需要献出性命来实践的。在推行法家思想过程中付出生命代价的，不仅是一些有罪之人，还有很多无辜的贵族和贫民，甚至有法家学派的代表人物商鞅与韩非子。

法家管理思想主要有以下几个特点。

第一，重视"法"治。法家认为应该设立管理制度，并且根据现实适时调整。法制是治国的根本，在执行管理制度的过程中，无论是亲戚朋友还是父母兄弟，无论是贫穷富有还是地位高低，都应该服从法制规定。

📖 管理故事：廷理惩太子

楚国的法律规定车不能进入茆门。有一天下了大雨，宫廷中有积水，太子就把车子赶到了茆门。

廷理官说："车子不能进入茆门，进了茆门就是犯法。"

太子说:"大王召见很急,不能等到没有积水。"随后驱赶马车前进。

廷理官举起长枪刺中他的马,破坏了他的车驾。太子进宫对楚王哭泣道:"宫中有积水,我驱车赶到茆门,廷理官说'这是违法',并举起长枪刺我的马,破坏我套好的车驾。父王必须诛杀他。"楚庄王说:"这个廷理官为了执行国家法律,不顾及情面,这是守法的贤臣,值得敬重啊!"于是给廷理官晋升爵位两级,并训诫了太子。

资料来源:佚名.楚王急召太子文言文翻译.[EB/OL].https://www.lishixinzhi.com/qz/1052372.html.(2019–01–09)[2022–04–25].

第二,崇尚君权。法家十分注重君主的权威,竭力维护国家最高统治者的地位,为刑法制度的推行提供有力保障。

第三,实施刑制。法家认为,想要推行法制,必须辅以刑法手段。法家推行严刑重法,以刑护法,以法治国,罚要重罚,赏罚结合,而且要合理赏罚,以巩固法制制度。

(三)道家管理思想

2000多年前老子创立道家理论,后经庄子等学者的不断丰富与发展,形成体系完整的道家学说。道家学说的具体内容涉及养生、处世、治国等很多方面。

在管理思想上,道家与其他学派大相径庭。道家思想建立在人性自然的假设上,主张"齐物""逍遥",对万物秉承"无所恃"的态度,道家以"道"为核心,认为大道无为、道法自然,提出了无为而治的管理方法,以及道生法、以雌守雄、刚柔并济等政治、经济、治国、军事策略,最终要实现的管理目标是至德之世。

"无为"是"道"最根本的特征,也是道家管理智慧的突出特色。老子认为,如果能够做到无为,即"不妄为",任何事情都可以有所作为,即所谓的"无为无不为"。"上无为而下有为"是指领导者与被领导者各有各的工作,领导者不能越俎代庖。

📖 管理故事(一):龚遂治渤海

汉宣帝刘询即位后,渤海及其邻郡年成不好,盗贼纷纷出现,当地郡守无法捕拿制服盗贼。在丞相、御史推荐下,宣帝任命龚遂做渤海郡太守,并问他:"先生准备怎样平息那里的盗贼呢?"龚遂回答说:"渤海郡地处海滨,距京城很远,没有受到陛下圣明的教化,那里的百姓被饥寒所困,而官吏们不体贴,所以才使陛下的赤子沦为强盗。您现在是想我用武力战胜他们,还是安抚他们呢?"宣帝听了龚遂的应对回答说:"既然选用贤良的人,本来就是想安抚百姓。"龚遂说:"我听说治理秩序混乱的百姓就如同解紊乱的绳子,不能急躁,只能慢慢来。我希望丞相、御史暂时不要用法令来约束我,让我能够根据实际情况,按照最有效的办法处理事情。"宣帝答应了他的要求。

龚遂乘坐驿车来到渤海郡边界。郡中官员听说新太守来了,派兵出来迎接。龚遂把他们都打发了回去,独自乘车来到郡府,然后下达文件命令各县:撤销捕捉盗贼的官吏;拿着锄头、镰刀等种田器具的都是良民,官吏们不得查问,拿着兵器的才是盗贼。渤海郡有许多合伙抢劫的人，听到龚遂的训诫和命令，当即散伙，丢掉手中的兵器弓箭，拿起了锄头镰刀。于是，动乱自然平息。

龚遂治渤海就是老子"无为而无不为"思想的实践。

资料来源：佚名.道家的管理智慧[EB/OL].https://tongxiehui.net/by/5ec17d03f0b16.html.（2021–09–25）[2022–4–25].

📖 **管理故事（二）：丙吉管牛不管人**

汉代名相丙吉一次到长安城外视察，看到城墙边有人打架，其中一人被打得奄奄一息。丙吉对随从说："不要管他，绕道而行。"不久，丙吉又看到路边有一头牛蹲在地上大口喘气，他连忙跑过去围着牛转了很长时间。有人说："你这个宰相真不称职。人死了不管，却看一头牛喘气。"丙吉说："我身为宰相，打架斗殴这种事是地方官员所管，我不能过问。宰相应该管理全局的大事，现在天气并不热，便有牛蹲在地上大口喘气，我怀疑这是在闹瘟疫，一旦瘟疫流行，那可是全天下的大事。"丙吉在这里所说的，就是"上无为而下有为"之间的辩证关系。

资料来源：佚名.道家的管理智慧[EB/OL].https://www.docin.com/p-2489559494.html.（2020–11–04）[2022–04–20].

（四）兵家管理思想

中国古代兵家思想源远流长，流传至今的古代兵学典籍有：《六韬》《孙子兵法》《孙膑兵法》《吴子兵法》和《司马法》等，其中《孙子兵法》影响最大。孙子把战争实力表述为静态、客观的"形"和动态、隐形的"势"。围绕对"形"与"势"的分析判断形成以"庙算"为主要形式的战略理论和决策思想与以"令文齐武"为核心的治军思想和以"五德"为准的将帅选拔观。

1. 以"令文齐武"为核心的治军思想

在《行军篇》中，孙子指出："故令之以文，齐之以武，是谓必取。"通过道德信念的熏陶（"文"），可以取得下属的拥戴，通过军纪法规的约束（"武"），可以获得下属的敬畏。

在《计篇》中，孙子把"赏罚是否严明"作为决定战争胜负的七种考虑内容之一。孙子认为，要让部属心悦诚服，然后再进行赏罚；要赏罚及时；要敢于破格奖赏；要赏罚严明、执法如山，但不可数赏数罚。

📖 **管理故事：刘邦的赏罚智慧**

刘邦取得天下，建立汉朝，登基成为皇帝后，立即封赏了大功臣二十多人，但其余的人日夜争功，一时决定不下来，便没能给予封赏。有一天，刘邦和留侯张良经过洛阳南宫，从天桥上望见将领们三人一群、两人一伙地坐在沙地上谈论着。刘邦说："这些人在说什么呀？"张良回答道："陛下不知道吗？这是在图谋造反啊！"刘邦说："天下刚刚安定下来，为什么又要谋反呢？"张良说："陛下由平民百姓起家，依靠这班人夺取了天下。如今陛下做了天子，所封赏的都是像萧何、曹参这样您自己亲近喜爱的老友，所诛杀的都是自己平生仇视怨恨的人。现在军吏们计算功劳，认为即使把天下的土地都划作封国也不够全部封赏的，于是这帮人害怕陛下对他们不能全部封赏，又怕因往常的过失而被猜疑以至于遭到诛杀，所以就聚集到一起图谋造反了。"刘邦于是担忧地说："这该怎么办呀？"张良道："皇上平素最憎恶且群臣又都知道的人是谁啊？"刘邦说："雍齿与我有旧怨，他曾经多次令我困窘羞辱。我想杀掉他，但由于他功劳很多，所以不忍心下手。"张良说："那么现在就赶快先封赏雍齿，群臣看到雍齿受封立刻就会对自己可以受到封赏坚信不疑。"刘邦这时便备酒宴，封雍齿为侯，并急速催促丞相、御史对群臣论定功劳分别进行封赏。将领们赴宴之后都很高兴，说："雍齿尚且被封侯，我们这些人就没有什么可担心的了！"

张良劝刘邦封侯是《孙子兵法》中"及时赏罚"思想的体现。

资料来源：刘挺. 程序公正性——刘邦封侯 [J]. 中国电力企业管理，2016（6）：1.

2. 以"五德"为准的将帅选拔观

孙子认为将帅在战争中有十分重要的作用，因此他提出选将用将的五条标准：智、信、仁、勇、严。在孙子看来，优秀的将领必须同时具备足智多谋、赏罚有信、关爱士兵、勇敢果断与军纪严明五个素质。

二、西方早期管理思想

西方早期管理思想主要体现在组织运行和经济活动中，管理对象主要是国家、军队、部落、教会和家庭，也有对小规模经济活动的管理。

（一）苏美尔人的管理思想

为了管理财物，苏美尔人开始在泥板上用文字记载账目和文件，开创了西方文明。苏美尔人还将法律确立为国家管理的工具。

（二）古埃及人的管理思想

古埃及人建立了以法老为最高统治者的中央集权专制政权。法老制订土地制度、税收制度和档案制度，把权利和财富都集中在自己手上。《普塔—霍特普教会书》记述了萌芽状态的管理咨询制度、例外原则和授权等管理思想。

（三）古巴比伦人的管理思想

商业贸易的发展促进了古巴比伦用以明确责权利关系的法律的产生，进而形成了基于法制的管理思想。在经济管理中则产生了控制与激励以及计件工资思想。古巴比伦的《汉谟拉比法典》涉及社会和商业管理的诸多方面，对各种职业、各个层面人员的责、权、利关系进行了明确的规定。

（四）希伯来人的管理思想

希伯来人注重依法管理，提出管理跨度、组织层次、例外原则等管理思想。他们的管理思想主要体现在《旧约全书》中。

（五）古希腊人的管理思想

古希腊文明是欧洲文明的摇篮。诸多早期管理思想诞生于这一时期。斯巴达人将权力制衡思想渗透在政治和军事管理实践中，公民组织是国家与军队管理的主体，国家管理系统设立长老会议、公民大会、检察官院，国王权力受到长老会议的限制。雅典人实行贵族寡头专政，建立了元老院和公民大会，实行政权分立体制。古希腊哲学家苏格拉底认为，管理既具有普遍性又具有特殊性，管理技能在公共事务和私人事务之间是相通的，主张专家治国论。色诺芬在《家庭管理》中论述了将经济纳入管理、管理评价标准、以人为中心、社会分工等重要论点。柏拉图在《理想国》中提出经济科学中的专业化或劳动分工原理。亚里士多德在《政治学》中提出天赋人性的思想，发展了色诺芬的思想，认为家庭管理与国家管理具有同一性，描绘了以奴隶制为基础的"理想城邦"的轮廓。

（六）古罗马人的管理思想

古罗马征服希腊以后，经过连年征战和吞并，逐渐成为一个庞大的帝国，古罗马人建立了将行政授权与军事控制相结合的集权型等级制度。大约在公元前450年，古罗马制订了有名的《十二铜表法》，在奴隶主私有制、家长制、继承、债务和刑法、诉讼程序等方面作了规定。

古罗马军队实行"10人编队制"，具体方式是由10名骑兵组成一个小组为一个"10人组"，由3个"10人组"组成一个骑兵队，10个骑兵队（300名骑兵）组成一个骑兵团。这种组织制度体现了管理幅度的思想。

在生产管理方面，古罗马人首创了类似股份有限公司的经济组织，在税收上采用差别税率制。

（七）欧洲中世纪的管理思想

公元5世纪末到公元14—16世纪，欧洲进入封建时代。这一时期城市兴起、商业贸易发展、行会建立和大学兴办，对管理思想的发展产生重大影响。格札里提出王者的品质和不能有的四种缺陷。马基雅维利在《君主论》中论述了管理四原则：群众认可、内聚力、领导方法和生存意志。

（八）欧洲文艺复兴时期的管理思想

威尼斯兵工厂的管理实践是欧洲文艺复兴时期管理思想的集中体现。威尼斯在1436年建立了政府的造船厂，即兵工厂。威尼斯兵工厂以流水线装配为核心，解决了许多由于规模庞大而产生的问题。

（1）组织机构和领导工作：政府与工厂的关系是控制与授权经营的关系，政府给工厂下达明确的生产任务，工厂内部行使管理职能，使兵工厂的管理实现了互相制约与平衡。

（2）部件储存：仓库中经常备有应急物资、配件和装备，所有的装备都编上号码并储存在指定的地方，这有助于实行装配线作业和精确计算存货，节省时间和劳力，加快了组装船只的速度。

（3）装配线生产：兵工厂在安装舰船时采用了类似于现代装配线生产的制度，生产效率大大提高。

（4）部件标准化。

（5）会计控制：兵工厂的会计制度使其能追踪并评价所有的费用，进行管理控制。

（6）存货控制：由专人负责检查并由专人记录。

（7）成本控制：兵工厂利用成本控制和计量方法来辅助管理决策。

（8）人事管理：严格规定上下工和工间休息的时间；在造船厂的某些行业，工人要通过考试才能被雇用。

三、早期管理理论萌芽

18世纪60年代开始的工业革命使西方世界在工业技术和社会关系上都出现巨大变化。在新的社会生产组织形式下，效率和效益问题、协作劳动之间的组织和配合问题、在机器生产条件下人和机器、机器和机器之间的协调运转问题，使传统的军队式、教会式管理方式与手段遇到前所未有的挑战。许多新的管理问题需要人们去回答、去解决。在这种情况下，出现不少对管理理论的建立和发展具有重大影响的管理实践与思考。

（一）亚当·斯密的劳动分工理论

亚当·斯密是英国古典政治经济学家，其劳动分工理论和"经济人"假设是古典管理理论的重要理论基础。

1776年，他在《国民财富的性质和原因的研究》(简称《国富论》)中以制针业为例说明了劳动分工给制造业带来的变化。亚当·斯密认为，劳动分工促进生产效率提高的主要原因有：分工使劳动者的熟练程度提升；分工可以避免从一种工作转换为另一种工作时损失的时间；分工能够促进新工具和新机器的诞生，简化劳动操作，提高生产效率。

（二）小瓦特和博尔顿的科学管理制度

蒸汽机的发明者瓦特和马修·博尔顿的儿子小瓦特和博尔顿接管了铸造工厂后，进行了组织结构和管理制度的改革。在生产管理方面，根据生产流程的要求配置机器设备，制订生产计划和生产作业标准，实行零部件生产标准化；在销售方面，研究市场动态，预测销售变化；在成本管理方面，建立起监督制度；在人事管理方面，制订员工培训和发展规划，按工作研究结果确定工资支付办法，由职工选举的委员会来管理医疗福利费等。

管理案例：华为对员工奉献精神的培养

（三）欧文的人事管理

罗伯特·欧文是英国空想社会主义者，曾在其经营的纺织厂中进行了一系列实验。他通过改善工作条件、缩短工作时间、提高工人工资、改善生活条件、设立按成本向雇员出售生活必需品的工厂商店、开办子弟学校、发放抚恤金等，尝试制订对工人和工厂所有者双方都有利的管理制度。欧文开创了在企业中重视人的地位和作用的先河，因此被称为"人事管理之父"。

（四）巴贝奇的作业研究和报酬制度

查尔斯·巴贝奇是英国著名的数学家和机械工程师，他发展了亚当·斯密关于工作方法和报酬制度的观点，著有《论机器和制造业的经济》。他认为工人的收入应由三部分组成：按照工作性质所确定的固定工资、按照对生产率所做出的贡献分得的利润和为增进生产率提出建议而应得的奖金。

（五）汤尼的收益分享制度与哈尔西的奖金方案

亨利·汤尼是当时美国耶鲁—汤尼制造公司的总经理，他在1889年的《收益分享》中提出对职工的报酬应采取收益分享制度，以克服由利润分享制度带来的不公平。

哈尔西在《劳动报酬的奖金方案》中指出当时普遍使用的三种报酬制度的弊端：计时制对员工积极性的发挥无刺激作用；计件制中雇主会压低工资率；利润分享不区分工人工作效率。他认为，汤尼的收益分享虽有改进，但在同一部门中问题依然存在。因而，他提出了奖金方案。该方案是按每个工人来设计的：给予每个工人每天的保证工资；以该工人以过去的业绩为基础，对工人一定量的工作付给日或小时工资，超额者可以得到约为正常工资1/3到1/2数额的奖金。

第二节　管理理论的发展

一、古典管理理论

19世纪末之前，工业上实行的是传统的管理方法，即工厂的管理、生产方法、工艺的制订以及人员培训全凭企业主的个人经验，企业主赚取利润的手段几乎只是延长劳动时间或增加劳动强度，因此劳资矛盾十分尖锐。随着工人阶级的壮大，企业主的这种管理方式导致工人阶级的激烈反抗，工人组织起来成立工会，要求缩短工时、降低劳动强度、增加工资，这就迫使企业主不得不放弃传统的管理方法。19世纪末到20世纪30年代，美国出现了"管理运动"，它为提高劳动生产率提供了一种思路和解决问题的框架。以科学管理理论为核心的诸多管理思想构建起古典管理理论的框架。

（一）科学管理理论

弗雷德里克·温斯洛·泰勒是科学管理理论的创始人。1875年，泰勒进入费城一家工厂当学徒工。1878年，泰勒进入费城的米德维尔钢铁厂当技工，由于工作努力，很快就得到晋升，最终成为钢铁厂的总工程师。1890年泰勒离开米德维尔钢铁厂，开始从事管理咨询工作，1898—1901年在伯利恒钢铁公司进行了著名的"搬运生铁块实验"和"铁锹铲煤实验"。1901年以后，泰勒主要从事管理咨询、写作和演讲工作，推广科学管理理论，1911年出版《科学管理原理》。由于在科学管理理论方面的杰出贡献，后人尊称他为"科学管理之父"。

泰勒的科学管理理论主要内容有以下几点。

（1）管理的中心问题是提高劳动生产率。泰勒在管理实践中发现，当时存在于工厂管

动画：泰勒科学管理理论的主要内容

理中的一个普遍性问题，就是工人没有发挥出他们应有的潜力，而有意无意地"磨洋工"。鉴于此，泰勒致力于解决科学管理研究的中心问题，就是提高劳动生产率。他研究金属切削技术，研究铁锹铲煤的最佳方法，研究搬运生铁的最高产量等，都是围绕着提高劳动生产率这个根本目的。泰勒认为，提高劳动生产率的方法是选择合适而熟练的工人，把他们的每一项动作、每一道工序所花费的时间记录并累加起来，再加上必要的休息时间和其他延误时间，就得出完成该项工作所需的总时间，据此制定出"合理的日工作量"。

（2）挑选并培训"第一流的工人"。通过搬运生铁块的试验，泰勒得出了一个重要的结论，即要使劳动生产率得到提高，首先必须挑选"第一流的工人"。"第一流的工人"就是适合干某种具体工作，同时也愿意干好这一工作的工人。在泰勒看来，每一种类型的工人实际上都能胜任某一项工作，成为"第一流的工人"，这是因为不同的人具有不同的天赋和才能，只要工作与他适合，他就能成为"第一流的工人"。

管理案例：施密特试验

（3）使工人掌握标准化的操作方法，以便合理利用工时，提高工效。泰勒认为，必须用科学的方法对工作的操作方法、使用的工具、劳动和休息时间的搭配，以至机器的安排和作业环境的布置等进行分析，消除各种不合理的因素，把各种最好的因素结合起来形成一种最为标准的方法，而这种方法的制定是企业管理的首要职责。泰勒在伯利恒钢铁公司进行的"搬运生铁块"和"铁锹铲煤实验"，就是通过这种方法，使每个工人搬运的生铁块由原来的每日12.5吨提高到47.5吨，铁锹铲煤由原来的每人每日16吨提高到59吨，劳动生产率成倍增长。

（4）实施差别计件工资制。这种差别计件制的实质就是按照作业标准和时间定额，规定不同的工资率。对完成和超额完成工作定额的工人，以较高的工资率计件支付工资，如为正常工资的125%；对没有完成定额的工人，则按较低的工资率支付工资，如为正常工资的80%。采取这种工资制度的目的是督促工人完成定额或鼓励其超过定额。

（5）把计划职能同执行职能分开。计划职能相当于我们现在通常所说的承担领导、指挥、决策等功能的属于领导层次的职能；执行职能则是指操作层次的职能。泰勒指出，在旧的管理中，所有的计划都是由工人凭个人经验制定的。实行新的管理制度后，就必须由管理部门按照科学规律来制订计划，工人则按照管理部门制定的操作方法和指令，使用标准化的工具完成工作。

微课：如何评价泰勒提出的科学管理制度

（6）实施职能工长制。泰勒在企业里配备了工作命令卡工长、工时和成本工长、工作程序工长、纪律工长、检验工长等八个工长，由他们来具体负责生产的不同环节，这样既可以做到职责明确，又可以节省培训工人的时间。

（7）在组织机构的管理控制上实行例外原则。在组织运转中，一般的日常事务由下级管理人员进行处理，而处在领导职位上的管理人员，则处理一些非常规的事务，即所谓"例外"的事务。

以上这些观点，现在看来似乎非常平常，在当时却是重大的变革。实践证明，泰勒科学管理理论的实施收到了很好的效果，使工业管理出现了高效率、低成本、高工资、高利润的新局面。

除泰勒之外，科学管理理论的贡献者还有很多，其中以亨利·甘特、吉尔布雷思夫妇和亨利·福特最为著名。

亨利·甘特最大的贡献是设计了甘特图。这是一种条形图，其中一轴表示时间，另一轴表示工作计划及当前进度，甘特图常用于编制工作进度计划。甘特还提出了与泰勒"计件工资制"不同的"计件奖励工资制"，即除了支付每日固定工资外，超额完成定额部分再计件奖励，完不成定额的，只能拿到每日固定工资部分。

管理游戏：拍手游戏

吉尔布雷思夫妇最有名的研究是砌砖动作研究。他们通过研究减少砌砖时不必要的手部与身体动作，使工人的劳动效率提高了两倍多。他们还把动作研究推广到其他行业，重新制定出一系列动作的先后次序和速度，最后确定标准的操作程序，他们的动作研究比泰勒更加细致。

福特是第一个将标准化思想应用于现代化大生产的人。他采用大规模流水作业方式，将"产品标准化、工序标准化、工人操作标准化和工具标准化"应用于汽车生产实践，大大提高了劳动效率，降低了生产成本。

管理案例：对联合邮包服务公司管理的思考

（二）一般管理理论

亨利·法约尔，法国人，1860年从矿业学校毕业，自1866年起一直担任法国康门塔里—福尔香堡采矿冶金公司的总经理，积累了管理大企业的经验，其代表作为1925年出版的《工业管理和一般管理》。法约尔的一般管理理论是西方古典管理思想的重要代表，后来成为管理过程学派的理论基础，也是以后各种管理理论和管理实践的重要依据，对管理理论的发展有着深刻的影响，后人称他为"管理过程理论之父"。法约尔的管理理论主要体现在三个方面。

微课：一般管理理论

1. 区分经营与管理

法约尔认为经营和管理是有区别的。经营就是企业的经济活动，具体可以归结为技术活动、商业活动、安全活动、财务活动、会计活动和管理活动。显然，管理只是经营活动中的一项。但管理活动处于六项活动的核心，经营的其他五项活动也需要管理。

企业中的每个人或多或少都要从事这六项活动，但随着职务的高低和企业大小不同而各有侧重。工人一般侧重于技术活动，随着职级的变化，越往高层，从事的管理工作比重越大。大企业的高层管理者比小企业的高层管理者从事的管理活动更多，而技术活动更少。法约尔认为，管理能力可以通过教育来获得。

2. 提出管理的五个职能

法约尔首次将管理活动划分为计划、组织、指挥、协调和控制五个职能或要素，并对这五个要素进行了解释。计划就是制订

动画：管理五大要素

未来的行动计划；组织就是建立企业的物质结构和社会结构，并进行合理的资源配置；指挥就是让人员发挥作用；协调就是联系、调和所有活动和力量；控制是保证一切活动符合制订的计划和下达的命令。

3. 总结管理的十四条原则

法约尔通过长期的管理实践，在总结自己以及前人经验的基础上提出了管理的一般原则。他认为，这些原则是管理的"灯塔"，可以为实际的管理工作指明方向，起到引导性的作用。

微课：法约尔 14 条原则

动画：法约尔 14 条原则解析

1）劳动分工原则

法约尔认为，劳动分工不只适用于技术工作，也适用于管理工作，应该通过分工来提高管理工作的效率。但专业化分工要适度，不是分工越细越好。

2）权责相当原则

权力与责任始终是统一的，一个管理者既要有履行职责必须具有的权力，又要对其管理的事务承担相应责任。只有权力和责任相互统一，才能使管理工作正常运转。法约尔认为，为保证权责相当还应该建立有效的奖励和惩罚制度。

3）统一指挥原则

按照统一指挥原则的要求，一个下级人员只能接受一个上级的命令，否则就会出现混乱。因而法约尔认为，统一指挥是组织管理的一条必要原则。

4）等级制度原则

等级制度是从最高权力机构到最低层管理人员的领导系列。贯彻等级制度原则就是要在组织中建立这样一个不中断的等级链。通过等级链，组织中的成员可以明确相互之间的权力责任关系以及组织中信息传递的路线。贯彻等级制度原则有利于组织加强统一指挥，但如果严格地按照等级系列进行信息沟通，可能由于信息沟通的路线太长导致信息联系的时间过长，并且容易造成信息的失真。为此，法约尔设计了一种"跳板"的方法，在一定条件下，允许跨越权力线直接进行横向沟通。

5）集权原则

集权指权力的集中或分散的程度。法约尔认为，权力的集中或分散不是固定不变的，应根据组织的规模、性质、条件和人员的能力等情况确定。

6）统一领导原则

对于目标相同的一组活动，只能有一个领导和一组计划，只有这样，才能够做到计划明确、责任明确，保证组织目标顺利实现。统一领导和统一指挥是两个不同的原则。人们通过建立完善的组织来实现一个团体的统一领导，而统一指挥主要是指一个下属人员只能听从一个领导者的指挥。

7）公平原则

法约尔认为，公平是由善意和公道产生的。为了激励下属全心全意、无限忠诚地履行职责，管理者应该善待自己的员工，关注他们希望公平、平等的愿望。同时还要求管理者不能"忽视任何原则，不忘掉总体利益"。

8）秩序原则

秩序原则既包括物品的秩序原则，也包括人的社会秩序原则。物品的秩序原则就是要使每件物品都在它应该放的位置上。每个人都有其的长处和短处，人的社会秩序原则要求管理者了解每一个工作岗位的性质和内容，使每个工作岗位都有称职的员工，每个员工都有适合的岗位。

9）主动性原则

管理者和被管理者要保持必要的主动性，以维持组织的生机和活力，领导者要在不违背职权和纪律的情况下，鼓励和发挥下级的首创精神和主动性。

10）纪律严明原则

法约尔认为，纪律是企业领导人同下属人员之间在服从、勤勉、积极、规矩和尊重方面所达成的一种协议。纪律是企业发展的关键，而纪律的状况取决于领导者。制定和维护纪律最有效的方法是各级都要有好的领导，尽可能有明确而公平的协定，并要合理地进行惩罚。

11）报酬合理原则

报酬必须公平合理，对工作成绩与工作效率优良者应给予奖励，奖励应以能够激起员工的工作热情为限，以免产生负面作用。

12）人员的稳定原则

人员的稳定是组织稳定的基础，同时也是组织正常运转的基本条件。人员的稳定主要是指有秩序地安排人员并不断补充人力资源。

13）个人利益服从整体利益原则

在组成了一个整体之后，整体的利益就成为组织首先需要考虑的目标。个人的利益必须服从整体的利益。法约尔认为协调二者的关键有三个方面：领导阶层要保持坚定性并做出良好的榜样；尽可能保持公正；进行认真的监督。

14）团结精神原则

法约尔认为，职工的融洽和团结可以使企业产生巨大的力量。他认为在处理一个业务问题时，当面口述比书面联系速度快，并且简单得多，而一些冲突和误会也可以在交谈中得到解决，因此为了加强组织的团结应该禁止滥用书面联系。

（三）组织管理理论

马克斯·韦伯曾担任过教授、政府顾问、编辑等职务，在社会学、宗教学、经济学与政治学上都有相当的造诣。他在管理方面的贡献是在《社会和经济理论》一书中提出了理想行政组织理论，也就是官僚组织理论。韦伯的理论对后世产生了深远的影响，人们称韦伯为"组织理论之父"。

微课：韦伯行政组织理论观点

"理想的行政组织体系"具有以下特点：明确的分工；自上而下的等级系统；人员任用通过正式考评和教育实现；严格遵守制度和纪律；建立理性化的行动准则，成员之间的关系以理性准则为指导，不受个人情感的影响；建立管理人员制度，使之具有固定的"薪金"和明文规定的升迁制度。

韦伯的行政组织理论摒弃了个人感情和情绪以及社会关系中的个人成分，完全代之以一种制度化的工作关系，因此具有鲜明的非人格特征。官僚体制的管理过程基本上是例行工作，即行使职权的官员连续不断地将官僚体制的一般原则运用于特定的具体情况。同时，它将个人的利益和动机与执行组织职能有机地联系在一起。对于官僚体制内的官员来说，他们的主要职业活动就是执行一定的组织职能，通过有效地履行职责，他们就可以得到薪俸和不断晋升的机会。

行政组织理论是对资本主义的管理经验进行认真总结，而提出的一套严密的科学管理体系，是一种制度化、法律化、程序化和专业化的组织理论，该理论阐明了官僚体制与社会化大生产之间的必然联系，突破了妨碍现代组织管理的以等级门第为标准的家长制管理形式；消除了管理中非理性、非科学的因素。韦伯的行政组织理论同泰勒、法约尔等人的管理思想是相通的，他们都强调要集中权力，明确劳动分工，严格执行规章制度，实现垂直领导和职能的配合，认为严格管理才能提高效率。他们所涉及的研究领域，基本上仅限于正式组织的结构和管理过程。因此，人们把他们的理论归入一类，称为古典管理理论。

古典管理理论把组织看作机器，而管理者是工程师。他们相信只要有可用的输入，机器就可保持正常的运转。任何由雇员造成的未能产生期望结果的问题，都被看作是工程问题。这种完全忽略人们之间关系的理论在企业管理中越来越多地表现出不适应性。

二、行为科学理论

20世纪20、30年代，在劳资矛盾加剧，劳动生产率的提高受到很大限制的背景下，新古典组织管理理论逐渐形成，其中具有代表性的理论成果包括：梅奥的人际关系理论、马斯洛的需要层次理论、赫茨伯格的双因素理论、麦格雷戈的"X理论—Y理论"、布莱克和穆顿的"管理方格理论"等。

（一）人际关系理论

古典管理理论的建立为当时的生产力发展和社会进步提供了有力的理论武器。但是随着社会的发展，人们发现古典管理理论并不能解决管理实践中所遇到的一切问题，尤其是对人的研究涉及得非常少。在这种情况下，一些学者开始从生理学、精神病学和心理学方面进行各种研究，以分析影响工人生产效率的因素，由此形成了人际关系理论。人际关系理论的主要代表人物是乔治·埃尔顿·梅奥。梅奥对人际关系的研究主要来自霍桑实验。

1. 霍桑实验

西方电气公司的霍桑工厂位于芝加哥，尽管具有较完备的养老金制度、医疗制度和丰富的娱乐设备，但工人的劳动积极性不高，生产效率也很低。为了探究其原因，在美国国家研究委员会帮助下，西方电气公司邀请哈佛大学教授梅奥和罗特利斯伯格等来到霍桑工厂进行现场研究和实验。霍桑实验分为四个阶段，分别是照明实验、福利实验、访谈实验和群体实验。

第一阶段：照明实验。

实验选取工作经验类似和生产效率相仿的两组工人，规定一组为实验组，另外一组为参照组。在实验过程中，实验组不断增加照明强度，而参照组的照明度始终保持不变。研究者企图通过这一实验来发现照明变化对生产效率的影响，但是实验结果显示，

动画：霍桑实验的四个阶段

两组都在不断地提高产量。后来他们又采取了相反的措施，逐渐降低"实验组"的照明强度，但光照降到几乎和月光亮度差不多时，产量才开始下降。由此得出结论：照明强度的变化对生产效率没有明显影响。

第二阶段：福利实验。

福利实验的目的是找出影响工人积极性的因素。实验在一个与车间大厅隔离的房间内进行。参与实验的 6 名女工分别来自挪威、捷克和波兰，年龄最大的 28 岁，年龄最小的只有 15 岁。女工们对这个隔离出的房间非常满意，她们一边聊天一边干活，很快熟悉起来。实验实施者希巴格倡导轻松的工作氛围，女工们也非常喜欢他，她们会在车间内举办诸如生日派对等活动，并且会带糕点和曲奇来分享。

在上述条件下，福利实验开始推进。实验开始以前，研究人员记录了女工两个星期的生产情况，以此衡量她们的生产能力。实验中先后为工人提供以下福利待遇：引进了一套工资制度，确保每个女工的收入与她们付出的努力成正比；引进了两个休息间歇的制度，每次五分钟，分别是上午十点和下午两点；休息间歇延长到十分钟；确立了每次五分钟的六个休息间歇；让女工在上午的中间时段吃一些点心，下午执行休息制度；每天工作提前半个小时结束；每天工作提前一个小时结束；引进了一周五天的工作制。结果出乎意料，日产量逐渐提高。接下来研究人员征得女工的同意后，取消了提供给她们的所有优待条件。十二个星期以来，产量下降了，但没有退回到最初的水平。

究竟是什么原因导致了产量的增加呢？研究人员认为，是由于管理方式改变带来士气的提高以及人际关系的改善。在实验中，管理者改变了传统上严格的命令和控制方法，他们会就各种项目的实验向工人提出建议，征询她们的意见。工人的意见被予以倾听，工人的身体状况和精神状况成为研究人员极为关心的事。这种可以自由地发表意见、得到关心的工作环境使工人感觉到自己受到了重视，士气和工作态度也随之改进，从而促进了产量的变化。

第三阶段：访谈实验。

福利实验表明管理方式与职工的士气和劳动生产率有密切的关系。于是，梅奥决定开展访谈，了解职工对现有管理方式的意见。在不到两年的时间内，霍桑工厂中的研究者对 20000 名左右的职工行了大规模访谈。在访谈前，研究者选择了一些规定问题，希望工人们对管理当局的一些规划、管理政策和工作条件发表自己的意见。然而在访谈过程中，他们对这些问题根本不感兴趣，谈论的都是这些提纲以外的问题。于是研究小组对访谈计划作了调整，对访谈的内容和方式不作任何规定，工人们可以随意发表意见。工人们长期以来对工厂的各项管理制度和方法存在许多不满，无处发泄，访谈计划的实行恰恰为他们提供了发泄机会。访谈之后，虽然工作条件或劳动报酬并没有改变，但是工人们普遍认为自己的处境比以前好了。

在访谈过程中，研究人员认识到，工人会因个人问题影响到工作效率。所以管理人员应该了解工人的这些问题，为此需要对管理人员，特别是要对基层的管理人员进行培训，使他们成为能够倾听并理解工人的访谈者，与工人相处时更为热情，更为关心他们，这样能够促进人际关系的改善和职工士气的提高。

第四阶段：群体实验。

在以上实验中，研究人员似乎感觉到在工人当中存在一种非正式的组织，而且这种非正式组织对工人的态度有重要的影响。因此研究者们开始了他们第四个阶段的实验——群体实验，也称绕线实验。

被挑选出的14名男工人组成了一个小组，他们的工作是安装中心交换机内的中继器，薪资仍使用计件制工资制度。霍桑工厂规定工人的工作定额为每天焊接7312个焊接点，但实际上工人们每天只会完成6000～6600个焊接点，达到这个数值，他们就会自行停工。

随着群体实验的不断进行，研究者发现工人对于"单日平均产量"有自己的理解，并且这个数值低于工厂所规定的标准值。研究者通过观察发现工人们限制产量的理由是：如果他们干得太快会造成其他同伴失业，或者导致管理当局制定更高的生产定额。虽然干得快可以得到更多报酬，但是会受到群体的惩罚，如被嘲笑、讽刺或者被人在上臂用力打一下，以表达不满，并且还会被称为"速度王"或是"奴隶"。但干得太慢又会成为一个落伍者，因此参与绕线实验的工人们自发形成了自己的"规范"。

研究者还发现，工人当中存在不同的派系。例如关于窗户开关的简单问题，绕线工会发生争执，有些时候他们又会违反公司规定交换工作或者互相帮助，这反映出他们之间关系的远近。而每一个派系都制定了一套规范来约束内部成员的行为，这包括产量限制，不允许告密，不允许打官腔、找麻烦等。这些组织中的派系就是非正式组织。

霍桑工厂的研究者们认为，非正式组织发挥了两种功能：第一，它保护工人们免受群体内部成员轻率行为的伤害，例如，产量冒尖或者严重落后；第二，它保护工人们免受管理层的外部干预，例如，提高产量标准、削减工资率等。正式组织有其原则、指令、薪酬制度的存在，非正式组织有其情感、人际关系影响的存在，非正式组织客观存在于正式组织当中，二者相互关联、相互依存。

2. 霍桑实验的结论

研究小组在霍桑工厂进行的实验花费了九年时间，获得大量第一手资料。梅奥等人对其进行总结后，提出了与当时流行的科学管理理论不同的一些新观点，形成人际关系理论。

动画：霍桑实验的结论

（1）职工是"社会人"。科学管理理论把人当作"经济人"来看待，认为金钱是刺激人的积极性的唯一动力，生产效率主要受到工作方法和工作条件的制约。霍桑实验则证明：人是"社会人"，影响人的劳动积极性的因素，除了物质利益外，还有社会的、心理的因素；同时，每个人都有自己的特点，个体的观点和个性都会影响个人对上级命令的反应和工作表现。因此，应该把职工当作不同的个体来看待，当作"社会人"来看待，而不应将其视作无差别的机器或机器的一部分。

（2）企业中存在非正式组织。非正式组织是相对于正式组织而言的。所谓正式组织是指为了有效地实现企业目标，依据企业成员的职位、责任、权力及其相互关系进行明确划分而形成的组织体系。科学管理只注意发挥正式组织的作用，而霍桑实验告诉我们，工人在企业内部共同劳动的过程中，必然会发生一些工作以外的联系，这种联系会加深他们之间的相互了解，从而能形成某种共识，建立一定程度的感情，并逐渐发展成为一种相对稳定的非正式组织。梅奥等人认为，非正式组织客观存在，它与正式组织相互依存，而且会通过影响工人的工作态度来影响企业的生产效率和目标的达成。因此，管理人员应该正视这种非正式组织的存在，使非正式组织为正式组织的活动和目标服务。

（3）新型的领导能力在于提高职工的满足度。科学管理理论认为生产效率取决于作业方法、工作条件和工资制度，因此，只要采用恰当的工资制度，改善工作条件，制定科学的作业方法，就可以提高工人的劳动生产率。梅奥等人却根据霍桑实验得出了不同的结论，他们认为，生产效率的高低主要取决于工人的士气，而工人的士气则取决于他们感受到各种需要的满足程度。在这些需要中，物质方面的需要只占很少一部分，更多的是获取友谊、得到认可或保证安全等方面的社会需要。因此，要提高生产效率，就要提高职工的士气。而要提高职工士气就要努力提高职工需求的满足程度。所以，新型的管理人员应该认真分析职工的需要，不仅要解决工人生产技术、物质生活方面的问题，还要掌握他们的心理状态，了解他们的思想情绪，以便采取相应的措施。这样才能适时、充分地激励工人，达到提高劳动生产率的目的。

微课：霍桑实验对现代管理的贡献

（二）其他行为科学理论

梅奥的人际关系理论为后期的行为科学理论奠定了基础，也是由科学管理向现代管理过渡的跳板。此后，许多管理学家、社会学家和心理学家从行为的特点、行为的环境、行为的过程以及行为的原因等多种角度展开了对人的行为的研究，形成了一系列理论，成为现代西方管理理论的一个重要流派。表 2-1 为其他行为的科学理论。

表 2-1　其他行为科学理论

理论	代表人物	理论简介
马斯洛需要层次理论	亚布拉罕·马斯洛	马斯洛把人的各种需要分为五个层级：生理需要，安全需要，社交需要，尊重需要，自我实现需要。这五个层级的需要互相作用并逐级产生，有时也会产生需求的跳跃
双因素理论	赫茨伯格	赫茨伯格把企业中的有关因素分为激励因素和保健因素。与需要层次理论相比，双因素理论使管理者在进行激励时的目标更加明确，也更有针对性
X 理论和 Y 理论	道格拉斯·麦格雷戈	麦格雷戈 1957 年从人性的角度提出 X 理论和 Y 理论两种人性假设，并提出分别以 X 理论和 Y 理论为指导思想的管理工作要点
期望理论	弗鲁姆	弗鲁姆认为人们在工作中的积极性或努力程度（激发的力量）是效价和期望值的乘积，即 $M=V \times E$。其中，M 表示激发的力量，V 表示效价，E 表示期望值
成就需要理论	麦克利兰	麦克利兰 1966 年在《促使取得成就的事物》一书中提出了成就需要理论。他认为人有三类基本激励需要：对权力的需要、对社交的需要以及对成就的需要

三、管理理论丛林

随着社会的发展和管理理论的细分，产生了不同的管理学学派，孔茨称为管理理论丛林。其中较为著名的有管理科学学派、社会系统学派、决策理论学派、系统管理理论学派、经验主义学

管理思想：人性善恶

派、权变理论学派。此外，明茨伯格为代表的经理角色学派、李维特和申农等为代表的沟通中心学派、戴明和朱兰为代表的质量管理理论等也对推动管理理论的发展产生了深远影响，丰富了管理理论的内涵。

（一）管理科学学派

管理科学学派也称数理学派，是"科学管理理论"的继续和发展。管理科学学派将运筹学、系统工程和电子技术等科学技术手段应用于管理领域中的人、财、物和信息资源，进行系统的定量分析。管理科学学派的代表人物有美国的伯法、贝尔曼以及苏联的康托洛维奇等。科学的计量方法使管理问题的研究由定性化转向定量化，开拓了管理学又一个广阔的研究领域，管理科学学派也因此成为管理学中的一个重要分支。

（二）社会系统学派

社会系统学派认为，组织是一个复杂的社会系统，管理者应在其中处于相互联系的中心，并负责做好协调以保证组织成员的协作。组织的协调不仅包括各个子系统之间的协调，也包括各子系统与大系统之间的协调。社会系统学派最早的代表人物是美国的巴纳德。

（三）决策理论学派

第二次世界大战之后，以赫伯特·西蒙为代表的学者们以社会系统论为基础，吸收了行为科学和系统论的观点，运用电子计算机技术和统筹学的方法，形成一门新兴的管理学派，即决策理论学派。西蒙在《管理决策新科学》中提出"管理就是决策"的代表性观点，系统阐述了决策原理，在决策标准上，用"令人满意"的准则代替"最优化"准则，并按重复性将决策分为程序化决策和非程序化决策。

（四）系统管理理论学派

系统管理理论是指应用系统理论的范畴、原理，全面分析和研究企业和其他组织的管理活动和管理过程，重视对组织结构和模式的分析，并建立起系统模型以便于分析。系统管理理论向社会提出了整体优化、合理组合、规划库存等管理新概念和新方法，因而系统管理理论被认为是20世纪最伟大的成就之一。系统管理理论学派的主要代表人物有美国的理查德·约翰逊和弗里蒙特·卡斯特等。

（五）经验主义学派

经验主义学派否认管理理论的普遍价值，主张对实际的案例进行比较研究，进而导出通用的规范，用经验来分析管理。经验主义学派的创始人是彼得·德鲁克，其他代表人物还有欧内斯特·戴尔、艾尔弗雷德·斯隆等。

（六）权变理论学派

权变理论学派力图研究组织的各子系统内部和各子系统之间的相互联系，以及组织和其所处的环境之间的联系，并确定各种变数的关系类型和结构类型。它强调在管理中要根据组织所处的内外部环境随机应变，针对不同的条件寻求不同的、最合适的管理模式、方案或方法。重要代表人物为伍德沃德。

四、当代管理理论

20世纪80年代以后，市场竞争越发激烈。为了适应新环境，许多管理规则开始发生改变，涌现出一些体现时代特征的管理理论，主要有企业文化理论、竞争战略理论、学习型组织、精益思想、企业再造理论和核心能力理论等。

（一）企业文化理论

1980年美国《商业周刊》首先使用了"企业文化"一词。1982年哈佛大学最先开设了"企业文化"课。威廉·大内的《Z理论——美国企业如何迎接日本的挑战》标志着企业文化的诞生。《日本企业管理艺术》（理查德·帕斯卡尔和安东尼·阿索斯）、《公司文化——现代企业的精神支柱》（特伦斯·迪尔和艾伦·肯尼迪）、《寻求优势——美国最成功公司的优势》（托马斯·彼得斯和小罗伯特·沃特曼）以及《美国企业精神——未来企业经营的八大原则》（劳伦斯·米勒）等著作的发表掀起了重构企业管理机制和美国文化的热潮。

企业文化理论认为，企业管理的基本原则是以人为本，即以尊重人格、促进人的发展为中心，成功的企业之所以取得成功，不在于它们的资金、技术、设备、建筑物、销售网络等硬件，而在于有致力于人的发展的企业文化。

（二）竞争战略理论

迈克尔·波特提出企业对产业结构进行分析的"五力模型"，通过对五种竞争力量的分析，选择有吸引力的产业，然后寻找价值链上的有利环节，利用成本领先或性能差异来取得竞争优势。

（三）学习型组织

彼德·圣吉在《第五项修炼：学习型组织的艺术与实务》中指出，企业应成为一个学习型组织。学习型组织是指具有持续不断学习、适应和变革能力的组织。彼得·圣吉认为学习是为了保证企业的生存，使企业组织具有不断改革的能力，提高企业组织的竞争力；学习更是为了实现个人与工作的真正融合，使人们在工作中实现生命的意义。

（四）精益思想

1985年，麻省理工学院发起"国际汽车计划（IMVP）"。IMVP组织了一支国际性的研究队伍，访问了北美、西欧、日本以及韩国、墨西哥等国家和地区与汽车有关的公司和工厂，出版了《改变世界的机器》，推出以日本丰田生产方式为原型的"精益生产方式"。1996年，沃麦克、琼斯和鲁斯在《精益思想》一书中指出，精益思想就是根据用户需求定义企业生产价值，按照价值流组织全部生产活动，使要保留下来的、创造价值的各个活动流动起来，让用户的需要拉动产品生产，而不是把产品硬推给用户，暴露出价值流中所隐藏的无价值活动，从而不断完善，达到尽善尽美。

（五）核心能力理论

1990年，普拉哈拉得和哈梅尔在《哈佛商业评论》上发表的《公司的核心能力》中提到：核心能力是组织内的集体知识和集体学习，尤其是协调不同生产技术和整合多种技术流的能力。企业的核心能力必须满足以下五个条件：是多种能力和技巧的整合；能创造顾客看重的关键价值；是企业所特有的，其他企业难以模仿；可以为企业衍生出一系列新的产品或服务，为企业提供通向新市场的通道；能够随着时间与环境的改变以及企业战略目标的转移而重建和发展。

（六）企业再造理论

迈克尔·哈默和詹姆斯·钱皮在1993年出版的《再造企业——工商业革命宣言》一书中，主张"对经营流程彻底进行再思考和再设计，以便在业绩衡量标准（如成本、质量、服务和速度等）上取得重大突破"。采取再造方法的结果是公司规模的缩小和外包业务的增多。

管理实践：管理应该"以人为本"还是"按规矩办事"？

- 任务目标

（1）培养学生利用管理知识分析实际问题的能力。
（2）培养学生"角色互换"的思辨能力。
（3）培养学生的沟通与协作能力。

- 任务要求

（1）围绕辩题——管理应该"以人为本"还是"按规矩办事"，学生自行分正反两方。正方观点：管理应该"以人为本"；反方观点：管理应该"按规矩办事"。
（2）从正反两方中各自选出4名代表，组成正反两方的辩论团队。
（3）10分钟准备时间，两方同学作为智囊团提供论点和论据，10分钟后按以下流程进行辩论赛。
① 正方一辩开篇立论（2分钟）。
② 反方一辩开篇立论（2分钟）。
③ 正方二辩选择反方三辩进行一对一质询（2分钟）。
④ 反方二辩选择正方三辩进行一对一质询（2分钟）。
⑤ 正方三辩选择反方二辩或三辩进行一对一质询（2分30秒）。
⑥ 反方三辩选择正方二辩或三辩进行一对一质询（2分30秒）。
⑦ 自由辩论（共5分钟）。
⑧ 反方四辩总结陈词（2分钟）。
⑨ 正方四辩总结陈词（2分钟）。
⑩ 观众提问（4分钟）。
（4）完成后每位同学再次选择支持的观点，交流辩论与资料搜集过程中的困惑与建议，重新对科学管理理论与行为科学理论阐述自己的看法。

案例分析

大学生群体"考证热"

在大学校园里，同学之间碰面，经常会听到这样的问候：在忙着考什么证？可以说，大学生考证是个普遍存在的现象。根据网络调查，在各个高校的论坛中，考证板块的点击率一直名列前茅，学子们讨论最多的话题就是"这学期报什么班？考什么证？"在一些高校图书馆内，各类证书考试参考资料的外借率达到70%，远高于普通参考书，高校周围书店里热卖的几乎全是培训考试类辅导资料。不管与专业有关，还是与专业无关，越来越多的大学生成为"考证族"，甚至不少学生从大一就拟定了考证计划。英语四六级、计算机等级考试、各种职业资格证、各类技能证书，都是大学生报考的对象。考完英语四级接着考六级，有时间还要报考计算机等级证书考试等，一两个证书已经不再是大学生考证追求的目标。部分大学生甚至将自身专业放在一边，付出大量的时间和精力去考取各种证书。

资料来源：付康.大学生群体"考证热"现象研究[D].南宁：广西师范大学，2011.

根据案例回答下列问题。
1. 许多通过考试拿到职业资格证书的同学明确表示，考试的过程只是死记硬背，考完什么都忘记了，从经济理性的角度分析，他们的考证动机是（　　）。
   A. 看大家都考，跟着报考
   B. 没想好自己以后干什么，先考个证
   C. 证明自己学习能力强，能快速背过考试知识
   D. 为了提高自身人力资本所采取的行动
2. 分析上述案例，大学生群体"考证热"解释了以下（　　）假设。
   A. 人力资本的使用可以实现经济价值的增值
   B. 说明文化资本和经济资本之间存在着完全对应的关系
   C. 学术资格证书是文化资本的一种表征
   D. 大学生群体"考证热"存在着霍桑效应
3. 请用本章学习的理论分析大学生群体"考证热"是否理性？

课后测验

一、单项选择题
1. 亚当·斯密提出了（　　）假设。
   A. 社会人　　B. 经济人　　C. 自我实现人　　D. 复杂人
2. 科学管理理论的中心问题是（　　）。
   A. 作业标准化　　　　　　B. 计件工资制
   C. 职能工长制　　　　　　D. 提高劳动生产率
3. 被称为"科学管理之父"的是（　　）。
   A. 泰勒　　B. 法约尔　　C. 西蒙　　D. 梅奥

4. 法约尔提出了（　　）。
   A. 管理的三原则　　B. 管理的十四条原则　　C. 管理的四原则　　D. 管理的五原则
5. 行为科学理论认为人是（　　）。
   A. 经济人　　　　B. 自我实现的人　　C. 复杂的人　　　D. 社会人
6. 提出需要层次理论的是（　　）。
   A. 梅奥　　　　　B. 罗特利伯格　　　C. 马斯洛　　　　D. 泰勒
7. 管理活动中采用"胡萝卜加大棒"的政策，源于（　　）。
   A. "社会人"的假设　　　　　　　　B. "经济人"的假设
   C. "复杂人"的假设　　　　　　　　D. "自我实现人"的假设
8. 法约尔被誉为（　　）之父。
   A. 组织理论　　　B. 管理过程理论　　C. 科学管理理论　　D. 现代管理科学
9. 韦伯在管理学上的主要贡献是提出了（　　）。
   A. 理想的行政组织体系理论
   B. 一般管理理论
   C. 劳动分工、用科学方法有效地使用设备和原料问题
   D. 权变理论

二、判断题

1. 泰勒提出了"经济人"假设。　　　　　　　　　　　　　　　　　　　　　（　　）
2. 欧文因开创了在企业管理中重视人的地位的先河而被称为"人事管理之父"。（　　）
3. 行为科学理论认为人是"社会人"。　　　　　　　　　　　　　　　　　　（　　）
4. 提出需要层次理论的是马斯洛。　　　　　　　　　　　　　　　　　　　（　　）
5. 韦伯在管理学上的主要贡献是提出了一般管理理论。　　　　　　　　　　（　　）
6. 法约尔被誉为管理过程理论之父。　　　　　　　　　　　　　　　　　　（　　）

三、简答题

1. 如何客观评价泰勒制？
2. 简述法约尔所提出的管理原则。
3. 梅奥提出的人际关系理论有哪些主要内容？

第三章 决策

课前案例

新东方加码布局研学旅游

2021年初,企查查信息显示,由新东方教育科技集团有限公司全资持股的北京东方卓永投资管理有限公司成为广州三毛信息科技有限公司的新增股东。广州三毛信息科技有限公司旗下"三毛游"客户端是一款全球旅行文化知识内容服务平台。这意味着新东方在旅游业仍处至暗时刻时开始加码布局研学旅游业务。

事实上,2020年10月,新东方就已经投资过"三毛游"。在初次投资时,新东方就透露,作为一个内容服务平台,看好"三毛游"从文旅内容到涉及泛教育内容的发展趋势,再加上新东方与"三毛游"在业务上也存在较强协同性,而此轮融资的资金主要用于研学课程内容、少儿通识教育课程的联合打造以及高质量内容的资源拓展。

新东方不断加码"三毛游"的举动,在业内人士看来,是计划在研学旅游低谷期抢先布子以抢占赛道有利位置。

研学旅游作为旅游行业的细分领域,同样受到新型冠状病毒性肺炎疫情的猛烈冲击。人民文旅智库调研数据显示,按照疫情2020年4月得到控制、5月起经济运作恢复常态来看,疫情至少导致研学旅游企业全年整体营收减少35%~40%。

随着国内疫情防控等级的加强与升级,间接将许多研学路线按下了"暂停"键。以北

京为例，不久前，北京市发布的研学征求意见稿指出，原则上小学不出京、中学不出境。

实际上，业内不乏看好新东方这步棋的人。游学圈CEO杨巍在接受记者采访时表示："新东方研学事业部非常成熟，有成熟的供应商系统和客户销售系统，比大多数的专业游学公司要强很多。"新东方的国内研学事业一直都没得到集团的重视，直到疫情暴发后才成为支撑点，这时候投资"三毛游"的目的显而易见：将线下旅游的场景线上化。

新冠肺炎疫情极大影响到了新东方留学培训业务，致使其擅长的国际研学模块直接停摆。辽宁经济管理干部学院副教授在接受记者采访时指出："这也促使新东方决策并最终选择入股'三毛游'，进行研学旅游市场的加码布局。在当前国际研学停摆的宏观背景下，顺势激活国内研学旅行课程实施市场，机不可失，算是明智之举。"

资料来源：张亚欣. 新东方加码布局研学旅行是"大鳄入水"还是"狡兔三窟"[EB/OL]. https://weibo.com/ttarticle/p/show?id=2309404600538447872181.（2021-02-03）[2022-05-10].

问题思考

1. 新东方布局研学旅游是什么类型的决策？
2. 请查询新东方的发展历程，梳理新东方在发展方向上的重大决策。

第一节　决策概述

一、决策的含义

决策就是做决定。人们在采取一定的行为之前总会进行各种方案的设定和比较，然后才能确定应该怎么做。如家庭选择什么品牌的电器需要决策，学生大学阶段学校和专业的选择需要决策，企业如何扩大销售需要决策，国家如何面对发展中的各种阻力也需要决策。决策是人们在政治、经济、技术活动和日常生活中普遍存在的一种行为，也是管理中经常发生的一种活动。

对于决策的含义，不同的学者有不同的看法。杨红兰等在《现代实践管理学》中提出："从两个以上的备选方案中选择一个的过程就是决策。"周三多等在《周三多——原理与方法（第三版）》中进行了具体概括："所谓决策，是指组织或个人为了实现某种目标而对未来一定时期内有关活动的方向、内容及方式的选择或调整过程。"这都是对决策在狭义上的界定，而广义上决策被认为是管理的全过程。这个观点的主要代表学者是因在决策理论方面作出开创性研究而获得1978年诺贝尔经济学奖的赫伯特·西蒙。广义上的决策认为，管理是贯彻管理始终的，在管理的四个职能中都有决策存在，因此这种广义的界定也有一定的合理性。表3-1所示为决策贯彻管理始终。

动画：决策的含义

表 3-1　决策贯彻管理始终

计　划	组　织
组织的长期目标是什么？ 组织的短期目标是什么？ 采取什么策略来实现组织的目标？	采用什么样的组织形式？ 需要招聘多少员工？ 权力如何分配？
领　导	控　制
如何提高员工的士气？ 如何解决出现的纷争？ 如何平衡工作与员工需求？	组织中哪些活动需要控制？ 偏差多大时需要采取纠偏措施？ 出现重大失误时怎么办？

在管理学中，我们一般会采纳狭义的决策含义。决策是指在几种行动方案中进行选择，即人们为了达到一定的目标，在掌握充分的信息和对有关情况深刻分析的基础上，用科学的方法拟定并评估各种方案，从中选出合理方案的过程。

管理故事：田忌赛马

战国时期，齐威王和他的大将田忌约定赛马，每人各有上、中、下三个不同等级的马参赛。因为齐威王贵为国君，所以每个不同等级的马均比田忌的马略好些。开始的时候，田忌不注意策略，看到齐威王使用什么等级的马，他也使用什么等级的马，结果屡战屡败。后来他接受了孙膑的建议，用自己的上马对齐威王的中马，用自己的中马对齐威王的下马，最后用自己的下马对齐威王的上马，结果取得了三赛二胜的战绩，反赢了齐威王 1000 金。

资料来源：熊义杰.趣味运筹学：从田忌赛马到囚徒困境 [M]. 北京：科学出版社，2017.

二、决策的特性

1. 目标性

组织发展过程中会出现各种问题，为了解决问题就需要作出各种决策。任何决策都包含对目标的确定，目标体现的是组织期望获得的结果，在目标明确之后才能展开组织的各项业务活动。如果没有明确的目标，就会导致决策无效，甚至给组织带来负面的影响。

管理思想：中国古代政治决策制度

2. 可行性

组织的一切活动都离不开对各项资源的依托。从人力资源到实物资源、财务资源以及技术支持，缺少任何一项都会导致一个看起来完善的决策方案无法落实。因此，进行决策方案的选择时，一定要关注实施条件的限制，也就是说决策方案必须可行。

管理测试：你善于决策吗

> **管理故事：究竟谁去挂铃铛？**
>
> 　　一群老鼠吃够了猫的苦头，它们召开全体大会，号召大家贡献智慧，商量对付猫的万全之策，争取一劳永逸地解决事关大家生死存亡的大问题。
>
> 　　众鼠冥思苦想。有的提议培养猫吃鱼吃鸡的新习惯，有的建议加紧研制毒猫药，有的……最后，还是一个老奸巨猾的老鼠出的主意让大家佩服得五体投地，连呼高明。那就是给猫的脖子上挂个铃铛，只要猫一动，就有响声，大家就可事先得到警报，躲起来。
>
> 　　这一决议被老鼠们投票通过，但决策的执行者却始终选拔不出来。高薪奖励、颁发荣誉证书等办法一个又一个地提出来，但无论什么高招，都无法确定谁去执行这一决策。至今，老鼠们还在自己的各种媒体上争辩不休，也经常举行会议……
>
> 　　"给猫挂铃铛"成了一句鼠辈的空话，人类的笑谈。一项计划不管在理论上多合理，多英明，如果不能执行也是枉然。老鼠的妙主意从理论上来讲的确不错，但是，没"人"能完成又有什么意义呢？很多情况下，人们在制订计划，或作出一项决策时都忘了考虑自己的执行能力，没有从现实情况出发，只是在理论上是完美无缺的，比如给猫的脖子上挂个铃铛，这确实是个好主意，但执行起来却没有实现的可能。决策和制度不仅在于多么英明，更在于能否实施。不能执行和实施的决策和制度，只是一个良好的愿望而已。
>
> 　　资料来源：佚名.谁去挂铃铛.[EB/OL]. https://wenku.baidu.com/view/0e4684c482c4bb4cf7ec4afe04a1b0717ed5b3b1.html.（2020-11-3）[2021-10-12].

3. 选择性

决策是一个选择的过程，因此至少应该提供两个以上的备选方案，只有一个方案就失去了决策的意义。提供的备选方案应该可以互相替代，同时又在资源利用、目标实现的途径等方面有所差别，保证既有选择的可能性，又有选择的必要性。

4. 过程性

决策不是瞬间的决定，在做出决定前需要设定备选方案，并利用各种定量、定性的方法对备选方案进行考察和比较，从而选出合适的方案，这本身就是一个分析判断的过程。而方案选择之后还要监督方案的落实、修订等。

5. 风险性

决策是针对未来一段时间活动的安排，因此需要对组织未来的内外部环境变化进行正确的预测，以确保决策方案的制订前提是正确的，从而降低未来因环境变化带来的决策方案修订，甚至重新决策的风险。然而由于客观事物的变化会受到各种因素影响，预测无法做到完全准确，决策是否能保证目标实现，也不可能有百分之百的把握，因此决策具有风险性。

三、决策的类型

（一）按决策的重要程度划分

1. 战略决策

战略决策是指关于组织发展方向的重大全局性决策。如组织

管理案例：铱星计划

动画：决策的类型

的发展目标、方针与计划的确定，组织结构的调整，企业产品的更新换代，经营方向的改变，技术革新等。战略决策是企业经营成败的关键，关系到企业生存和发展。决策正确可以使企业沿着正确的方向前进，提高竞争力和适应环境的能力，取得良好的经济效益。反之，就会给企业带来巨大损失，甚至导致企业破产，因此战略决策一般由组织中的高层管理人员来负责。

微课：战略决策、管理决策和业务决策

2. 管理决策

管理决策，又称战术决策，是指在战略决策基础上进行的，为保证战略决策目标实现而进行的具体决策。生产计划的确定、新产品的定价以及产品开发方案的制定等都属于战术决策的范畴。战术决策的制定者一般为组织中的中层管理人员。

3. 业务决策

业务决策也称执行性决策，是指基层管理人员为解决日常工作和作业任务中的问题所做的决策。生产进度的安排、工作任务的日常分配、设备故障的排除、企业库存控制等都属于业务决策。

管理案例：蒙牛集团战略转型

（二）按决策的性质分类

1. 常规决策

常规决策也称程序化决策，指针对常规的、反复发生的问题进行的决策。这类问题以相同或基本相同的形式重复出现，其产生的背景、特点及内部与外部的有关因素已全部或基本上被决策者所掌握，决策者依靠长期处理此类问题的经验，即可较好地完成此类决策。这类决策通常有章可循，决策者依法照章办事即可。企业的中下层管理者处理的决策问题多属于常规决策。

管理思想：中国古代军事决策

2. 非常规决策

非常规决策，也称非程序化决策。指针对偶然发生或首次出现的、缺乏可靠的数据、资料，无常规可循，必须进行特殊处理的决策。非常规决策往往属于重大战略问题的决策，影响着企业经营的成败。高层管理者主要是处理非常规的决策。

微课：常规决策和非常规决策

（三）按决策问题所处的条件分类

1. 确定型决策

确定型决策是指决策者对未来可能发生的情况有十分确定的比较，可以直接根据完全确定的情况选择最满意的行动方案。确定型决策一般需要满足以下几个条件：存在决策人希望达到的一个明确目标；只存在一个确定的自然状态；存在可供选择的两个或两个以上方案；不同的方案在确定状态下的损失或利益值可以计算出来。

例如，某服装厂拟从三个备选工厂购买质量相当的布料，单价分别为：甲厂35元/米，乙厂42元/米，丙厂80元/米，则该服装厂应选购甲厂的布料，因为其价格最便宜。此外，企业在确定状态下应该有多少库存，也属于确定型决策，通过计算可以得到确切的数字。

2. 风险型决策

风险型决策是指决策者对决策对象的自然状态和客观条件比较清楚，也有比较明确决策目标的决策，但是实现决策目标必须冒一定风险。风险主要来自可供选择的方案中，存在决策者无法控制的两种或两种以上的自然状态，决策者只能根据各种可能结果的客观概率做出决策。风险型决策一般包含以下条件：存在决策者希望达到的目标；存在两个或两个以上的方案可供选择；存在两个或两个以上不以决策者主观意志为转移的自然状态；可以计算不同方案在不同自然状态下的损益值；在可能出现的不同自然状态中，决策者不能肯定未来将出现哪种状态，但能判断每种状态出现的概率。

例如，某建筑公司承建一项工程，需要决定下个月是否开工。如果开工后天气好，可以按期完成，就能够获得利润5万元；如果开工后天气不好，则造成损失2万元；如果不开工，不管天气是好是坏，都要支付误工损失费5000元。根据历史气象资料，预测下个月天气好的概率为60%，天气不好的概率为40%。为使利润最大损失最小，该公司应开工还是不开工？这就是一个典型的风险型决策。

3. 不确定型决策

不确定型决策是指在不稳定条件下进行的决策。在不确定型决策中，决策者可能不知道有多少种自然状态，即便知道，也不能判断每种自然状态发生的概率。

与风险型决策不同，不确定型决策没有任何借鉴可言，或者是在不做任何调查和分析的时候做出的决策。

（四）按决策的主体分类

管理案例：通用公司的"全员决策"

1. 个人决策

个人决策，又称个体决策，是指决策的参与者是一个人。一般针对需要迅速做出的决策和相对不太重要的决策会采取个人决策。

2. 群体决策

群体决策是指决策的参与者有两个人及以上。集体决策比个人决策更加民主，有年龄、经历、观点不同的人参加，可以鼓励管理人员采用比个体决策更多的选择方案。一般针对企业发展战略等重大问题需要采取群体决策。

（五）按决策的影响时间分类

1. 长期决策

对组织影响时间较长的属于长期决策，一般以一年为界限，影响时间在一年以上的属于长期决策。一般发生在改变或扩大企业的生产或服务能力（如厂房设备更新、资源开发利用、增加新产品生产等）时，从以后若干年可能获得更多利益的若干投资方案中，进行分析、评价和选择，最终确定最佳方案的过程。长期决策是企业最重要的决策，它涉及的时间长、投资大、风险大，对企业未来的长期盈利能力有着决定性的影响，方案一旦确定实施，就难以更改。

2. 短期决策

对组织影响时间在一年以内的属于短期决策，如日常营销决策、日常分工决策、生产决策、定价决策和存货决策等。

第二节　决策的制定

一、决策的过程

从明确要解决的问题到最终做出决策需要经过一个过程。图 3-1 所示为决策的过程。

图3-1　决策的过程

动画：决策的过程

1. 明确问题

决策是为了解决问题而进行的管理活动，因此明确问题是决策的第一步。管理者需要将组织的现实状况与理想状况进行比较，并根据二者之间的差异，来确定是否存在问题。如果存在问题，并且需要解决，管理者则应收集与问题有关的信息，找出妨碍目标实现的因素或出现差异的原因，并判断问题能否解决。若问题能够解决，管理者需要根据对问题的性质、范围、影响程度及其原因等方面的分析来确定解决问题所需要的管理者层次。

2. 确定目标

明确问题之后需要确定决策的目标，也就是决策者想要达到的目的。决策目标既是制订和选择决策方案的依据，同时也是执行决策、评价决策执行结果的标准。确定目标要注意以下几个问题。

（1）目标要定量化。目标应尽可能定量化、准确化。有了量化的目标值，才能具体表明达到解决问题的目标程度，才有进行考核评价的标准。

（2）目标要形成体系。决策目标应由总目标、分目标等组成，形成一个完整并且有层次的目标体系。

（3）目标有限定条件。由于管理者的权力有限，因此管理者在解决问题时，可用于解决问题的资源也是受限的，管理者只能在自己可控的范围内开展工作。

3. 收集信息

科学决策的前提是对相关信息的收集与分析。通过对组织的各种内部、外部环境进行分析，决策者可以获得大量信息，以此对决策对象的未来发展进行预测。

> **管理故事：有信息才有决策**
>
> 康熙作为一位政绩杰出的皇帝，十分重视决策信息的价值。康熙年间，永定河的堤防出现了很多问题，水灾频发。从康熙三十一年至康熙六十一年，康熙派人对永定河进行了七次大规模的治理。在此期间，康熙不仅派出大量官员到地方协助办理水利建设事

务，还经常亲自外出调查，勘察地形，征求意见，纠正地方官员治水计划中的一些错误方案。康熙皇帝对决策信息的重视，体现出一名优秀决策者应有的素质。

4. 拟定备选方案

为解决问题，必须寻找各种切实可行的行动方案。拟订行动方案要紧紧围绕着所要解决的问题和决策目标，根据已经具备和经过努力可以具备的各种条件，拟定备选方案。

管理故事：霍布森选择

在方案的最初设想阶段，应打开思路，坚持从不同的角度和途径进行考虑，尽可能多的提出有明显差别的决策方案，避免陷入"霍布森选择"，遗漏实现目标的最佳方案。

在方案的精心设计阶段，应该对每一个方案进行反复计算与严格论证。在这个阶段，首先要确定方案的细节，如日程的安排、经费的支出、人员的使用等，其次是对方案的实施结果进行预测。

5. 选择方案

拟定备选方案之后，需要用科学的分析工具和方法对目标、方案进行定性定量分析，评估每种方案的价值或相对优势与劣势，并进行排序。在对各方案的评估比较中一般要考虑以下因素。

管理思想：庞统献计

（1）决策方案实现的可能性，即考察方案落地所需的条件是否具备。这些条件既包括人、财、物等组织自身的方面，也包括组织发展的各种外部条件。例如，对于一个资金紧缺的企业，作出需要高额投资的决策，就会因资金的短缺导致方案不可行。

（2）决策方案是否能够实现组织的目标，能否让决策者满意。例如，按照一定的方法计算，三个方案分别可以给组织带来不同的收益，理论上收益最高的方案会成为决策者的首选。

管理案例：阿斯旺水坝的灾难

（3）决策方案的综合影响，即除了经济收益之外，各方案在社会效益、生态效益等方面的影响。如果一个方案既有可行性，又有最好的经济效益，但是实施之后会带来环境污染等问题，也无法通过甄选。

📖 管理故事：要不要建盐场？

《梦溪笔谈》中记载：海州知府孙冕很有经济头脑，他听说发运司准备在海州设置三个盐场，便坚决反对，并提出了许多理由。后来发运使亲自来海州谈盐场设置之事，还是被孙冕顶了回去。当地百姓拦住孙冕的轿子向他诉说设置盐场的好处，孙冕解释道："你们不懂得作长远打算。官家买盐虽然能获得眼前的利益，但如果盐太多卖不出去，三十年后就会自食恶果了。"然而，孙冕的警告并没有引起人们的重视。他离任后，海州很快就建起了三个盐场，几十年后，当地刑事案件上升，流寇盗贼、徭役赋税等都比过去大大增加。由于运输、销售不通畅，囤积的盐日益增加，盐场亏损负债很多，许多人都破了产。这时，百姓才开始明白，在这里建盐场确实是个祸患。

一时的利益显而易见，人们往往趋利而不考虑后果。这种现象，古今皆然。看到什么行业赚钱，就蜂拥而上，结果捷足先登者也许能获利，步人后尘者往往自食恶果。这样的例子可以说是数不胜数。作为一个企业的经营者，在制定一个经营决策的时候，一定要综合考虑各方面的因素而不能被一时的利益蒙蔽了眼睛。

资料来源：佚名. 小故事大道理——头脑发热的决策要不得 [EB/OL]. https://baijiahao.baidu.com/s?id=1666955385027403225&wfr=spider&for=pc.（2020-05-19）[2022-1-20].

6. 实施与反馈

决策方案选定之后就需要制定具体的实施计划、措施和步骤，需要充分考虑到方案在实施中可能发生的问题，以及这些问题出现后会产生什么样的影响和危害。

若方案在实施中由于主客观条件发生重大变化将危及决策目标时，要对决策目标及方案进行根本性的修正。

二、决策的方法

（一）定性决策法

现代决策方法可划分为"软、硬"两种，定性决策就是"软"决策，又称主观决策法。决策者运用社会科学的原理并依据个人的经验和判断能力，采取一些有效的组织形式，充分发挥各自丰富的经验、知识和能力，从对决策对象的本质特征的研究入手，掌握事物的内在联系及其运行规律，对企业的经营管理决策目标、决策方案的拟定以及方案的选择和实施作出判断。这种方法适用于受社会、经济、政治等因素影响较大、所含因素错综复杂、涉及社会心理因素较多以及难以用准确数量表示的综合性问题。

1. 头脑风暴法

头脑风暴法是将对解决某个问题有兴趣的人集合在一起，在完全不受约束的条件下，敞开思路，畅所欲言。该方法便于发表创造性意见，主要用于收集新设想。其发明者是现代创造学的创始人，英国学者阿历克斯·奥斯本。为保证决策的有效性，实行头脑风暴法有以下要求。

（1）严格限制问题范围。

（2）不能对别人的意见提怀疑和批评。

（3）发言精炼。

（4）即席发言，不准备讲稿。

管理案例：王华的决策分析过程

微课：囚徒的两难选择

动画：定性决策法

管理游戏：回形针的用途

微课：头脑风暴法的应用

（5）可以补充完善已有的建议。
（6）营造自由的气氛。
（7）5～10人，1～2小时为宜。

2. 哥顿法

哥顿法是美国麻省理工学院教授威廉·哥顿于1964年提出的一种决策方法。这种方法由"头脑风暴法"发展而来，其目的也是要激发每个人的想象力，提出创新的观点或者方案。但头脑风暴法会提出明确的主题，而哥顿法只是抽象地介绍功能方面的问题，要求大家敞开思路为解决这一功能问题提出各种设想，但会议的根本目的是什么，真正需要研究的问题是什么，实际上只有主持人自己知道，其他与会者都不知晓。这样做是为了避免思维定式的约束，使大家能跳出框框去思考，充分发挥群体智慧以达到方案创新的目的。例如，要研制一种新型割稻机，而只提出如何把东西割断和分开，大家围绕这一问题以头脑风暴的形式展开想象，提出方案，并记录这些方案。主持人从讨论中获得启发，在会议进行到适当时机时，把主题揭开，让大家提出完整的方案。哥顿法对会议主持人的要求很高，智力激发的效果与会议主持人的方法也有很直接的关系，这需要主持人在实践中不断锻炼、提高。

3. 德尔菲法

德尔菲法又称专家意见法，是一种向专家进行调查研究的专家集体判断方法。

德尔菲法的程序如下。

（1）向团队成员发出第一份初始调查表，收集参与者对于某一话题的观点。

（2）向团队成员发出第二份调查表（列有其他人意见），要求其根据几个具体标准对其他人的观点进行评估。

（3）向团队成员发出第三份调查表（列有第二份调查表提供的评价结果、平均评价、所有成员的共识），要求其修改自己原先的观点或评价。

（4）总结出第四份调查表（包括所有评价、全体成员的共识和遗留问题），由组织者对其综合处理。

使用德尔菲法进行团队沟通可以避免群体决策的一些缺点，声誉显赫或地位最高的人没有机会控制群体意志，因为每个人的观点都会被收集。管理者可以保证在征集意见以及做出决策时，没有忽视重要观点。

德尔菲法最初产生于科技领域，后来逐渐被应用于各领域的预测，如军事预测、人口预测、医疗保健预测、市场需求预测、教育预测等。

4. 名义小组技术法

管理者先选择一些对要解决的问题有研究或者有经验的人作为小组成员，并向他们提供与决策问题相关的信息。小组成员先独立思考，要求每个人尽可能把自己的备选方案和意见写下来。然后再按次序让他们一个接一个地陈述自己的方案和意见。在此基础上，由小组成员对提出的全部备选方案进行投票，根据投票结果，赞成人数最多的备选方案即为胜出的方案，当然，管理者最后仍有权决定是接受还是拒绝这一方案。

（二）定量决策

定量决策法是"硬"决策。定量决策法一般是运用数学工具、建立反映决策中各种因素及其关系的数学模型,并通过对数学模型的计算,选择出最佳的决策方案。对决策问题进行定量分析,可以提高常规决策的时效性和决策的准确性。定量决策法一般分为确定型决策法、风险型决策法和不确定型决策法三类。

1. 确定型决策法

确定型决策法是指决策面对的问题的相关因素是确定的,因此建立的决策模型中各种参数也是确定的。在现实中有许多问题从严格意义上来讲不是完全确定的,但如果其主要因素确定,也可以暂且忽略部分不确定因素,简化为确定型决策问题。

确定型决策方法有线性规划、盈亏平衡分析法等。

(1)线性规划是最基本也是最常用的一种数学规划。它是运筹学的一个重要分支,广泛应用于军事作战、经济分析、经营管理和工程技术等方面。线性规划主要是通过分析与建模,运用计算机技术模型求解。

(2)盈亏平衡分析又称保本点分析或本量利分析法,是用图表或者解方程式的形式来考察不同成本、收入和销售量之间关系的一套分析工具,能够确定达到保本点和预期利润水平所要求的收入。一般说来,企业收入 = 成本 + 利润。如果利润为零,则收入 = 成本 = 固定成本 + 变动成本。然而企业收入 = 销售量 × 价格,变动成本 = 单位变动成本 × 销售量,这样由销售量 × 价格 = 固定成本 + 单位变动成本 × 销售量,可以推导出盈亏平衡点的计算公式为

$$盈亏平衡点(销售量) = \frac{固定成本}{销售单价 - 单位变动成本}$$

2. 风险型决策法

决策树分析法是常用的风险型决策方法。该方法是一种用树形图来描述各方案在未来收益的计算,其程序如下。

(1)从左向右画出决策树图形。

(2)计算各种状态下的收益值。

(3)选择最佳方案(剪枝决策)。

微课:决策树分析法

【例】 某企业准备扩大生产规模,有三个方案:① 新建一条生产线,需要投资 300 万元;② 扩建原生产线,需要投资 200 万元;③ 收购现存生产线,需要投资 100 万元。根据预测估计,产品的市场状况的概率是畅销为 0.3,一般为 0.5,滞销为 0.2。若投资后生产线服务年限为 10 年,且每年可获得表 3-2 所示收益,现求取得最大经济效益的方案。

表 3-2 某企业不同方案投资收益　　　　　　　　单位:万元

方案	畅销(0.3)	一般(0.5)	滞销(0.2)
A 新建生产线	140	80	0
B 扩建原生产线	120	70	10
C 收购现存生产线	100	50	20

要求:①画出决策树图形;②计算收益值;③选择最佳方案(剪枝决策)。

按照投资后生产线服务期十年计算三个方案各自的收益值:

A 新建生产线收益值 = (140 × 0.3 + 80 × 0.5 + 0 × 0.2) × 10 - 300 = 520(万元)

B 扩建原生产线收益值 =（120×0.3+70×0.5+10×0.2）×10−200=530（万元）

C 收购现存生产线收益值 =（100×0.3+50×0.5+20×0.2）×10−100=490（万元）

通过比较三个方案的计算结果，扩建原生产线的预期收益值是 530 万元，大于新建一条生产线和收购现有生产线的收益值，所以 B 方案扩建原生产线是最优方案，在决策树上划掉 A 方案和 C 方案。图 3-2 为决策树图形。

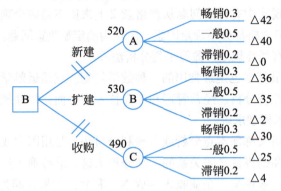

图3-2　决策树图形

3. 不确定型决策法

常用的解决不确定型决策问题的方法有以下三种。

（1）小中取大：决策者对未来持悲观态度，认为未来会出现最差的情况。决策时，对各种方案都按它带来的最低收益考虑，然后比较哪种方案的最低收益最高，简称小中取大。

（2）大中取大：决策者对未来持乐观态度，认为未来会出现最好的情况。决策时，对各种方案都按它带来的最高收益考虑，然后比较哪种方案的最高收益最高，简称大中取大。

动画：不确定型决策法

（3）最小最大后悔值法：决策者在选择了某方案后，若发现发生的自然状态表明其他方案的收益更大，那么他会为自己的选择而后悔。由此，产生了最小最大后悔值决策方法。

【例】某公司计划开发新产品，有三种方案可供选择。因设计投入和产品性能等各方面的不同，三种方案在未来畅销、一般和滞销的市场状态下的损益值也有差别，如表 3-3 所示。如何根据小中取大、大中取大和最小最大后悔值法作决策？

表 3-3　某公司新产品方案损益值　　　　　　　　　　　　　单位：万元

	畅销	一般	滞销
A 方案	80	60	40
B 方案	150	40	15
C 方案	120	50	20

1）小中取大法（悲观法）

（1）求出每个方案的最小损益值。

方案 A：min {80，60，40} =40（万元）

方案 B：min {150，40，15} =15（万元）

方案 C：min {120，50，20} =20（万元）

（2）求出三个方案最小损益值中的最大值。
$$\max \{40, 15, 20\} = 40（万元）$$
所得数值对应的 A 方案就是最佳方案。

2）大中取大法（乐观法）

（1）求出每个方案的最大损益值。
$$方案 A：\max \{80, 60, 40\} = 80（万元）$$
$$方案 B：\max \{150, 40, 15\} = 150（万元）$$
$$方案 C：\max \{120, 50, 20\} = 120（万元）$$

（2）求出三个方案最大损益值中的最大值。
$$\max \{80, 120, 150\} = 150（万元）$$
最大损益值对应的 B 方案就是最佳方案。

3）最小最大后悔值法

（1）求出各方案在不同市场状态下的后悔值，即用各市场状态下最大损益值分别减去该状态下所有方案的损益值，如表 3-4 所示。

表 3-4　各方案在不同市场状态下的后悔值　　　　　单位：万元

方案	畅销	一般	滞销
A 方案	70	0	0
B 方案	0	20	25
C 方案	30	10	20

（2）求出每个方案的最大后悔值。
$$方案 A：\max \{70, 0, 0\} = 70（万元）$$
$$方案 B：\max \{0, 20, 25\} = 25（万元）$$
$$方案 C：\max \{30, 10, 20\} = 30（万元）$$

（3）在三个方案最大后悔值中求出最小值。
$$\min \{70, 25, 30\} = 25（万元）$$
所得数值对应的方案 B 就是最佳方案。

 管理实践：为模拟企业作出正确的商务合同履行决策

• 任务概述

　　甲乙两家公司，投资注册资金分别为 1000 万和 500 万，双方经多次谈判，最终达成一个总金额为 400 万元的年度交易合同。这一合同包含了六次交易，规定甲方每两个月在接到乙方汇款通知后即向乙方发一次货。

　　在履行合同的过程中，双方遵循以下的市场规则（以出红黑牌为例，红牌表示诚实履行合同，黑牌表示欺诈）。

　　（1）由教师随机指定两个小组互为甲方和乙方。

　　（2）六次交易一笔一笔做，做完一笔再做下一笔。

（3）每一次交易双方同时出牌。若双方均为红牌，则各得利润30万元；若双方均为黑牌，则双方各亏30万元；若一方为红一方为黑，则红方亏50万元，黑方得50万元。其中第三轮和第六轮的损益值加倍。

（4）双方每一次出什么牌，由各方董事会集体决策，决议过半数同意有效。

（5）在课堂模拟练习过程中，第一笔交易须在15分钟内完成，整个交易在45分钟内完成。在规定时间内没有作出相应的决策，做中止处理。

① 决策目标：为各自公司谋取最大的利润。

② 游戏目标：在全班的模拟决策练习中胜出。

③ 奖惩措施：对于在全班模拟决策练习中取得最佳成绩的小组成员，每人给予相应的奖励，而对于在全班模拟决策练习中成绩最差的小组成员，给予相应的惩罚。

④ 决策实施：在教师（第三方）的协助和公证下，双方做完一笔再做下一笔，直到完成六笔交易或中止结束。

整个交易结束后，各方计算双方的损益，各自总结经验教训，然后在课堂上进行甲方与乙方的公开交流。各小组形成一份模拟练习报告上交，决策记录表单如图3-3所示。

决策记录表单

小组组号：　　　　　　　代表公司：（甲方或乙方）
组成人员：　　　　　　　董事长：　　　　　　　董事会秘书：
决策结果：

交易双方	第一轮	第二轮	第三轮	第四轮	第五轮	第六轮
甲方	红5：0 +30	红4：1 −50	黑3：2 −60			
乙方	红3：2 +30	黑3：2 +50	黑4：1 −60			

决策过程：说明每轮决策是如何做出的，经过了怎样的思考，最终决策的理由是什么。

经验教训：反思决策过程，总结该次练习中所得到的启示、经验教训，最终归结成几点。

图3-3　决策记录表单

案例分析

他该如何决策？

程志新近受聘担任一家有300间客房的高星级饭店的总经理。他的这一选择是不同寻常的，因为除了作为饭店常客外，他从未有过从事饭店业工作的经历。

这家饭店四年前开业，开业后曾以服务优良和富有传统特色而闻名。两年后店方的主管部门频繁更换总经理，已换了七任总经理，其中包括从境外请了三家酒店管理公司。当程志就任时，该店服务质量已大大下降，与过去的名声大不相称。客人抱怨越来越多，老客户的续订率日趋下降，客人对服务态度冷漠、缺乏礼貌、草率回答、不规范服务时常投诉。

上任后的第一个月，程志走遍饭店各个部门了解情况，尽量同员工接触交谈。他发现员工更衣室乱七八糟，地板肮脏不堪，卫生间无香皂、毛巾，马桶坐圈丢失，房门破损。其他员工区也同样杂乱无章，墙壁的油漆、灰泥严重剥落。员工食堂的伙食差，厨具变形、不洁，食堂灯光暗淡。他完全可以设想，服务员将美味可口的食物送上客人的餐桌后，只能回到肮脏的"地牢"里时的心情。

他惊讶地发现，运作了几年的这家高星级酒店竟然没有一套适合自己的管理模式，开业以来对中高级管理人员没有做过一次系统的培训，上司指挥下属很费劲，有时还要看下属的脸色行事，因为下属认为你今天在位，明天还不一定在不在位。

程志向人事部门了解员工录用情况，发现员工只要填一张申请表就立即安排工作。为了节省劳动力成本，饭店从农村招了不少临时工，也使用了一些下岗"大嫂"，可岗前培训只有半天，甚至有时根本没有岗前培训。除了顶头上司的评语外，没有工作评估。原来打算在人事部办公室外设立的布告栏从未设立过，重要的人事布告没有固定张贴场所。骨干员工已流失大半，有些部门经理正在寻找其他合适的工作。

程志还发现在饭店近1000名员工中，一线服务员有2/3根本不懂英语，严重影响与外国客人的交流，员工之间相识而不知其部门和名字者甚多。

此外，他还发现前台工作人员从未去过本店的客房，更不要说以客人的身份在里面度过一夜，他们怎么能热情地向客人介绍客房的特色呢？同样，饭店的6个餐厅经理只在本餐厅就餐，不了解其他餐厅的情况，也不了解其他饭店的餐饮经营情况。饭店的15个部门经理也同样不了解其他部门在干什么。信息沟通不畅和缺乏协调使部门间问题成堆，而客人则只能忍受饭店低质量的服务。

资料来源：王光健，胡友宇，石媚山.管理学基础[M].中国人民大学出版社，2018.

根据案例回答下列问题。

程志如何作出正确有效的决策来解决上述问题，使员工能为在饭店工作而自豪，使客人享受到高质量的服务？

课后测验

一、单项选择题

1. 下列选项中不属于企业短期决策的是（　　）。
   A. 投资方向的选择　　　　　　B. 组织日常分工
   C. 库存决策　　　　　　　　　D. 企业日常营销
2. （　　）是日常工作中为提高生产效率、工作效率而做出的决策，牵涉范围较窄，只对组织产生局部影响。
   A. 战略决策　　　　　　　　　B. 战术决策
   C. 管理决策　　　　　　　　　D. 业务决策
3. 通过（　　）可以提出富有创造性的方案。
   A. 独自思考　　　　　　　　　B. 头脑风暴法
   C. 名义小组技术　　　　　　　D. 德尔菲技术

4. 头脑风暴法实施的原则不包括（　　）。
   A. 对别人的建议不作任何评价　　B. 建议越多越好，想到什么就说什么
   C. 鼓励互相评价　　D. 可以补充和完善已有的建议使它更具说服力
5. 常用的不确定型决策方法不包括（　　）。
   A. 小中取大法　　B. 大中取大法
   C. 大中取小法　　D. 最小最大后悔值法

二、判断

1. 可行性是决策的特点之一。（　　）
2. 长期决策与短期决策的划分与决策涉及的时间相关。（　　）
3. 战略决策是企业经营成败的关键，关系到企业生存和发展，一般由组织中的高层管理人员来负责。（　　）
4. 管理决策又称战术决策，是为保证战略决策目标实现而进行的具体决策，一般由基层管理者来负责。（　　）
5. 高层管理者主要是处理程序化的决策。（　　）
6. 程序化决策和非程序化决策分别对应组织中的例行问题和例外问题。（　　）
7. 按决策问题所处的条件分类，可把决策分为确定型决策与不确定型决策。（　　）
8. 哥顿法与头脑风暴法相同，都是为了提出创新的观点或者方案。（　　）
9. 常用的不确定型决策方法有小中取大法、大中取大法和最小最大后悔值法。（　　）
10. 决策的第一步是明确问题，需要考虑待解决问题的性质并确定解决问题所需的管理者层次。（　　）

三、名词解释

1. 决策
2. 战略决策

四、简答题

1. 决策的特点有哪些？
2. 决策有哪几个步骤？

第四章

计 划

课前案例

联想——注重"势"的选择

资深媒体人士、传媒学博士张涛在其著作中这样诠释"定战略"——"注重'势'的选择"。

张涛认为,"定战略"是指公司各级领导干部要有大局观念,要学会长远考虑,形成发展目标以后要学会分解成具体的战术步骤和实施策略,并在发展过程中不断调整。联想在学习西方企业的过程中,通过自己的具体实践,总结出一套制定战略的方法,而且进一步把它们分解为一个个具体步骤推进下去。

据介绍,联想定战略分为以下五个步骤。

第一步是确定公司远景。联想早期确定的公司远景就是:做大规模的、长久的、高科技的联想,将联想做成一个百年老店。新的时代和环境下,杨元庆描绘未来的联想应该是:高科技的联想、服务化的联想、国际化的联想。

第二步是确定中远期发展战略目标。公司目标的长短各有不同,计算机领域的一些核心技术还掌握在别人手里,联想需要根据形势的发展不断调整自己的战略目标。2001年新联想成立时宣布:确定在2010年进军世界500强。联想率先为中国人圆了这个梦。

第三步是制定发展战略的总体路线。这是制定战略比较重要的部分,有很多具体步骤。一是制定前的调查和分析。首先是外部的调查分析——世界和地区的政治、经济方面的调查分析,然后是本行业的状况和前景的分析。二是内部资源能力的审视,包括形成价值链各个环节的分析、核心业务流程的分析、核心竞争力的分析等。三是竞争对手的分析和比较。分析竞争对手的战略、实际情况等。调查分析之后就是制定路线。

第四步是确定当年的战略目标（含总部和各子公司的目标），并分解成具体战略步骤操作实施。

第五步是检查调整，达到目标。

联想把制定战略分为五步，明确了要达到中长期的目标到底走什么路，怎样在中长期目标的指导下确定当前做什么或者不做什么。

制定企业的这种战略路线很重要。联想从创立自己的品牌，到按照"技工贸"战略实施企业发展规划，在公司运营的头十年，联想创造了无数IT业的辉煌，进而成为中国民族IT业的一面旗帜。

1995年5月，联想集团总裁办公室发布《联想之路百题问答》。其中第35题问："联想集团在发展进程中的第一个战略目标是？"答："建成技工贸一体化的产业结构。"可见联想在创建的初期，就以"技工贸一体化的产业结构"作为企业发展战略。

资料来源：陶勇.联想做大华为做强 [M]. 北京：电子工业出版社，2018.

问题思考

1. 联想能够成功的原因是什么？
2. 联想的计划是哪种计划？

第一节　计划概述

一、计划的含义

计划是管理职能中最基本的职能，也是管理的首要职能。它存在于组织各个层次的管理活动中，组织职能、领导职能和控制职能都是以计划职能为前提而展开，而计划规定的目标也需要其他职能的支持和保障。任何组织或个人要有效地实现预定的目标，首先必须要做好的就是计划工作。

从"汉语"的角度对"计划"进行解释，既可能是名词，也可能是动词。

从名词角度上说，计划是指组织以及组织内不同部门或成员对未来活动方向、内容和方式的预测、安排及应对措施的管理文件。

从动词角度上说，计划是指为了实现目标，管理者预先进行行动安排，以期完成既定目标的过程。

动画：计划的含义

微课：计划的含义解析

微课：计划与决策的关系

管理故事：未雨绸缪

> 迨天之未阴雨，彻彼桑土，绸缪牖户。今女下民，或敢侮予！
>
> ——《诗·豳风·鸱鸮》

周武王攻灭商朝后，没有杀掉商纣王的儿子武庚，而是继续封他为殷君，让他留在商的旧都，但对他又不放心，所以把自己的三个弟弟管叔、蔡叔和霍叔，分封在商旧都的东面、西面和北面，以便监视武庚和商朝的遗民，称为"三监"。

武王的弟弟周公旦以及太公、召公等，帮助武王灭商，立了大功，武王把他们留在镐京辅政，其中周公旦最受武王的宠信。过了两年，武王患了重病，大臣们都非常忧虑。忠于武王的周公旦祭告周朝祖先，表示愿意代替哥哥去死，只希望武王病愈。祝罢，命人将祝词封存在石室里，不准任何人泄密。

说来奇怪，周公旦祝祷后，武王的病情一度有了好转，但是，不久发病去世。年幼的太子姬诵被拥立为成王，周公旦受武王遗命摄政。

微课：传统文化中的计划理念

周公旦的摄政，引起了管叔等三个叔叔的妒忌。他们认为周公旦企图夺取成王的王位。这些流言蜚语很快传到成王耳朵里，从而引起了成王的疑虑。

周公旦考虑到一时很难向成王解释清楚，所以为了消除他对自己的疑虑，就离开镐京，前往东都洛邑。

管理思想：传统文化中的计划

武庚不甘心商朝的灭亡。他见周氏兄弟之间发生了矛盾，就派人和管叔等"三监"联络，挑拨他们与周公旦的关系。与此同时，他积极准备起兵反叛。

周公旦在洛邑住了两年，其间他调查清楚了武庚暗中与管叔等勾结的情况，便写了一首诗送给成王。这首诗的诗名叫《鸱鸮（猫头鹰）》。它的前两节的大概意思是"猫头鹰啊猫头鹰！你已抢走了我的儿，不要再毁我的家。我多么辛苦殷勤哟，为哺育儿女已经全累垮！趁着天还没有下雨，我就忙着把桑根剥下，加紧修补好门窗。因为下面的人呀，有时还会把我欺吓！"

这首诗以母鸟的口吻哀鸣，体现了周公旦对国事的关切和忧虑。诗中的猫头鹰是指武庚，哀鸣的母鸟则是周公旦自己。

不料，年轻的成王没有看懂其中的含义，因此没有理解周公旦的苦衷。后来，他无意之中在石室里发现了周公旦的祝词，深受感动，立即派人把周公旦请回镐京。这时，成王才知道武庚与三叔相互勾结的内情，派周公旦出兵讨伐。最后，杀了武庚、管叔和霍叔，蔡叔在流放中死去，周王朝得到了巩固和发展。

这个故事就是成语未雨绸缪的来历。未雨绸缪指趁着天没下雨，先修缮房屋门窗，比喻事先做好准备。

资料来源：《国学典藏》丛书编委会编著.文字上的中国：成语[M].北京：中国铁道出版社，2018.

二、计划的要素

动画：计划的要素

一项完整的计划应该包括哪些内容？在计划中，需要预先决定做什么（What）、由哪些人来做（Who）、什么时间做（When）、在哪里做（Where）、为什么这么做（Why）、怎样做（How）以及需要消耗多少物资（How much），可以概括为以下七个方面（5W2H）。

（1）What——"做什么"，即明确一个时期的具体任务和目标要求。例如，企业生产计划中要明确产品生产的品种、数量、进度等。

（2）Who——"谁去做"，计划不仅要明确规定目标、任务、地点和进度，还需要明确由哪个部门或哪个人负责。

（3）When——"何时做"，即规定计划中各项工作的起始时间、进度和完成时间。在实际工作中，对计划制定严格的时间进度安排，以便进行有效控制，并对组织资源进行合理安排。

（4）Where——"何地做"，即规定计划中的实施地点或场所，了解计划实施的环境和限制条件。计划需要根据不同的环境、市场、途径等因素制订并调整。

（5）Why——"为什么做"，即明确计划的原因和目的，或者说是宗旨、目标、战略，使组织内的人员了解、支持计划，以便发挥其积极性、主动性，实现预期目标。

管理故事：投资的机会损失

（6）How——"怎么做"，即制定达成计划目标的措施，以及相应的政策、规则和程序，对组织资源进行合理的分配使用等。

（7）How much——"效益分析、成果评估"，即分析实现计划需要消耗的成本，并对可能带来的盈亏和机会得失进行预测。

三、计划的意义

动画：计划的意义

孔茨曾说："计划工作就像一座桥梁，它把我们所处的此岸和我们要去的彼岸连接起来，以克服这一天堑。"计划的意义主要包括以下几点。

（1）计划为组织指明发展方向，协调成员活动。计划明确了组织未来的发展目标，促使管理人员根据目标进行任务分工，进而使组织的全体成员有了明确的努力方向，清楚自己应该在什么时候、什么地点、采用什么方式作出何种贡献。同时，计划也是一种协调过程，通过解读目标及其要求，组织成员可以清楚地了解哪些行动会背离目标，哪些行动是无效的，哪些行动有利于目标的达成，从而做出正确选择，与其他成员达成合作。

管理思想：未战先算、多算取胜

（2）计划促使管理者展望未来，预见变化，减少不确定性。组织处在一个高度变化的时代，有变化就意味着有风险。因此管理者需要周密细致地对未来进行预测、制定计划，并通过预测环境变化的趋势与影响，随时检查计划的落实情况，避开或降低风险，从而做到趋利避害。

（3）计划有利于合理的配置资源。计划工作同时又是一个生产要素的分配过程。由于资源的有限性，为了以更少的投入达成目标，在计划过程中管理者要清楚什么资源短缺，什么资源富余，通过一定的方式使各种资源得到合理的分配与利用。计划工作通过提前筹划，还可以减少重复性的活动，避免工作遗漏和互相冲突，完善各项工作程序。

（4）计划是控制的基础和依据。控制是管理的重要职能，而计划为控制工作提供了依据。通过将实际绩效与计划中设立的目标进行比较，可以及时发现工作中的偏差，采取相应的校正行动。没有计划，控制就失去了标准。

管理思想：《孙子兵法》与《三国演义》对谋攻思想的解读

四、计划工作的原则

计划作为管理的一个职能，有其自身的运行规律，管理者想要出色地完成计划工作，需要遵循限制因素原则、许诺原则、灵活性原则和导向变化原则。

1. 限制因素原则

限制因素指妨碍组织目标实现的因素。在其他因素不变的情况下，抓住这些因素，就能实现组织的目标。在选择备选方案时，越能精准地识别妨碍既定目标实现的限定性因素或关键性因素，越容易精准地选定最有利的备选方案。一个木桶能盛多少水，主要由桶壁上最短的那块木条决定，因此限定因素原则有时又被称作"木桶原理"。限制因素原则要求管理人员在制订计划时，应全力找出影响计划目标实现的主要限定因素，并制定有针对性的解决措施。

动画：计划工作的原则

2. 许诺原则

许诺原则指任何一项计划都是对完成某项工作做出的许诺，许诺越大，需要的时间越长。根据许诺原则，管理人员制定计划时需要注意以下两点：计划期限必须严格明确；计划要确定完成任务的合理期限，期限的长短取决于实现计划中的任务所必需的时间。

3. 灵活性原则

灵活性原则是指在计划实施过程中发生突发事件时，能够不必花费太大的代价就可以改变方向。计划工作中的灵活性越大，未来出现意外状况带来的损失越小。

灵活性原则对计划十分重要，尤其在承担较重任务，而目标计划期限又很长的情况下，灵活性的作用便凸显出来。但是计划的灵活性会受一定的限制：未来有很多不确定的因素，管理者不能总是以推迟决策的时间来确保计划的灵活性；确保计划有灵活性需要付出代价，而代价过大的灵活性计划，又缺乏效率性；有时现实情况会不允许计划有灵活性，例如，某企业制定灵活的产品销售计划，可能导致与之相关的其他计划目标都无法实现。

4. 导向变化原则

计划制订出来以后，管理者需要促使计划实施，而不能被计划框住。必要时可以根据当时的实际情况对计划做必要的检查和修订，以保证计划的目标可以实现。

尽管企业管理人员在拟订计划时预测了未来可能发生的情况，并制定出相应的应变措施，但未来情况的变化无法全部预测到，计划常常赶不上变化。因此，在计划实施过程中，管理者应该对计划进行定期检查，如果情况已经发生变化，就要调整计划或重新制订计划。导向变化原则就是计划的总目标不变，但实现目标的进程可以因情况的变化随时改变。需要指出的是，导向变化原则与灵活性原则不同，灵活性原则是使计划本身具有适应性，而导向变化原则是使计划执行的过程具有应变能力。

五、计划的类型与表现形式

（一）计划的类型

1. 战略计划、战术计划和作业计划

按制定计划的管理层次，以及计划对组织发展的影响范围和影响程度，可以将计划分为战略计划、战术计划和作业计划。

战略计划是为了实现组织总体目标，由高层管理者制订的计划。更准确地说，战略计划是为组织设立总体目标而制订的确定资源配置、决定行动步骤的计划，其作用在于确立组织的全局目标，寻求组织在环境中的地位，决定组织的基本目标和基本政策。战略计划的显著特点是全局性、指导性与长远性。

战术计划是指由中层管理者拟定的针对总体目标如何实现的细节计划。战术计划以时间为中心，根据战略计划中的基本目标和基本政策做出进一步的具体行动方案，比如组织的生产计划、销售计划、分配任务和资源、明确权利和责任等。

作业计划关注如何具体实施战术计划及完成作业目标。作业计划是由基层管理人员制定的具体执行性计划，覆盖时间间隔较短，范围相对集中，并且处理的活动数量相对较少，如月计划、周计划、日计划等。

2. 长期计划、中期计划和短期计划

按计划期限的长短可以把计划分为长期计划、中期计划和短期计划。

长期计划的期限一般在 5 年及 5 年以上，长期计划旨在为实现企业的长期目标服务，又称为长远规划或远景规划，其目的是扩大和提升企业的发展能力。长期计划往往是战略性计划，它规定组织较长时期的目标及实现目标的战略性计划。

微课：长期、中期与短期计划

中期计划的时间跨度一般在 1 年以上，5 年以内。中期计划是根据长期计划提出的战略目标和要求，并结合计划期内实际情况制订的计划。它来自长期计划，比长期计划更为具体和详细，同时又是短期计划目标的依据。

短期计划通常是指为期 1 年或 1 年以内的计划，比中期计划内容更加具体和详尽，对中短期内组织的活动目标、行动方案、实施措施和手段以及具体考核标准都有较为明确和具体的规定，并给出相关预算和工作日程表。

在一个组织中，需要将长期计划、中期计划和短期计划相结合进行，即要想实现长期计划，需要围绕长期计划提出的总体目标，制定出一系列的中期和短期计划，通过中期和

短期计划的落实来保证长期计划的实施。

3. 指导性计划和指令性计划

按计划的内容划分，计划可分为指导性计划和指令性计划。

指导性计划设立了达到目标的指导原则，但并不会详细规定达到目标的具体活动和行动步骤、进展速度等。这使得指导性计划具有更大的灵活性，易于应对不可预见的环境变化。但是很显然，指导性计划丧失了一定的清晰性。

指令性计划是清晰定义的、没有任何解释余地的计划，它具体地陈述了目标，不存在模糊性，不存在理解上的歧义。例如，一个企业销售部门的管理者试图在未来一年中提高其产品的销售额，目标是比上一年度提高10%，那么他需要给出具体的做法，包括程序和步骤，如确定员工招聘数量、制定销售预算、确定销售活动的进度等。

当环境的不确定性较大时，指令性计划所要求的清晰性和可预见性就缺乏必要的条件。此时，计划需要更大的灵活性，而这正是指导性计划所具有的优势。

4. 综合性计划和专业性计划

根据计划针对的对象范围可将计划分为综合性计划和专业性计划。

综合性计划是对各方面活动所做的全面规划和安排，例如，国家第十四个五年规划，涉及了教育、科研、国家安全、经济社会发展等方方面面。

专业性计划则是对某一专业领域的职能工作所做的计划，它通常是综合性计划某一方面内容的细化，例如，企业的人才引进计划、生产计划等。

（二）计划的表现形式

根据计划的定义，现在做的针对未来活动的工作都属于计划的范畴，因此计划是多种多样的。哈罗德·孔茨和海因·韦里克把不同形式的计划从抽象到具体分为一种层次体系：宗旨或使命、目标、战略、政策、程序、规则、方案、预算，如图4-1所示。

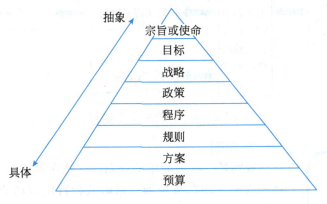

图4-1 计划的表现形式

1. 宗旨或使命

使命或宗旨是指组织在社会中存在的根本价值和意义，它回答了组织是干什么的和应该干什么的问题。例如，学校的使命是教书育人，医院的使命是治病救人，蒙牛企业的宗旨是"为每一个消费者的身心健康提供优质奶食品"，海尔的宗旨是"创中国的世界名牌，为民族争光"。

2. 目标

目标是指未来一段时间内要完成的结果。它是在组织的使命或宗旨的指引下确立的，重点在于明确应该做什么以及达到什么目的，目标是计划的重要表现形式。

3. 战略

战略是指为实现组织目标所确定的发展方向、行为原则、资源分配等活动的总体谋划，是指导全局和长远发展的方针，能够起到引导组织的思想和行动的作用。

4. 政策

政策是指组织在决策或解决问题时，用来指导和沟通思想与行动的规定或行为规范。政策为管理人员的行动指明了方向和界限，提供了一个广泛的指导方针，并明确了在一定范围内怎样进行管理。例如，二十一世纪初中国能源和石油天然气政策主要概括为：节能优先、效率为本，煤为基础、多元发展，优化结构、保护环境，立足国内、对外开放。

5. 策略

策略是指管理者对未来活动的目标制订出的具体方案，是实现目标的具体谋略。例如，企业营销方面会有价格策略、渠道策略等。

6. 程序

程序是指完成未来某项活动的方法和步骤，是将一系列行为按照某种顺序的排列安排。程序是在大量工作的过程中总结出来的，不同于政策对人们的思想指南，程序更多的是行动指南，具体规定了未来活动的某一件事情应该如何去做，而政策则需要依据相应的程序指导来执行。图 4-2 是某学校新生报到流程图。

图4-2 某学校新生报到流程图

管理案例：中共中央关于制定国民经济和社会发展第十四个五年规划

7. 规则

规则是一种最简单的计划。它是在具体场合和具体情况下，允许或不允许在某种场合采取某种特定行动的规定，如规章制度等。

8. 规划或方案

规划或方案是一项综合性的计划，或者是计划的综合反映，是为了实现组织使命所必需的目标、政策、程序、规则、任务分配、执行过程（要采取的步骤）、资源保障要求（要使用的资源），以及为完成既定行动方针所需的其他要素等而制定的计划。方案一般是粗略的，不同级别的组织都可以自行制订各自的方案。

9. 预算

预算是用数字表示预期结果或资源分配的计划，也可看成"数字化的计划"。预算是计划的一种表现形式，可以帮助企业的高层和中层管理人员从资金和现金的角度，全面、细致地了解企业经营管理活动的规模、重点和预期结果。预算也是一种控制方法。由于预算是用数字来表示的，因此可以促使人们更详细地制订计划，平衡各种计划。

第二节　计划的制订

一、计划制订的过程

> **管理故事：挖一口井——制订计划**
>
> 计划是人们为了实现一定目标而制定的未来行动方案。
>
> 在一座山上，有两个和尚每天都会在同一时间下山去溪边挑水，久而久之他们变成了好朋友。
>
> 就这样在每天挑水中不知不觉已经过了五年。突然有一天左边这座山的甲和尚没有下山挑水，右边那座山的乙和尚心想："他大概睡过头了。"便不以为意。
>
> 哪知道第二天左边这座山的甲和尚还是没有下山挑水，第三天也一样。过了一个星期还是一样，直到过了一个月，乙和尚终于受不了了，他心想："我的朋友可能生病了，我要过去拜访他，看看能帮上什么忙。"
>
> 于是他便爬上了左边这座山，去探望他的老朋友甲和尚。
>
> 等他爬到了左边这座山的庙，看到他的老友之后却大吃一惊，因为他的老友甲和尚正在庙前打太极拳，一点也不像一个月没喝水的人。他很好奇地问："你已经一个月没有下山挑水了，难道你可以不用喝水吗？"
>
> 甲和尚说："来来来，我带你去看。"于是他带着乙和尚走到庙的后院，指着一口井说："这五年来，虽然没有完整的时间去挖井，但是我每天做完功课后都会抽空去挖一点，虽然有时很忙，但能挖多少就算多少。如今终于让我挖出了井水，我就不用再下山挑水，我可以有更多时间练我喜欢的太极拳。"
>
> 资料来源：佚名. 和尚挖井. [EB/OL]. https://www.etgushi.com/yzgs/6779.html.（2015–05–16）[2022–04–26].

计划的编制是一个过程。为了编制合理的计划，以便实现预期目标，计划的编制必须采用科学的方法。虽然计划的类型和形式多种多样，但管理人员在编制任何完整的计划时，逻辑和步骤都是相似的计划制定的过程，如图4-3所示。

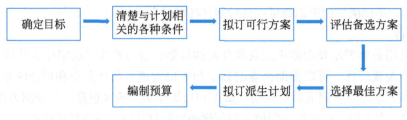

图4-3 计划制订的过程

1. 确定目标

目标是指期望的成果，即组织预期在一定的时期内达到的数量和质量指标。目标能够指明计划的方向，指导组织内部合理的分配资源，充分发挥组织内部的积极性。制订企业计划中的目标时要注意三个方面：一是高低适中；二是尽可能使指标量化；三是要具体明确。

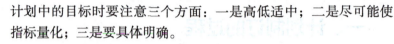

管理故事：目标指引成功

2. 清楚与计划有关的各种条件

计划的前提条件是计划实施时预期的内外部环境条件。鉴于未来环境的复杂性，要弄清楚其每一个细节并不现实，因此，组织所要确定的计划前提必须限于关键性的、对计划的实施影响最大的条件。

例如，在我们制订境外旅游计划时，需要收集多方面的信息，包括当地的气候、货币使用情况、当地的饮食、住宿、交通等情况，并且需要对游玩的时间以及能够承受的花费进行提前计算，只有了解清楚这些信息才能够对行程、路线做出规划。

3. 拟订可行方案

选择方案要求我们拟订尽可能多的计划，以便在备选方案中选出最优或最令人满意的方案。这一步一定要充分利用组织内外专家，集思广益，开拓思路，大胆创新，拟订出多种备选方案。

4. 评估备选方案

评估所有备选方案，即根据计划的前提条件和目标，对初步选定的各种备选方案进行评估，分析各个方案的优点和缺点，以及组织的实际情况，确定各种方案的优势与劣势。

评估可供选择的方案应注意：认真考察每一个计划的制约因素和隐患；要用总体的效益观点来衡量计划；既要考虑到每一个计划的有形的、可以用数量表示的因素，又要考虑到无形的、不能用数量表示的因素；要动态地考查计划的效果，不仅要考虑计划执行所带来的利益，还要考虑计划执行所带来的损失，特别要注意潜在的、间接的损失。

5. 选择最佳方案

选择方案是在前面工作的基础上跨出的关键一步，也是决策的实质性阶段——选择阶段。为了保持计划的灵活性，管理者依据自己的经验，或者对备选方案进行检验对比分析，在分析和评价备选方案的过程中往往可能会选择两个或两个以上的方案，并且决定首先采取哪个方案。同时，也会将其余的方案进行细化和完善，作为后备方案。

6. 拟订派生计划

派生计划即辅助计划，管理者在做出选择后，完整的计划工作还没有完成，需要帮助涉及计划内容的各个下属部门制订支持总计划的派生计划。例如，一家公司年初制订了

"当年销售额比上年增加 15％"的销售计划，而与这一计划相关的有生产计划、促销计划等。又如，当一家公司决定开拓一项新的业务时，需要有招聘计划、培训计划、资金筹集计划、营销计划等作为支撑。

7. 编制预算

在完成以上工作之后，最后一个步骤就是把计划转化为预算，使计划数字化，通过数字来大体反映整个计划。只有把各类计划用数字表现出来以后才能汇总和平衡各类计划，以便提高管理者分配组织资源的能力和效率。预算可以是汇总各种计划的工具，也是衡量计划工作进度的重要标准。

管理案例：某少先队活动经费预算方案

二、计划制订的方法

1. 甘特图法

甘特图也称为横道图或条状图，如图 4-4 所示，1917 年由美国管理学家亨利·劳伦斯·甘特开发。甘特图的内在思想简单，基本是一幅线条图，横轴表示时间，纵轴表示活动（项目），线条表示在整个项目期间各部分工作的计划和实际完成情况。它能够直观地表明任务计划在什么时候开展以及实际进展与计划的对比。

动画：计划制订的方法

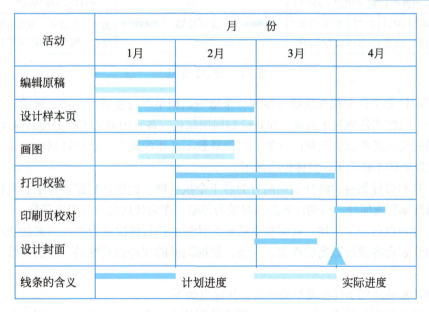

图4-4 甘特图

甘特图的绘制可分为如下步骤。

步骤一：明确项目牵扯到的各项任务。内容包括任务名称（包括顺序）、开始时间、工期、任务类型（依赖／决定性）和依赖哪一项任务。

步骤二：创建甘特图草图。将所有的项目按照开始时间、工期标注到甘特图上。

步骤三：确定项目活动之间的依赖关系及前后完成顺序。使用草图，按照项目的类型将项目联系起来，并安排项目进度。此步骤将保证在未来的计划必须调整的情况下，各项活动仍然能够按照正确的顺序进行，也就能确保所有需要依赖其他项目的活动只能在起到决定性作用的活动完成之后按计划展开。同时，对于进度表上的不可预知事件要安排适当的富余时间。但是，富余时间不适用决定性活动，因为它们的完成顺序及进度对整个项目至关重要。

微课：滚动计划法

步骤四：计算单项活动任务的工时量。
步骤五：确定活动的具体工作人员并适时按需调整工时。
步骤六：计算整个工程时间。

2. 滚动计划法

滚动计划法是按照"近细远粗"的原则制订一定时期内的计划，根据近期计划的执行情况和环境变化情况，定期调整和修订未来的计划，并逐期向前移动，是把短期计划、中期计划和长期计划有机结合起来的一种计划方法，如图4-5所示。

图4-5　滚动计划法

由于在计划工作中很难准确地预测将来影响组织生存与发展的经济、政治、文化、技术、产业、顾客等各种变化因素，而且计划周期越长，各种因素的不确定性就越大。因此，如果机械地实施几年以前编制的计划，可能导致不必要的损失。滚动计划法可以避免这种不确定性带来的不良后果，具体做法如下。

（1）在制订计划时，将计划周期分为若干个执行期，近期计划需要详细、具体，即制订计划的具体实施部分；远期计划的内容较为粗略，作为计划的准备实施部分。

（2）计划执行一定时期，就要根据该阶段计划的执行情况和内外部因素的变动情况对以后各期计划内容进行适当的修改、调整，依据同样的原理助其滚动，向前延续一个新的计划期。

滚动计划法适用于任务类型的计划，其优点如下。

（1）使计划更加符合实际，更好地保证计划的指导作用。由于滚动计划法相对缩短了计划时期，加大了对未来估计的准确性，从而提高了近期计划的质量。

（2）按近细远粗的原则编制计划，使长期计划、中期计划与短期计划相互衔接，保证计划能根据环境的变化及时进行调整。

（3）大大增加了计划的弹性，从而提高组织的应变能力。

滚动计划法以往应用于编制五年以上的长期计划，但近年来，很多企业将该方法用于中短期计划的编制，同样取得了良好的效果。

📖 管理故事：吕不韦居奇谋利

战国时期，卫国商人吕不韦非常会做生意，他往来各诸侯国，低进高卖，很快便积累了千金财富。千金财富完全可以让吕不韦衣食无忧，平平安安地过完一生。然而吕不韦是一个欲望非常强的商人。有一天，他问父亲："耕田，可获利几倍？"父亲说："十倍。"又问："贩卖珠玉，可获利几倍？"父亲说："百倍。"再问："立一国君，可获利几倍？"父亲说："无数倍。"吕不韦便对父亲说："努力耕田劳作，并不能丰衣足食；若是拥君建国，则可泽被后世。我决定去做这笔买卖。"

谋无数倍利从此成为吕不韦的人生目标。彼时，秦国王孙异人（又名子楚，秦庄襄王）正在赵国做人质。吕不韦见到异人时，觉得自己获无数倍利的机会来了。于是，吕不韦游说异人："我可以光大你的门庭。"异人很有自知之明，他嘲笑吕不韦说："你还是先光大自己的门庭，再光大我的门庭吧！"

吕不韦并不在意，非常谦卑地说："我的门庭，是要等到你的门庭光大之后才能光大。"接着，吕不韦直奔主题："华阳夫人是你父亲安国君最宠爱的女人，却膝下无子，安国君将来立谁为嗣子，她能做主。你兄弟二十多人，你居于中间，将来安国君为王，你被立太子的机会能有几成？"异人的傲气没了，无奈地说："本来就是这样的，我又有什么办法呢？"

吕不韦胸有成竹地说："你没钱，又客居于此，也拿不出什么东西孝敬家人、结交宾客。我吕不韦虽不富有，却愿意用千金为你去秦国游说，孝敬安国君和华阳夫人，让他们立你为嗣子。"异人听后心花怒放，立刻与吕不韦结成政治同盟，许诺他日为国君，必裂国酬谢。

吕不韦的行动比想法更迅速。他先拿出五百金，让异人去结交天下宾客；又拿出五百金购买珍玩奇物，直奔秦国拜见华阳夫人。

士工农商，先秦时期商人地位最低，若无人引荐，吕不韦无法见到华阳夫人。这也难不倒吕不韦，他先去见华阳夫人的姐姐，说受异人之托，要将一些珍玩奇物送给华阳夫人。华阳夫人的姐姐便问吕不韦有何目的，吕不韦直截了当，说异人母亲不受安国君宠爱，华阳夫人没有子嗣，想认她为母。华阳夫人的姐姐是个聪明人，明白异人的想法，便带吕不韦去见华阳夫人。

吕不韦将珍玩奇物献给华阳夫人后，就开始吹捧异人如何聪明贤能，结交的诸侯宾客遍及天下，还说："子楚非常敬重夫人，常常哭泣着思念太子和夫人。"华阳夫人听后，非常开心。这时，华阳夫人的姐姐趁机按照吕不韦事先教好的话来劝说妹妹："我听说用美色侍奉别人，一旦色衰，宠爱也会随之减少。现在夫人您侍奉太子，很受宠爱，却没有儿子，不如趁早在太子儿子中结交一个有才能又孝顺的人，立他为继承人并以亲生儿子待他。子楚贤能，他知道自己排行居中，很难被立为继承人，现在主动依附夫人，夫人若真能在此时提拔他为继承人，那您一生都会在秦国受到尊崇。"

华阳夫人觉得姐姐的话非常有道理。后来，在华阳夫人耳边风的吹拂下，安国君

> 将异人立为嗣子。
> 　　秦昭襄王五十六年（公元前251年），秦昭襄王去世。第二年，为父服丧一年的安国君正式即位，史称秦孝文王。不料即位仅三天，突然暴亡。于是异人继位，史称秦庄襄王。
> 　　秦庄襄王实践当初裂国酬谢的承诺，任命吕不韦为丞相，封文信侯，食邑河南洛阳十万户，富可敌国。吕不韦最终实现获"无数倍利"的人生目标。
> 　　吕不韦"居奇谋利"的故事告诉我们不要打无准备之仗。管理的首要职能是计划，一旦组织确定了在未来一定时间要实现的目标，就必须制订一系列的计划并将这些计划付诸实践。吕不韦如果不事先制订计划，就不能主动出击寻找机会，最终实现理想。
> 　　资料来源：人生五味.吕不韦：一个谋取无数倍利的商人. [EB/OL]. https: //baijiahao. baidu. com/s?id=16881199699992995613&wfr=spider&for=pc.（2021–01–06）[2022–04–22].

3. 网络计划法

网络计划法是20世纪50年代中期发展起来的一类计划控制方法。我国从20世纪60年代中期开始，在数学家华罗庚的倡导和亲自指导下，根据"统筹兼顾，全面安排"的指导思想，开始在全国各个部门试点应用网络计划法。

网络计划法的基本原理是把一项工作或项目分成若干任务，然后依据各个任务的先后顺序和相互关系进行排列，以此绘制成网络图，通过网络图把握整项工作的完成进度，进而起到把控的作用，以便高效地完成既定目标。

一个完整的网络图由箭线、结点、虚箭线和路线四部分构成，如图4-6所示。

（1）箭线，代表实工序，指在一项任务中的一项作业或一道工序，表示需要消耗时间和资源的生产活动实体。箭尾表示一项活动的开始，箭头表示一项活动的结束，并表示活动的前进方向，箭线的长短与消耗的时间及资源无关。

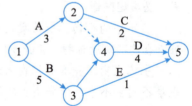

图4-6　网络计划法

（2）虚箭线，代表虚工序，指作业时间为零，实际不存在的作业或工序。主要起着工序之间的逻辑衔接关系作用，既不占时间也不消耗资源。

（3）结点，表示前道工序的结束点和紧接的后道工序的开始点，在网络图中，结点不占用时间，也不消耗资源，它是两条或两条以上箭线的交接点，用标有数字的圆圈表示。网络图上的第一个结点为始点，代表一项工作的开始，最后一个结点为终点，表示整个计划最后一项工作的结束。

（4）路线，在网络图中是指从始点开始，顺着箭线的方向连续到达最终点的通道。网络图中往往都有若干条时间长短不一的路线。其中各项作业消耗时间最长的线路称为关键线路，能够直接影响整个计划完成的时间期限，一般由粗线或红线表示。

管理实践：制订模拟企业工作计划

- 任务目标
  （1）培养学生管理问题的分析与界定能力。
  （2）掌握编制计划书的方法。
- 任务要求
  （1）在调研的基础上，分析模拟企业的外部环境。
  （2）根据环境分析结果，设定模拟企业的工作目标，并编制企业计划书。计划书要求结构合理、目标合理、切实可行。
  （3）各组轮流展示企业计划书，师生共同参与评价。

案例分析

科宁的无计划运行

科宁是美国创建最早的公司之一，主要经营玻璃制品生产和加工。1880年，科宁公司成功地制造了第一个电灯泡。科宁公司一直由其创始人科尼家族掌管，并一直以制造和加工玻璃为重点。然而，科宁的这种经营战略也给它带来了许多问题：它的骨干部门——灯泡生产在30年前曾占领1/3的美国灯泡市场，而今天却丧失了大部分市场；电视显像管的生产也因面临剧烈的竞争而陷入困境。这两条主要产品线都无法再为公司获取利润。面对这种情况，公司希望开辟新的市场，又不愿意放弃其传统的玻璃生产和加工。但公司的最高层领导，面对飞速变化的竞争环境，没有及时制订相应的战略计划，而是认为"计划赶不上变化"，认为无论什么形式的计划，在变化面前都没有什么用途，所以对制订计划的意义持怀疑态度。

根据案例回答下列问题。
1. 科宁公司丧失市场的原因。
2. 运用计划的知识，对科宁公司高层领导的这一说法作出评价。

 课后测验

一、单项选择题

1. 将短期计划、中期计划和长期计划有机地结合起来，根据近期计划的执行情况和环境变化情况，定期修订未来计划并且逐期向前移动的方法是（　　）。
   A. 综合平衡法　　　　　　　　B. 滚动计划法
   C. 线性规划　　　　　　　　　D. 投入产出法

2. "运筹帷幄之中,决胜千里之外"中的"运筹帷幄",反映了管理的(　　)职能。
   A. 计划　　　　　B. 组织　　　　　C. 激励　　　　　D. 沟通
3. 按照"近细远粗"原则制订计划的方法为(　　)。
   A. 指导计划法　　B. 滚动计划法　　C. 作业计划法　　D. 战略计划法
4. 下列关于计划的几种说法中,正确的是(　　)。
   A. 计划关系到组织的发展大计,与中、基层管理者无关
   B. 计划是计划部门做的事,和其他管理人员无关
   C. 计划是各层次、各部门的管理者乃至一般员工都要参与制定的,因此,在相当程度上是组织的一项全员活动
   D. 当环境不断变化时,计划也要不断调整,因此,计划只有对组织的最高层来说才有意义
5. 编制计划,企业第一步要做的是(　　)。
   A. 确定组织的目标　　　　　　B. 认识机会
   C. 确定前提条件　　　　　　　D. 拟订可供选择的可行方案
6. 战略计划由(　　)制订。
   A. 中层管理　　　B. 高层管理者　　C. 基层管理者　　D. 普通职工
7. 管理的首要职能是(　　)。
   A. 计划　　　　　B. 控制　　　　　C. 协调　　　　　D. 指挥

二、判断题

1. 计划是管理职能中最基本的职能,也是管理的首要职能。(　　)
2. 规则是组织在决策或解决问题时,用来指导和沟通思想与行动的规定或行为规范。(　　)
3. 程序是完成未来某项活动的方法和步骤,是将一系列行为按照某种顺序的排列安排。(　　)
4. 指导性计划设立了达到目标的指导原则,但并不会详细规定达到目标的具体活动和行动步骤、进展速度等。(　　)
5. 为期三年的计划属于中期计划。(　　)
6. 组织的生产计划、销售计划一般属于战略计划。(　　)

三、简答题

1. 计划有哪些作用?
2. 常用的计划制订方法有哪些?它们各自有什么特点?
3. 计划有哪些表现形式?
4. 计划工作的原则有哪些?

第五章

目标与目标管理

课前案例

港枣成品油管道工程目标管理

港枣成品油管道工程途经天津、河北和山东两省一市，共计26个县（市、区），总投资13亿元，线路全长654千米（线路划分八个标段），穿越铁路、三级以上公路和大中型以上河流100多处。工程主要工期目标如下：2006年3月1日正式开工建设，2006年12月30日完成线路主体焊接；2007年4月30日机械竣工，2007年5月30日具备投产条件。

在港枣项目管理中，应用目标管理主要强调把组织（工程）的整体目标转化为有关单位和个人的具体目标。目标管理通过设计一种将目标根据组织层级进行分解的程序，使组织的目标具有可操作性。如果在项目管理中所有人都实现了自己的目标，单位的目标就能实现，组织的总体目标也就能够实现。

推行目标管理后，项目经理部要求各施工单位针对面临的施工难度和进度总目标，在摸清自身剩余工程量的基础上，针对管理的细节、各个环节认真研究施工及对外协调方案，明确各工序关键控制点，制定出细分目标。各施工单位依据工程总目标，组织所有参建员工召开目标落实大会，按工序、人员分管范围分析目标完成的可能性以及可能存在的困难。经过充分讨论，大家一致认为，材料设备供应、焊接等施工工序满足进度要求，影响施工目标实现的最主要因素是地方协调、赔偿标准确定、资金到位等问题。

为保证分目标的实现，各单位制定了"以协调为龙头、以质量安全控制为根本、以进度为生产力"的施工方针，在员工中营造了"想干事、能干事、会干事、敢干事、不出事"的工作氛围，确保了工程进度。在实施目标管理中，港枣成品油管道工程项目部遵循PDCA循环管理模式，即遵循计划（Plan）、实施（Do）、检查（Check）、处置（Action）的管理循环，通过连续不断实施管理，使施工进度按计划进行。项目部依据分目标的节点，制定了分目标考核办法，量化考核工序，规范考核程序，做到严考核、硬兑现；实行不定期抽查与定期检查相结合的管理模式，及时解决现场存在的各种问题。对施工方法、协调思路及谈判策略提出建设性的意见。按完成工序的起止时间、完成质量和工程管理分项记分，作为奖励的依据，并及时评定完成阶段目标的单位，以表彰大会的形式，给予精神和物质奖励，督促全体参建单位找出自身差距，制定整改措施，明确努力方向，保证项目管理水平上台阶。

把"简单的事天天坚持做好，那就是不简单；容易的事坚持天天认真做，那就是不容易。"工程建设项目涉及面广，事情繁杂，运用目标管理方法，才能取得良好的效果。

资料来源：蔡茂生，黄秋文.管理学基础[M].广州：广东高等教育出版社，2011.

问题思考

1. 结合案例分析目标在港枣项目实施中的作用。
2. 说说你对目标管理的理解。

第一节 目标概述

一、目标的含义

微课：目标是什么

任何个体、组织和企业的存在都有其特定的目的和使命，大到国家、小到企业和社团组织，在其建立之初便有着明确的目的和使命。一个人如果失去了目标，人生便会茫然若失，无所适从，就算有人指导也会无从下手，一个企业、组织，甚至国家也是一样，如果没有了明确的方向，往往就会误入歧途，最终必然走向失败或者灭亡。

管理故事：南辕北辙

从前有一个人，从魏国去楚国。他带了很多的盘缠雇了上好的马车，驾上跑得很快的马匹，请了技术精湛的车夫。楚国在魏国的南面，可这个人不问青红皂白，让驾车人赶着马车一直向北走去。

路上有人问他要往哪儿去，他大声回答说："去楚国！"路人告诉他说："到楚国应往南走，你这是在往北走，方向不对。"那人满不在乎地说："没关系，我的马快着呢！"

> 路人阻止他说："方向错了，你的马再快，也到不了楚国呀！"
> 那人依然毫不醒悟地说："不要紧，我带的路费多着呢！"
> 路人极力劝阻他说："虽说你路费多，可是你走的不是那个方向，你路费再多也白搭呀！"
> 那人有些不耐烦地说："这有什么难的，我的车夫赶车的本领高着呢！"
> 路人无奈，只好眼睁睁地看着这个盲目上路的魏人走了。
> 目标是企业一切经营活动的出发点，如果一个企业在战略方向上选择错误，则有可能因此遭受灭顶之灾。方向错误，努力越多、投入越多、效率越高，损失就越大。
> 资料来源：佚名. 南辕北辙的故事. [EB/OL]. https://www.531761.com/info/373249.（2020-06-30）[2022-05-08].

"方向"是企业一切经营活动的出发点，如果方向不明确或者不正确，那就会像南辕北辙故事中所说的那样，企业实力越强大、营销人员越优秀、企业管理越先进，企业反而会距离成功更加遥远。

因此，确定正确的组织目标是企业经营管理的首要任务和重中之重，只有方向正确了，企业的人才、管理效率和努力才会产生正向的作用。戈特霍尔德·莱辛也说过："一个始终目标明确的人，即使走得再慢，也会比另一个毫无目标却跑得飞快的人更早到达终点。"

由此可见，组织或企业发展的目标可以分为两个层次，一是价值观层面的组织使命；二是在一定时期内组织的具体发展目标。

（一）组织使命

组织使命是指该组织（作为一个子系统）在社会（大系统）中所处的地位、起的作用、承担的义务以及扮演的角色。它是对组织"为什么存在"的具体阐述，涉及组织的核心价值观，这也是组织存在的意义和价值。一般认为，企业组织存在的一个主要目标便是不断赚取利润，但赚取利润却远非企业存在的意义和价值，因为作为社会的重要组成部分，企业组织还要承担重要的社会角色。

因此，组织使命一般具体阐述组织在社会中的身份和角色是什么，在哪些领域以何种方式为社会做出自己独有的贡献。如阿里巴巴的使命是"让天下没有难做的生意"，迪士尼的使命是"为所有人创造欢乐和幸福"等，都是对组织使命的明确阐述。组织使命一经确定，便成为一个组织的最高处事准则和行为指导思想，组织所有的发展目标和战略规划，都必须围绕着组织使命这个核心理念展开。

然而，组织的使命仅仅是一个方向性的总指引，既没有规定使命完成的时间期限，更没有对使命完成的标准进行规定。如迪士尼的使命"为所有人创造欢乐和幸福"，就没有对创造欢乐和幸福的标准进行限定，也没有规定这个使命在何时完成。因此，组织的使命具有抽象性、方向性。

（二）组织目标

一般而言，组织使命往往具有方向性的和抽象性，无法对组织成员进行明确的行为指

动画：组织目标的含义

动画：组织目标的类型

导。因此，组织使命还需要进一步的具体化为组织在一定时期的具体的可执行的目标。组织目标是指一个组织未来一段时间内要实现的目标，它是管理者和组织中一切成员的行动指南，是组织决策、效率评价、协调和考核的基本依据。组织的使命是目标的根本，具有核心的作用，而目标是组织使命的具体化和分解，其意义就在于更高效率的完成组织使命。

按照不同的维度，组织目标也可分为不同的类型。

（1）从时间维度上来看，组织目标可以划分为长期目标、中期目标和短期目标。长期目标一般是指组织制定的5年或5年以上的目标，它的作用在于给组织指明了较长一段时期内的前进方向和奋斗目标，它是实现组织使命的里程碑，一个又一个长期目标的实现使得组织使命越来越清晰，反之，若没有长期目标，组织使命也会变得渺茫难辨。因此，长期目标一旦制定，就应在较长的时期内保持较高的稳定性，不宜随意更改。中期目标是对长期目标的分解，使之更加具体，更加便于理解和实施，中期目标的时间跨度一般为5年以内、1年以上。而短期目标又是对中期目标的进一步分解和具体化，具有极强的可操作性，因此也常被称为操作目标，短期目标一般为每个部门甚至每个组织成员一年内所应实现的目标，甚至应该具体到了任务完成的日期和具体的数量、质量等要求。

（2）从目标的组织层次维度来看，组织目标又可以分为总体目标、经营目标和职能目标。总体目标是最高层次的，具有全局性的、总体性的特性，它从组织整体的角度规定了组织在一定时期内所要达成的目标。而经营目标则是为了实现组织的总体目标，每个经营单位或者子公司、事业部所应完成的任务，如果说短期目标是长期目标在时间上的纵向分解，那么可以说经营目标就是总体目标在空间上的横向分解。而职能目标则是每个经营单位内部各职能部门为完成经营目标而应分担的具体目标，职能目标是经营目标在本经营单位内的进一步分解，它帮助职能部门和管理者更加清楚的认识本部门所需承担的任务、责任和要求，高效的运用管理职能保证经营目标的实现。

管理思想：《孙子兵法》目标导向的"安国全军"思想

（3）从目标的考核维度来看，组织目标可分为定性目标和定量目标。定量目标是指可以用数字进行衡量的目标，也是组织目标中最为常见，运用最为广泛的目标。企业经营中的销售额、占有率、满意度、利润率等指标的实现都涉及定量目标。定量目标具有显著的优点，如数量的直观、可量化、清晰及便于监督考核等。然而，由于定量目标往往注重单个指标的数据增长，因此常常会与组织总体目标背道而驰，如销售额的飞速增长往往会带来满意度的急剧下降，利润的大幅提升又往往会使得组织承担的社会责任降低。由于定量目标的以上种种缺点，定性目标就显得尤为重要。定性目标决定了定量目标的方向和重点，定性目标与定量目标有机结合，能够发挥测量之长和评定之优，优势互补，相辅相成，缺一不可。

（4）从目标的优先次序上来看，组织目标又可分为主要目标和次要目标。组织的目标并不是单一的，而是一个由各个分目标共同组成的目标系统。而由于组织资源的有限性，并非所有的组织目标都要投入全部的资源和精力去完成,这就需要组织将目标按照优先的次序来划分为主要目标和次要目标。一般而言,组织的生存、发展和盈利是最为主要的目标,需要企业投入大量资源来确保这些目标的实现。围绕着企业生存和发展的主要目标,企业还需要在人才建设、客户服务、管理效率、产品开发、企业形象等多个方面设定目标,这些目标有助于实现组织的主要目标,我们称为次要目标。

(三) 组织目标的作用

1. 方向作用

目标最大的作用就是为组织的发展指明了方向,有了目标,组织成员才能够明白组织未来应朝着哪个方向发展。一旦组织失去了目标,那么组织成员将无所适从,各行其是,最终只能是事倍功半,甚至南辕北辙,适得其反。

2. 激励作用

目标的制定有助于激发组织成员的积极性,让组织成员工作更加努力、更具创造性。首先,目标的存在本身,就给组织成员画好了一个美好的蓝图,这就足以振奋人心,激发斗志。其次,从物质层面来看,目标的制定往往与绩效的考核有着直接的联系,目标的完成往往意味着更高的收入或更好的发展前景,因此目标有助于提升组织成员的干劲。再次,在制定目标时往往会有一定的挑战性和先进性,因此,若想顺利完成任务,组织成员必须付

管理故事:5年后你在做什么

出比以往更多的努力,这就使得他们发挥出极大的创造力和积极性。再次,从精神的层面来看,目标的完成也可以看作是自我实现的过程,经过一番努力和挑战,会让人感觉完成了原本认为不可能完成的任务,甚至实现了人生的升华,进而激发斗志,去迎接下一个挑战。

3. 凝聚作用

组织就是指人们为了特定的目标互相协作结合而成的集体或团体,目标本身便是组织存在的意义和目的。因为正是由于一个共同的目标,才使人们聚集在一起,来共同协作、互助,特别是这个目标与组织中大部分人的利益和追求高度契合时,人们就更容易拥有高度的凝聚力和认同感。在目标的指引下,组织成员之间将会呈现出高度的一致性,发挥出极大的热情和创造力,形成一种奋发向上的组织氛围。

📖 管理故事:上下同欲者胜

公元 383 年,前秦经过多年战争,最终统一了北方。为实现统一,前秦苻坚出兵讨伐东晋,两国大军于淝水(今安徽省寿县的东南方)交战,史称淝水之战。在本次战役中,前秦出兵八十余万(实则仅二十多万),而东晋仅有八万军力,两方军力悬殊,从表面上看东晋危在旦夕。

出征前,苻坚依仗自己"有众百万,资杖如山"的实力,发出了"投鞭于江,足断其流"的豪迈感慨,认为征服东晋"若商风之陨秋箨",易如反掌。然而,战争的结局却极其具有戏剧性,东晋军队以少胜多,打得前秦大军丢盔弃甲,甚至还为后人留

下了"草木皆兵""风声鹤唳"两个成语。

　　淝水之战是中国历史上著名的以少胜多的战例。拥有绝对优势的前秦败给了东晋，国家也因此衰败，北方各民族纷纷脱离了前秦的统治，分裂为后秦和后燕等几个政权。而东晋则趁此北伐，把边界线推进到了黄河南部。

　　深究前秦失败的原因，正如《孙子兵法》中的一句名言："上下同欲者胜"。前秦在出兵之际，便遭到了许多肱股大臣的反对，另外，前秦的军队中也有大量的汉人，想到要去攻打自己的母国，必然不愿卖命。而反观东晋，作为偏居东南的汉人政权，如若失败，将失去汉人的最后一块立足之地，救亡图存成了全国上下共同的目标，因此上下同心，同仇敌忾。"天时不如地利，地利不如人和"，"人和"便是东晋能够以少胜多，最终取得胜利的最大的原因所在。

4. 标准作用

目标还具有重要的标准作用。首先，目标是组织对成员评估和考核的重要依据，大量事实证明，仅凭主观感受对组织成员进行评价和考核往往难以做到客观和公平，而依据量化的目标对成员进行考核则更加科学和客观。若对这个目标设定一个期限，组织则可以更加清晰的掌握整体工作的进度和效率，由此可见，目标是组织工作的准绳。其次，目标也是衡量组织成员个人成长的重要标准，对照各项目标的要求，组织成员便可看到自己与目标要求的差距，看到自我的成长，从而及时寻找解决的方法，做好下一步的工作规划。最后，目标还是组织分配资源的重要标准，由于组织的资源总是有限的，如何正确分配资源至关重要，目标有利于让组织分清各项工作的轻重缓急，合理分配资源。

管理游戏：蛙跳游戏

二、目标的特征

（一）目标的层次性

动画：目标的特征

一个组织的目标并不是单一的，而是一个具有层次性的目标体系。在这个目标体系中，处于最上层的是组织宗旨、愿景和使命，它们高度的概括了组织存在的意义和在社会中的作用，但它们也是抽象的，并不提供具体的指导方案。因此，组织愿景和使命的完成，需要进一步的分解和细化为能够指导各部门的行动方案，这便是组织总目标的分目标或子目标。越是上层的目标越是抽象，而越是下层的目标越是具体。

子目标的完成又需要进一步的分解和细化，直至分解到组织成员的个人目标。组织内管理层次的高度决定了目标层次的层数，越是扁平化的组织，目标的分解层数越少，越是垂直化的组织，目标的分解层数也越多。子目标是其上层目标的分解和细化，而上一层目标的实现则依赖于各子目标的顺利完成。组织目标层层分解，并据此而形成一个具有层次性的目标体系。

（二）目标的多样性

组织的目标是复杂多样的，正如前文所言，从时间上来看，可分为长期、中期和短期目标；从层级上来看，可分为总目标和各层级子目标；从优先次序上来看，又可以分为主要目标和次要目标，不一而足。管理学大师彼得·德鲁克认为一个管理成功的企业应拥有8个方面的目标，它们分别是市场目标、技术目标、生产力目标、物质目标、金融目标、人力目标、职工积极性目标、社会责任目标。这些目标都是紧紧围绕着企业总目标开展的，因此它们具有统一性，然而，在各子目标的完成过程中，由于资源分配的局限性，各子目标又呈现出一定的对立性。

（三）目标的变动性

目标在设定之后并非是一成不变的。企业或组织作为社会的组成部分，要不断适应外部政治、经济、社会等大环境的变化，科学合理的调整组织目标。同时，企业作为一个完整的系统，也要时刻依据其内部生产、管理、人力资源的变化和进展适时调整组织目标。因此，组织在制定目标时，应预先设定目标调整的阈值，一旦内外部环境超过组织预先设定的阈值范围，则组织应立即对目标进行合理的调整，以确保组织应对内外部环境变化的灵活性。

管理思想：管仲治齐的阶段目标

（四）目标的挑战性

组织设定目标的一个重要作用便是能够激励成员的工作热情，而不同难度的目标能够产生的激励效果也有明显差异。若设定的目标过于困难，则容易让人产生畏难情绪，从而出现退缩甚至放弃的结果；而若将目标设定的过于简单，则容易让人产生懈怠情绪，出现懒散的工作状态。因此，应在科学合理的分析每个部门或每个成员的具体能力之后，适当的提升难度，设定具有一定挑战性的目标，这样既可以激发组织成员的工作热情，又不会使其产生畏难情绪。另外，具有挑战性的目标可以实现员工的自我提升和成长，其本身便具有相当的激励性。

> **管理故事：海豚的目标**
>
> 你看过海豚表演吗？在高出水面7米的地方有一根绳子，只要海豚训练师一声令下，海豚就会从上面一跃而过，引来观众阵阵惊呼。这是怎么训练的呢？
>
> 一开始，海豚训练师在水下放一根绳子，在绳子上面吊着些鱼，如果海豚从绳子上面游过去，海豚训练师就奖励海豚一条鱼。海豚训练师逐步调高绳子，直到绳子高过水面，如果海豚从绳子上方跳过，海豚训练师依然奖励它一条鱼。绳子调得越来越高，最后高过水面7米，海豚依旧可以一跃而过。海豚之所以能够跳得这么高，是因为海豚训练师不断提高对海豚的要求和期待，促使其表现越来越好。
>
> 资料来源：佚名. 教练技术第十四课《激发式反馈给予赋能》[EB/OL]. http://www.360doc.com/content/21/0424/10/65130804_973879568.shtml.（2021–04–24）[2022–05–08].

三、目标制定的原则

微课：SMART原则

目标的制定极其普遍，大到国计民生，小到个人规划，无一不需要制定目标。目标的制定看似简单，但并非所有的目标都是科学的、合理的，实际上，许多部门和个人制定的目标很难高效的实现组织的发展和成长。一般而言，制定一个科学合理的目标应遵循"SMART"原则。

所谓"SMART"原则，是指 Specific（明确性），Measurable（可衡量性），Attainable（可实现性），Relevant（相关性），Time bound（时间限制性）。

（一）明确性

目标的制定应是明确的，不可含糊不清、指向不明。如企业制定的目标为"成长为地区优秀企业"，这便是不够明确的目标，首先，"优秀"本身的标准是不明确的。其次，成为"优秀企业"包含多个维度，包括占有率、销售额、利润率、客户满意度等多个指标，若不进一步明确说明，则无法让组织成员清晰地认识应往哪个方向努力，从而无法产生组织向心力。

（二）可衡量性

可衡量性是指任何目标的制定都应具有一定的标准，用以衡量组织目标在一定时期内是否已经达成。例如，制定目标为"在一个月内提升产品知名度"，这个目标就需要进一步确定标准。首先，"知名度"的测量标准是什么？如何保证"知名度"数据的真实可靠？其次，"知名度"提升的标准是什么？上升多少个百分比可以视为大幅提升、多少可视为提升、多少可视为没有提升，都需要制定可衡量的标准。

（三）可实现性

目标的可实现性是指制定目标应遵循事物发展的客观规律，抛弃不切实际的幻想。若仅凭一时的热血而制定了超出实际的目标，试图以高目标激发员工斗志，其结果必然会适得其反，因为每个组织成员作为社会人，都会对目标进行评估，若目标制定过高，员工对目标的完成失去了信心，目标就失去了指导性和激励性，其工作热情就会相应打折。若组织不能对目标进行适当的调整而对员工进行考核，又会引起员工的逆反心理。

（四）相关性

管理案例：华为海外市场目标的制定

相关性是指作为整个组织目标体系的一个有机组成部分，单个目标的制定并不是孤立的，而是相互关联的。特别是任何一个短期目标的制定都要符合组织长期发展的规划，而长期的规划又要与企业的愿景和使命相一致；同时个人的目标应与整个部门的目标相一致，而部门制定的目标又应服从于整个组织的目标。若目标的制定不能服务于企业的长期规划和组织的整体利益，那么这个目标就算能够完成，也于事无益，甚至是有害的。

📖 管理故事：三个石匠

有一个人经过了一个建筑工地，于是问工地上的石匠们在干什么。第一个石匠说："我在赚钱养家糊口。"第二个石匠说："我在做最厉害的建筑工作。"第三个石匠说："我正在建一座大教堂。"

从这三个石匠的不同回答来看，第一个石匠把养家糊口作为自己的目标，这是一种短期的目标，没有太大的抱负。第二个石匠说自己在做最厉害的工作，这是一种职能导向的目标，表明自己是想成为这样的人，但没有考虑到组织的目标。第三个石匠才真正说出了目标的真谛，这是经营思维导向的人，这类人在思考目标的时候，会把自己的工作和组织的目标联系起来，从组织的价值角度考虑自己的发展，这样才能获得更大的价值空间。

第一个石匠的期望值太低，这类人在职场上没有自我启发和自我发展的动力，缺乏奋斗的激情；第二个石匠的期望值太高，这类人在职场中很可能特立独行，自我英雄主义太过，缺乏团队发展精神；第三个石匠的目标才是真正和企业目标相吻合的目标，他在做石匠工作的时候看到了自己的工作和建设大教堂的关系，他的自我发展行为与组织的发展相协调。这才是真正的管理者所制定的目标。

资料来源：黄继伟. 华为管理法 [M]. 北京：中国友谊出版公司，2017.

（五）时间限制性

目标即在一定时期内组织需要达到的预期成果，凡目标必然要设定固定的期限，缺少了时限性，组织目标就失去了存在的意义。目标有大有小，有长期目标也有短期目标，有总目标分目标，但任何一个目标都要有明确的期限，若无时间的限制，任何任务的完成都会变得遥遥无期，没有期限的目标将无异于空想，是没有实际意义的。

设置目标的时间期限时应考虑六个问题：是否存在其他急需优先完成的任务；是否需要他人提供支援；团队中哪些人能提供支援；是否明白完成任务所需的全部步骤，并且与相关人员沟通过；能否避免被他人要求完成计划外的其他任务；以前设置的期限能够为本次行动提供什么样的经验教训。

📖 管理故事：三年为期，袁隆平院士给自己定了个"小目标"

众所周知，"杂交水稻之父"袁隆平的一生都奉献在水稻研究当中。中国是一个人口大国，吃饭是一大问题。而杂交水稻研发成功，完美地解决了这一问题。不仅造福了中国，还造福了全世界。

2020年5月18日，在长沙隆平高科技园启动的"岳麓山种业创新中心"揭牌仪式上，"90后"中国工程院院士袁隆平院士说："我有一个目标，现在还没实现。我希望通过三年时间，早稻亩产突破700公斤，晚稻亩产突破800公斤，中稻亩产向1200公斤进军，双季稻向1500公斤冲刺。这个目标达到的话，湖南省四分之一的稻田种上超级稻，就可产出全省粮食年总产量的一半。"

资料来源：中国农科新闻网.未来三年，袁隆平给自己定了个"小目标"[EB/OL]. https://baijiahao.baidu.com/s?id=1667159323728757388&wfr=spider&for=pc.（2020–05–20）[2022–1–20]

第二节　目标管理及其过程

1954年，世界著名的管理学大师彼得·德鲁克在其著作《管理的实践》一书中首次提出了目标管理（MBO，Management by Object）。第二次世界大战之后，世界经济走向新一轮的复苏，在泰勒的科学管理思想以及行为科学理论指导管理实践的基础上，新的时代需要一套新的方法来调动员工积极性，从而带领世界企业重新走向繁荣，目标管理就是在这样的时代背景下应运而生的。

目标管理思想一经提出，就被美国企业广泛使用，并很快风靡到日本和西欧国家，在管理界大行其道。20世纪80年代，我国在改革开放的浪潮中也开始逐步引用目标管理思想，并取得了较好的成效。目标管理理论的提出是德鲁克对管理学界的一个伟大贡献，2002年，彼得·德鲁克被授予年度"总统自由勋章"时，美国前总统便指出他的三大贡献之一就是提出了目标管理理论。

一、目标管理的含义及特点

（一）目标管理的含义

目标管理是指组织内的所有成员共同参与制定目标，并在工作中通过"自我控制"而努力完成工作目标的管理方法。它是以目标的设置和分解，目标的实施及完成情况的检查、奖惩为手段，通过员工的自我管理来实现企业的经营目的的管理方法。它一方面强调目标的完成和成果的实现；另一方面目标管理又极其重视人的作用，强调着全体成员的共同参与、员工自我控制和主动完成目标的积极性。因此，经典管理理论对目标管理的定义为：目标管理是以目标为导向，以人为中心，以成果为标准，而使组织和个人取得最佳业绩的现代管理方法。

（二）目标管理的特点

1. 共同参与决策

目标管理的一个非常重要的特点便是在目标的制定过程中，并非自上而下地下达任务目标，而是上下级通过协商，来共同制定目标的过程。

这种在目标制定中的协商极其重要。对下级而言，通过协调和讨论可以更加深刻地理解上级目标，避免目标的模棱两可现象，使目标得到更加正确的执行，同时下级通过明确自身分解目标在总目标中的地位和作用，可以提升工作的使命感，从而提高工作积极性；对上级而言，通过与下级讨论，能够更加了解每个下级的能力和态度以及下级在完成任务目标时可能遇到的困难并共同寻找解决的办法，从而制定出更加科学合理的目标，避免由上级自行制定分解目标时所可能产生的目标过高或过低现象。

2. 以人为中心

目标管理的理论基础之一便是麦格雷戈的 Y 理论，不同于"性本恶"的 X 理论，Y 理论认为人的本性是喜爱工作的，每个人都有完成好自己工作的能力，同时，每个人也都是基于喜爱而努力的、负责的将工作做好。在以人为中心的理念下，目标管理努力营造一种参与式、民主式的管理氛围，上下级之间关系融洽、和谐，呈现出一种平等的、互相尊重的、相互依赖和支持的关系。目标管理一反传统的上级对下级行为的严格控制，通过共同参与制定的目标，让下级进行主动的"自我控制"。因为依据 Y 理论，一旦拥有了目标，每个人都会积极主动的为了完成目标而努力工作。

同时，目标管理也强调权力的下放，上级相信每个下级都会通过"自我控制"创造性地完成任务，因此有必要给予下属足够的信任和权力，这样组织成员就会有主人翁意识，对完成目标具备高度的责任感。

3. 重视成果的绩效反馈

目标管理法的起点是制定目标，终点则是基于目标成果的绩效考核。由于绩效考核的重点在于成果，而对下级完成目标的过程并不关心，因此目标管理也常被称为成果管理。目标管理讲究充分的权力下放，让下属能拥有自由的空间去完成制定的目标，但这种放权并不意味着管理者完全的放任，而是在给予足够支持的基础上定期检查下级目标的完成情况，并及时与其进行沟通和指导，以保证工作进度。下级目标的完成程度是人事考核和奖惩的依据，也是激励各级管理者和员工努力工作以完成目标的主要动力所在。

二、目标管理的程序

目标管理的主要步骤包括目标的制定、目标的分解、目标的实施、定期检查目标进展、绩效反馈五大部分，如图5-1所示。目标管理的步骤是一个不断循环提升的过程，在实施过程中，通过定期的检查和反馈，将发现的问题进行总结，在下一次制定目标时进行改进，提高目标管理的效率和效果。

动画：目标管理的程序

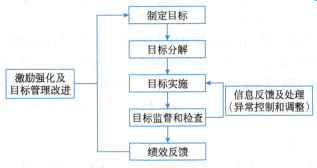

图5-1　目标管理流程图

（一）制定目标

目标管理的第一项重要步骤是制定目标。事实上，许多没有实施目标管理的企业或组织，一般也制定了大量的目标，但并非所有的目标都有助于企业的管理和工作的推进。一般而言，一个科学合理的目标的制定，需要遵循一定的基本步骤。

最为首要的便是要制定企业发展的总体目标。一般而言，总体目标是基于企业的宗旨和愿景而制定的。所谓纲举目张，只有将总目标设定清晰，企业中各管理层和员工的工作才有了明晰的方向。企业目标的制定并非简单的拍脑袋决定，而是一个科学严谨的决策过程，制定目标应包括如下几个步骤。

1. 内外环境分析

企业作为一个开放的系统，其发展时刻受内外环境的影响。外部环境中的经济形势、政策导向、国际形势、人口要素、社会变迁、竞争现状、消费习惯的变化等都会对企业发展带来巨大的影响；同时，企业内部的资金、人才、技术、管理现状等也是企业未来发展的重要基础。《孙子兵法》就提到"知己知彼，百战不殆"，知己便是透彻地了解企业内部的人、财、物、技术和管理等现状，知彼便是对外部环境的深刻理解，只有这样，才能真正为企业指明正确的前进方向。

2. 共同确定目标

目标的制定应会同各级管理人员以及员工共同讨论确定，在此过程中，领导要努力听取下属意见，并发挥主导作用，努力让各级管理者和员工对企业总体目标有较好的理解和领悟，尽量避免误解，保证目标体系的一致性。最终商讨确定多个备选目标方案。

3. 目标评估

备选目标方案制定之后，还需要从各目标方案实现所需要的条件、各目标方案可能产生的效益以及各目标方案可能存在的风险三个方面对制定的目标进行评估反馈。

管理思想："隆中对"中的战略目标

（1）目标实现的条件分析：在企业各管理层初步制订目标方案之后，需要对目标方案进行外部环境的分析以及内部人力、物力、财力、技术等各方面条件的分析，确保在企业现有内外部条件下各目标方案能够得以实现，并对目标实现所要付出的代价进行评估。

（2）目标综合效益分析：每一个目标方案，其产生的效益有可能是直接的经济效益、也有可能会带来企业的社会形象提升、客户忠诚度提升、品牌形象提升等间接效益，甚至有可能带来更多的社会效益和环境效益，因此需要对目标可能产生的各方面效益进行综合性的评估，而非仅仅立足于经济效益的比较。

（3）目标潜在风险分析：由于内外部环境的变化性，每种目标方案都存在着一定的风险性，因此需要对每个目标方案进行潜在风险的分析。这就需要广泛征集意见，最大化的寻找每个目标方案可能存在的问题、困难或风险，并评估这些问题、困难或风险对目标实现的影响程度，以及它们发生的可能性大小，同时分析一旦风险因素发生，有无可应对的方案或者补救措施。

4. 选择最优方案

在对各目标方案进行评估之后，最终选择出一个最优的方案。然而，这里所提到的最优方案并非绝对的最优方案，而是相对的最优方案。有时组织还需要对选择出的方案进行进一步的修订和改进，有时甚至在综合各方案的基础上重新制定出一个更优化的目标方案。在所选中的目标方案中，在确保主要目标优化的基础上，部分次要目标也有可能并非是最优的。

5.确定最终目标

对评估选定的目标方案再一次进行讨论、修订和评估，最终形成企业的最终目标。

（二）目标分解

目标的分解是目标管理法的核心。当组织的总体目标确定之后便需要进一步地逐级分解，没有被分解的目标由于过于遥远、跨度较大，因此多数时候是难以完成的。从时间的角度来看，年度目标需要逐级分解为季度目标、月目标，甚至还需要进一步的分解为周目标和日目标；从部门层级的角度来看，需要将目标分解为各事业部目标、各部门目标、各级管理者目标和普通员工的目标。下级目标是上级目标得以完成的手段，每一层的目标都是相互联系的，并构成"手段——目的链"，而在分解各部门及岗位的任务时，必须注意合理性与可操作性，因此，目标的分解成功与否决定了总体目标的完成情况。

> **📖 管理故事：遥远的村庄**
>
> 有人曾经做过一个实验，组织三组人沿着十公里外的三个村庄走。第一组不知道村庄的名字，也不知道有多远。实验者只叫他们跟着导游走。走了两三公里，就有人怨声载道。当走了一半时，有些人几乎怒不可遏。他们抱怨为什么走那么远，什么时候能走到那里？有些人甚至坐在路边不愿走。
>
> 第二组的人知道村庄的名字和路段，但路边没有里程碑，他们只能凭经验估计行程时间和距离。走到一半的时候大多数人就想知道他们已经走了多远，比较有经验的人说："大概走了一半的路程。"于是大家又簇拥着向前走，当走到全程的四分之三时，大家情绪低落，觉得疲惫不堪，而路程似乎还很长，这时有人说："快到了！"大家又振作起来加快了步伐。
>
> 第三组的人不仅知道村子的名字、路程，而且公路上每一公里就有一块里程碑，人们边走边看里程碑，每缩短一公里大家便有一小阵的快乐。行程中他们用歌声和笑声来消除疲劳，情绪一直很高涨，所以很快就到达了目的地。
>
> 当人们的行动有了明确的目标，不断地将自己的行动与目标进行比较，清楚地了解自己的进展速度和与目标的距离时，行动的动力就会得以保持和加强，人们会自觉地克服一切困难，努力实现目标。
>
> 资料来源：佚名.找出关键点哲理故事 [EB/OL]. https://tongxiehui.net/by/5ea17dc5b48a8.html.（2020–11–10）[2022–05–09].

目标的分解需要注意以下情况。

（1）目标的分解必须是上级与下级共同商议后决定的，这不是上级下达的命令，而是共同确定的结果。目标分解是下级主动地承担，而非被动地接受。目标的分解必须使得公司上下各级管理者和员工都能够对上级目标和个人目标有一个清晰的认知。

（2）目标的分解是自上而下层层分解的。企业总目标的完成需要具体分解到每一个分部门目标，而每一个部门目标又需要分解至各项目小组目标，每个项目小组的目标又最终分解至单个员工目标。每个分解目标都完成，也就意味着总目标的完成，因此，目标的分解是自上而下层层分解的，一旦总目标确定，各层级管理者和员工的目标也就有了方向和指引。

（3）目标的分解是自下而上层层保证的。总目标在分解之后，下级目标的实施结果需要确保上级目标的完成，因此，下级制定的目标之和至少要覆盖上级目标，无论是在目标项目上还是在目标数量上都需要超出上级目标。在实践中，并非所有的下级都能够完美的完成分解目标，为防止某个下级目标无法完成，便需要下级目标在制定时应适当超出上级目标的数量标准。例如销售部共有10名销售员，销售部年销售目标为5000万元，若每个销售员的分解目标为500万元，当某个销售员没有完成目标时，就无法保证总目标的实现，因此每个销售员的分解目标可适当提高，如600万元就比较适合，就算有个别员工不能按时完成目标，也可以确保总目标的顺利完成。

（4）目标分解要注意各目标之间的协调、平衡。在目标分解的过程中，常常会出现下级部门的目标有交叉现象，从而可能产生完成目标时的冲突或者推诿现象。下级目标在分解时也要同样避免分解目标的遗漏，确保每个分解目标都能够有具体的承担部门和个人。

（三）目标实施

目标一旦制定和分解，企业内各级管理者和所有员工都应紧紧围绕企业目标体系，结合自身拥有的资源和条件，寻求完成目标的最佳路径，这就是目标的实施过程。目标的实施是否到位是目标管理的根本所在，没有实施，再完美的目标体系也就变成了空中楼阁，变得毫无价值。目标的实施需要注意以下几点。

1. 自我控制与支持措施

目标管理与传统管理最大的不同之处就在于每个企业成员的工作动力来自于基于目标的自我驱动，而非来自上级的督促与管理。由于上级的充分授权，下级有足够的自由度发挥自身的创造力，寻求最适合自己的目标达成路径。在这个过程中，下级就会产生强烈的责任心和归属感。而上级管理者便可以将监督下属的时间节省出来，从而考虑更有价值的问题。然而，员工的自我控制行为并不是天生的，它需要建立在一定的条件之下，那便是充分的授权和支持，为保证目标能够完成，公司必须制定相关的保证措施对下级目标的达成予以支持，保证措施包括物力、财力、人力的支持。

管理案例：海尔的目标体系

自我控制应注意如下两点。

（1）自我分析和检查。在分目标的实施过程中，应不断地将目标的实施情况与目标标准相对照，不断分析自身取得的成绩与不足之处，以便及时采取措施、克服困难、解决问题，不断地接近目标的达成。

（2）重视沟通和协作。尽管分目标是总目标的分解，但分目标更是整个目标体系的有机组成部分，分目标与总目标、分目标与其他分目标之间都是互相联系、互相影响的，任何一个分目标的落后都会影响总目标的达成。因此，各下级目标在实施过程中都要及时的与上级和相关协作部门进行沟通和协作，同心协力，分工协作，共同推进，才能实现目标实施的效率和效果最大化。

2. 目标监督和检查

目标管理强调员工基于目标的自我控制，但并非不重视上级管理者的监督和检查。由于目标在分解之后，各部门或员工个人在目标的实施过程中就可能产生不均衡倾向，进度快慢不一，质量良莠不齐，不利于企业的协同开展工作。因此，实施目标管理需要在自我控制的基础上，重视上级监督和检查。通过检查和监督，对目标实施情况较好的进行表扬和宣传，对目标实施有所偏离的情况进行问题分析并及时纠正，同时实现各部门之间目标完成的均衡性。

（四）绩效反馈和激励强化

在目标实施一个周期之后，需要对目标执行结果进行绩效考核，从而衡量出考核对象是否完成了既定目标以及完成的质量，并依据绩效考核的结果对员工进行奖惩。可以说，绩效考核对于目标管理非常重要，没有绩效考核的目标管理是不完整的，企业和员工个人都会因此而失去目标导向，从而导致企业管理效率的迅速下滑。绩效考核是目标管理中最后一个环节，但绝不意味着目标管理的结束，因为目标管理的目的不在于划清责任从而进行奖励和惩罚，而在于改善下一个周期的目标执行力。因此，绩效考核应注重以下六个原则。

1. 公开明确原则

公开明确原则是指绩效考核的标准应是明确的和公开的，同时考核的过程和考核的结果都应全程公开和透明。因为只有明确的标准和公开的过程才能保证考核结果的公平和公正，从而消除员工疑虑，令人信服。

2. 客观原则

在绩效考核中，往往由于考核责任人自身的情感、偏见、好恶或主观臆断而影响考核结果，而这种主观因素的影响就会使得考核结果有失公允，无法真实的反映目标实施的效果。因此，绩效考核应尽量摒弃主观因素，做到客观公正。为实现客观原则，考核标准需要尽可能量化、对于无法量化的指标也要尽可能细化标准或者采用多主体评价，从而确保客观性。

3. 直接原则

直接原则是指绩效评价的主要责任人应是评价对象的直接上级。因为直接上级对考核评价对象的日常工作状况最为熟悉，能够全面、真实了解到被考核对象目标完成的程度和效果。若同时存在间接上级的考核责任人，则也应尽可能尊重直接上级的考核意见。

4. 反馈原则

如前所述，绩效考核的最终目标不在于分清责任，而是在于促进下一周期的目标执行。因此，绩效考核的结果应及时反馈给被考核对象，并指明得出考核结果的依据，通过沟通指出被考核对象在目标执行中的亮点工作和不足之处，以便加强其对企业目标体系的理解，取长补短，提升未来目标执行中的效率和效果。

5. 差异原则

绩效考核具有重要的激励和导向作用，而实现激励效果的一个重要前提便是考核结果的差异性。这种差异性，一是表现在不同类的部门和岗位之间绩效考核的标准要依据实际情况有所差异；二是表现在同类部门和岗位的绩效考核结果要有合理差异，让目标完成情况优异的员工与其他员工拉开差距，奖勤罚懒。若不论目标完成好坏，考核结果都差别不大，会打击员工的工作积极性，甚至出现员工将目标任务推给他人的状况。

6. 相关性原则

绩效考核的指标应与制定的目标任务密切相关，若将目标的制定视为一个周期的起点，绩效考核则是对目标完成结果的检验，形成一个完美的闭环。因此，绩效考核是对目标完成成果的检验，而制定的目标依赖绩效考核来检验，任何与目标无关的指标都不应列入绩效考核中，例如员工的个人兴趣、与工作无关的成就或不足等。

三、对目标管理的评价

（一）目标管理的优势

1. 极大提升管理效率

微课：目标管理的优点

传统的企业管理更加注重对工作过程和程序的控制，因此常会浪费不必要的时间和资源在一些与公司总目标无关的事项中。目标管理是一种达成目标的高效管理方法，通过对企业目标的层层分解，形成相互支持、环环相扣的目标体系，企业一切事务和资源都紧紧围绕着目标的实现而运作，并使原本渺茫不清、无比宏伟的目标变得切实可行、从而可以更集中、更高效地达成企业目标，极大地提升管理效率。

2. 优化组织结构

目标管理有助于组织结构的改革和岗位职责的分工。由于目标的分解要求尽可能将一项分解目标的成果和责任划归同一个部门中，这常常会让管理层发现当前企业在部门划分中存在的授权不足或者职责不清等缺陷，从而进行组织结构的改革。同时，目标管理的充分授权也要求企业将传统的集权式结构框架变革为以分权为基础的组织结构。

3. 强化企业沟通

现代大型企业人员众多、规模庞大、组织复杂，由于管理上的科层结构，上下级之间以及各部门之间往往缺乏有效的沟通，因而时常造成误解。而目标管理极其重视沟通，运用目标管理的企业往往采用民主式管理，强调放权和平等的权力关系。在目标的制定时需要上下级共同商议制定目标，在目标的实施和绩效考核后也要进行反复的沟通和反馈。各员工之间在组织内坦诚相见、团结合作，因此能及时消除内部潜在的冲突，增强团结，有效地达到目标。

4. 提升员工积极性

在传统的企业中，往往是由上级派发任务，下级只需要执行上级的任务即可。同时，由于任务的最终责任人依然是上级主管，下级在完成任务时也往往伴随着权限不足、对任务的理解不透彻、责任心不强等现象，难以完美的完成任务指标。而在目标管理中，上级不再是任务的派发者和监督者，而是成为与下级共同商议制定目标并提供最大支持的人。下级也不再是被动的任务接受者，而是在对企业目标和部门目标深度理解的基础上，主动地承担责任，制定目标，并创造性地发挥主观能动性去完成目标的人。下级在完成目标的过程中得到了充分的放权和信任，因此，目标管理极大地调动了员工积极性。

（二）目标管理的局限

1. 难以制定科学合理的目标

目标管理的有效实施需要以目标的精准设定为前提，但目标的制定存在着如下几个方面的困难：一是组织外部环境的变化越来越快，组织内部的活动也日益复杂，不确定性日益增加，这使得制定目标变得越加困难；二是许多岗位工作的任务在技术上难以横向分解、使得目标管理难以执行；三是某些岗位的任务目标难以定量化或具体化，只能进行定性的说明。因此，制定一个科学合理的目标是非常困难的。

2. 目标管理会增加管理成本

目标管理要求目标的制定和分解都需要上下级之间保持良好的沟通，经过多次商讨最终形成统一的意见，而人与人之间意见的统一是极其困难的，甚至有很多时候意见永远无法统一，因而这种反复的沟通就显得尤为费时，增加了管理成本。另外，目标管理的许多细节如目标的分解、指标的定量化都需要非常细致和反复的操作，这相对于传统的上下级单向分派任务的方式增加了管理的难度和成本。

3. 过于重视结果而忽视过程

目标管理方法是一个成果导向的管理方法，重视充分的授权和信任，往往只对最终结果进行考核，而对生成结果的过程并不重视。这一方面能够激发员工的创造力和积极性，但在另一个方面，也有可能让员工为达成目标而不择手段，做出损害组织利益的行为。例如为了完成新增用户数量的目标，员工有可能采用拉人头的方式迅速增加用户数量，导致大多数的新增用户实际上是无效用户。又如某生产部门有可能会减少设备必要的保养维护预算，从而保证完成降低生产成本的目标。

4. 目标管理的哲学假设不一定都存在

目标管理重视放权和信任，这一切都是基于Y理论的哲学假设，即认为所有的员工都是积极的、负责任的，为了实现目标可以进行自我管理和控制。然而人性是复杂的，在缺乏监督的情况下，许多员工难以形成自觉、自制的工作习惯，推诿责任、拖延时间等现象都会影响目标管理的顺利实施。

5. 目标实施难以做到权变

目标一旦制定和分解，在执行的过程中如无特殊情况不宜轻易变更，因为目标的变动会使得许多部门和员工为实现原有目标所做的准备工作化为泡影，从而引起组织的混乱。然而，组织内外部环境却是持续变化的，这种内外部环境的变化，常常导致有些目标的实现难度大大降低或者提升，这就导致实施目标管理难以及时应对内外部环境的变化。

6. 重视短期行为而忽视长期目标

尽管目标管理存在着长期目标和短期目标，但长期目标需要进一步分解为短期目标，如年度目标、季度目标或月度目标，这样就更容易实施。在现实中，企业也常常强调短期目标而对长期目标不关心，这种氛围的形成将会导致员工只重视短期行为，忽视长期的目标。如为实现产品销售增长率目标，采用低价竞争、降低品质等不可持续的手段，影响组织长期目标的实现。

管理学基础

管理实践：运用目标管理法规划大学生活

- **任务目标**
  （1）培养学生目标管理意识。
  （2）培养学生的归纳与分析能力。
  （3）培养学生的目标分解能力。
- **任务要求**
  （1）思考毕业后人生的发展愿景。
  （2）分析实现人生愿景所需要具备的知识、能力和素养等内在条件。
  （3）分析实现人生愿景应具备的客观条件。
  （4）初步分解各阶段发展目标并规定时间期限。
  （5）分解大学期间每学年阶段发展目标。
  （6）努力执行阶段发展目标，并不断对照成果与目标之间的差距。

案例分析

某公司的目标管理

某公司从前年开始实行目标管理，但是处于试行阶段，后来由于人力资源部人员的不断变动，这种试行成了不成文的规定执行至今，到现在运行了将近一年的时间了。应该说执行的过程并不是很顺利，每个月目标管理卡的填写或制作似乎成了各部门经理的任务或者说是累赘，占用了他们许多时间，每次都要由办公室督促大家填写。除此之外，有些部门每个月的常规项目占比很高，目标管理卡的重复性内容特别多，如财务部；而有些行政部门的临时性工作占比很高，每次都很难确定他们下个月的目标管理卡。

该公司的目标管理按如下几个步骤执行。

一、目标的制定

（1）总目标的确定。前一财年末公司总经理在职工大会上做总结报告时向全体职工讲明下一财年的大体工作目标。财年初的部门经理会议上总经理、副总经理和各部门讨论协商确定该财年的目标。

（2）部门目标的制定。每个部门在前一个月的25日之前确定下一个月的工作目标，并以目标管理卡的形式报告给总经理，总经理办公室留存一份，本部门留存一份。目标分别为各个工作的权重以及完成的质量与效率，由权重、质量和效率共同来决定。最后由总经理审批，经批阅以后方可作为部门工作的最后得分。

（3）目标分解。各个部门的目标确定后，由部门经理根据部门内部的具体岗位职责以及内部分工协作情况进行分配。

二、目标的实施

目标的实施过程主要采取监督、督促并协调的方式，每个月中由总经理办公室主任与人力资源部绩效主管共同或是分别到各个部门了解目标进行的情况，直接与各部门负责人沟通，了解哪些项目进行到什么程度，哪些项目没有按规定的时间、质量完成，为什么没有完成，并监督其完成项目。

三、目标结果的评定与运用

（1）目标管理卡首先由各部门负责人自评，自评过程由人力资源部和办公室监督，最后报总经理审批，总经理根据每个月各部门的工作情况，对目标管理卡进行相应调整。

（2）目标管理卡最后以考评得分的形式作为部门负责人的月度考评分，部门员工的月度考评分一部分来源于部门目标管理卡。这些考评分数作为月工资发放的主要依据之一。但最近，大多数部门负责人反映不愿意每月填写目标管理卡，认为没有这个必要，但是明显地在执行过程中，部门员工能够了解到本月自己应该完成的项目，而且了解到每一个项目应该进展到什么样的程度。在最近一次员工座谈中，有的员工表示对本部门的目标管理卡不是很清楚，其原因主要是个别部门的办公环境不允许把目标管理卡张贴出来，因此如果部门负责人不做解释，员工根本就不知道自己的工作目标是什么，只是每个月上级叫干什么就干什么，显得很被动。部门负责人如今不愿意做目标管理，而且有一定数量的员工也不明白目标管理分解到他们那里的应该是什么。

资料来源：朱友发，司树宏.管理学基础[M].北京：北京师范大学出版社，2010.

根据案例回答下列问题。
1. 该公司的目标管理总体上存在哪些问题？
2. 既然财务、市场、行政等部门在工作内容、工作方式上大不相同，那么该如何针对不同部门的职能特点设计目标管理卡？
3. 为什么会出现"员工不知道他们的工作目标是什么，上级叫干什么就干什么"的情况？这个问题如何解决？

课后测验

一、单项选择题

1. 下列关于目标管理的成果评估叙述正确的是（　　）。
   A. 易招致被评价人的不满　　　　B. 核心是以员工为中心
   C. 带有浓厚的主观色彩　　　　　D. 缺乏具体的评价标准
2. 下列不属于目标管理特征的是（　　）。
   A. 目标由上下级共同制定，下级在目标制定中有充分的自主权
   B. 强调上级对下级的充分放权和信任
   C. 基于Y理论假设，认为员工都是勤奋负责和有创造力的
   D. 让员工自己当老板，实施完全的自我管理
3. 在下属执行目标的过程中，上级做的不恰当的是（　　）。
   A. 适当授权　　　　　　　　　　B. 不与下属交换意见
   C. 给予下属支持和协调　　　　　D. 提高下属的工作意愿

4. 下列关于决定目标难度因素的说法中错误的是（　　）。
   A. 目标的挑战性和创造性越高，难度越大
   B. 目标环境变化越快，难度越大
   C. 目标关联程度越小，涉及的人员、部门越少，难度越大
   D. 目标的起点越高，难度越大
5. 下列关于员工自己制定目标的说法中错误的是（　　）。
   A. 领导采取双向沟通和讨论的方式，协助员工制定目标
   B. 下属员工参与制定总目标和部门目标
   C. 员工目标必须与公司目标和部门目标相符，以确保上级目标的完成
   D. 员工自己制定目标就是指一切由员工说了算
6. 下面关于目标管理的绩效考核说法正确的是（　　）。
   A. 绩效考核的最终目的在于根据业绩进行利益分配
   B. 绩效考核的最终目的在于追究责任
   C. 绩效考核的最终目的在于促进目标管理的改进和提升
   D. 绩效考核的最终结果不宜对所有员工公开透明

二、判断题

1. 组织目标的制定不需要关注外部环境的变化。　　　　　　　　（　　）
2. 组织目标一旦制定便不可更改。　　　　　　　　　　　　　　（　　）
3. 目标管理适用于采用科层式管理的组织。　　　　　　　　　　（　　）
4. 目标管理重视组织内部上下级之间以及各部门之间的沟通交流。（　　）
5. 有些组织目标可以不规定时间限制。　　　　　　　　　　　　（　　）
6. 组织目标既有定量目标，也有定性目标。　　　　　　　　　　（　　）

三、名词解释

1. 组织目标
2. 目标管理

第六章

组 织

同程艺龙进行组织架构调整

2020年10月,同程艺龙宣布进行新一轮组织架构调整,将原本文旅事业部旗下的景点门票业务与住宿事业部进行整合。整合完成后,文旅事业部将变为目的地事业部,而住宿事业部则成为酒旅事业群。新组建的酒旅事业群将由同程艺龙COO王强分管,并向同程艺龙CEO马和平汇报。马和平称,此举旨在强化以目的地属性为主的"酒景"业务协同,同时也是公司适应发展环境新变化、打造更加敏捷高效管理体系的落地举措之一。

同程是国内知名的一站式旅游预订平台之一,提供国内20000余家及海外100000余家酒店预订,覆盖全国所有航线的机票预订,8000余家景区门票预订,全球热门演出门票预订,200多个城市租车预订,境内外品质旅游度假预订等服务。为了适应市场变化,同程艺龙方面曾经进行了多次组织架构调整。

2020年4月,同程集团宣布启动航空与旅行社两大业务板块的整合,成立同程航空旅游服务集团有限公司。新的同程航旅旗下整合了红土航空、同程国旅和同程旅业三大主体。同程航旅CEO吴嘉竹称,重组后的同程航旅架构稳定、资金充足,未来将加大目的地战略,聚焦重点目的地进行布局,并全面提升产品能力,为用户提供更有竞争力的旅游产品。

对于此次组织架构的调整,王强还表示,随着旅行消费需求的日益多元化,目的地的场景化消费已成为一个不可忽略的趋势。景点门票和交通票一样,都是旅行消费的起点和

"入口",推进"酒景"的整合将为住宿业务的线上、线下获客提供进一步支持,并可以快速提升用户的交叉购买率。此次组织架构调整落地后,同程方面的酒旅业务也将加快业务协同,为消费者提供更好的服务。

资料来源:佚名.同程艺龙进行组织架构调整,新成立酒旅事业群.[EB/OL]. http: //app. myzaker. com/news/article. php?pk=5f900db2b15ec032f1245e11&ivk_sa=1024320u.(2020–10–21)[2021–11–8].

第一节 组织概述

一、组织的含义

动画:组织的含义

管理思想:中华传统管理智慧所倡导的组织目标

管理思想:王熙凤利用分工落实责任

管理故事:不拉马的士兵

原始社会时期,由于没有先进武器,所以一个人打猎很难成功。经过多年实践,原始人发现由一个人进行统一指挥的集体打猎效果很好,这就形成了最原始的组织。在人类文明的不断进步中,组织也不断完善。当今社会,从政治、经济和文化领域到家庭活动领域,组织随处可见。一个人从出生到死亡,一直处于各种社会组织之中,如医院、幼儿园、学校、机关、社会团体、工厂、商店、企业等。那组织是什么呢?组织一般有动词和名词两种含义。

(1)作为名词,组织是指按照一定的宗旨和目标建立起来的集体,即上文提到的学校、工厂、医院等各种社会组织。

(2)作为动词,组织就是管理者为实现组织目标而进行合理的分工与合作,建立与调整组织结构的工作过程。作为动词的组织就是组织职能,这也是管理学中默认的组织含义。在这个含义中,我们可以发现组织有以下特点。

1. 组织要有目标

组织是特定群体为了实现特定的共同目标组合起来的,因此任何组织的存在都是为了实现一定的目标,不论目标是明确的还是隐含的,都是组织存在的前提。

2. 组织要有分工与合作

无论是以盈利为目的的企业还是非盈利的学校、医院、政府机关,所有的组织都应该有分工与合作。为了达到经营目标,企业需要完成产品设计、原材料采购、产品生产、产品销售、资金调度和账目管理等一系列工作;而学校为了完成育人目标,也要完成计划招生、学生培养、实习就业等一系列工作。不同的工作会由不同的人来完成,这就是组织中分工的体现,而这些人之间又要有合作才能保证产品从设计到销售以及学生从招收到就业整个流程的畅通。

3. 组织应该有一定的结构

为了实现组织的目标,在组织初创阶段就需要进行结构的设计。合理的结构设计有利于组织目标的实现，随着管理环境的改变和组织自身的发展，当组织结构不利于目标实现时，就需要对其进行适当调整，即组织变革。

二、正式组织与非正式组织

（一）正式组织

正式组织是为了有效实现组织目标，经过认真的筹划和设计，并且具有明确而具体的规范、规则和制度的组织。一般来说，它带有明确的管理者的意图和价值取向，如学校、医院、酒店、旅行社等都属于正式组织。正式组织一般具有以下两个特征。

1. 正规性

正式组织中所有成员的职责范围和相互关系通常都在书面文件中加以明文正式的规定，以确保行为的合法性和可靠性。

2. 稳定性

正式组织一经建立，通常会维持一段时间相对不变，只有在内外部环境发生较大变化，导致原有的组织形式不再适应时，才会进行组织结构的调整。

（二）非正式组织

非正式组织是由人们在交往中自发形成的一种个人关系和社会关系的网络。午餐时随机坐在一起的同事、业余时间的围棋社团、合唱团等，都属于非正式组织。在非正式组织中，成员之间的关系是一种自然的人际关系，他们不是经由刻意的安排，而是由于日常接触、感情交融、兴趣相投或价值取向相近而发生联系。与正式组织相对应，非正式组织的基本特征是自发性和不稳定性。

三、管理幅度

（一）管理幅度的概念

管理幅度又称管理跨度或管理宽度，是指一个管理人员能够有效指挥的直接下属的数量。为保证组织的有效运行，组织中的管理者直接管理的下属人数应该控制在适当范围内。

动画：管理幅度的含义

（二）影响管理幅度的因素

管理人员由于受到个人精力、知识、经验等条件的限制，能够有效领导的直接下属人数是有限的。有效的管理幅度并不存在一个固定数值，因为它受到上下级的能力、工作内容与性质、工作的条件等各种因素的影响。

管理故事：选立百姓官长

1. 上下级的能力

上下级的能力是指管理者和被管理者双方的综合能力，包括知识、经验、理解能力、表达能力、概括能力、应变能力等。如果管理者自身的能力强，可以就相关问题与下属进行有效沟通，管理幅度可以适当增大。反过来，如果下属的能力强，能够准确理解管理者的指示，并根据组织目标的整体要求自觉地开展工作，管理者的管理幅度也可以增大。

2. 工作内容与性质

管理工作的内容和性质会对管理幅度产生重要的影响。与基层管理者相比，高层管理者面对的工作更为复杂，因此高层管理者的管理幅度应该小一些，而基层管理者的管理幅度可以大一些；下属工作的相似性也会影响到管理幅度，下属工作的相似性越高，管理者能够有效指挥的直接下属就越多，则管理幅度越大，反之越小；计划越完善，管理者需要进行解释、协调的场合就越少，管理者的管理幅度就越大。

3. 工作的条件

管理者的助手配备情况、沟通工具的便捷程度和信息化程度以及管理者及其下属人员业务活动的地理跨度、组织政策的稳定性等方面的因素也会影响到管理幅度。如果管理者有得力的助手，可以帮助管理者分担日常管理工作，那么管理者就有时间和精力指导更多的直接下属，管理幅度会变大。信息时代，各种沟通工具的出现也加大了管理者的管理幅度。如果管理者的直接下属业务活动分布在很多不同的区域，且相距甚远，管理起来难度会加大，管理者的管理幅度便会随之变小。组织政策相对稳定，管理者不需要格外研究政策变动，能够用来指导下属的时间增多，管理幅度相对较大。

第二节　组织结构的设计

一、组织设计的原则

微课：组织设计的原则

组织设计是为了协调组织中人与人、人与事的关系，最大限度地发挥组织成员的积极性，提高工作效率，更好地实现组织目标。为了实现这个目标，组织设计应遵循以下原则。

（一）目标一致原则

组织的建立和运转是为了实现组织的目标，因此组织中任何一个部门和岗位的设置与变更都应以组织目标实现为大前提，各部门和岗位的目标也要与组织目标方向一致。

> 📖 **管理故事：天鹅、大虾和梭鱼**
>
> 合作的人如果不是一条心，什么事情也办不好，到头来只能是自寻烦恼。
>
> 有一天，天鹅、大虾和梭鱼想把一辆大车拖着跑，它们都给自己上了套，拼命地拉呀拉呀，大车却一动也不动，车子虽说不算重，可天鹅伸着脖子要往云里钻，大虾弓着腰儿使劲往后靠，梭鱼一心想往水里跳。
>
> 究竟谁是谁非，我们管不着，只知道，大车至今仍在原处。
>
> 资料来源：徐斌.中国改革为什么能成功 [M].北京：世界图书出版有限公司.2018.

（二）分工协作原则

分工协作原则是指在组织中按照专业进行合理分工，并规定各个部门之间的协调关系，形成既有工作分解又有相互协调的组织结构。一般来说，组织分工越细，专业化水平越高，责任越明确，工作效率也会越高，但是也容易造成机构增多、协调困难等问题。反之，机构减少，但专业化水平低，责任不清晰，工作效率也会较低。因此，组织设计时需要根据自己的实际状况合理确定分工与协作。

管理案例：福特公司的劳动分工

📖 管理故事：三个和尚

有一天，三个和尚在一座庙里相遇。

"这庙为什么荒废了？"不知是谁提出的问题。

"必定是和尚不虔，所以菩萨不灵。"甲和尚说。

"必定是和尚不勤，所以庙堂不修。"乙和尚说。

"必定是和尚不敬，所以香客不多。"丙和尚说。

三人争执不下，最后决定何不留下各尽所能，看看谁最成功。于是甲和尚虔心礼佛，乙和尚重修庙堂，丙和尚化缘讲经。不久后，香火鼎盛，访客不绝，破庙又恢复了往日的壮观。

甲和尚说："都因我礼佛念经，所以菩萨显灵。"

乙和尚说："都因为我勤加管理，所以寺务周全。"

丙和尚说："都因为我奔走劝世，所以香客众多。"三人争执不休，不事正务，渐渐地，寺庙又衰败了。

团队中拥有不同才能的人是团队的基本要求，但若团队因分工不同而无法合作，或不知个人的职责是完成企业的共同目标，让企业可以永续经营而争功诿过，甚而不知为何而战，为谁而战，那么企业终将面临难以发展的困境。

资料来源：佚名. 三个和尚，正能量小故事.[EB/OL]. https://www.sohu.com/a/239227478_540625. （2018-07-04）[2022-1-12]。

（三）管理幅度原则

管理幅度原则是指在进行组织设计时，管理幅度应控制在一定的水平。既要避免管理幅度过大，保证管理人员能够对下属工作进行有效的指挥和监督，提高工作效率；也要防止管理幅度过小，造成组织层级过多，降低管理工作的效率，增加管理成本。

（四）权责对等原则

为了保证管理者和组织成员高质量地开展工作，组织需要赋予他们一定的权力，保证计划、组织、领导、控制等管理职能的落实和组织目标的实现。另一方面，管理者也需要承担相应的责任，避免有权无责、有责无权现象的出现。

> **📖 管理故事：刘备托孤与刘表托孤**
>
> 一、刘备托孤
>
> 三国时期最成功的一次托付是刘备向诸葛亮托孤。这次托孤的结果是诸葛亮成为蜀汉的首辅和权臣，也成为蜀汉政策的制定者和执行者。刘备曾经交代，对儿子阿斗能辅佐就辅佐，实在认为刘阿斗扶不起，诸葛亮可以自己干。所以除了没有名义上的皇帝位，诸葛亮实际就是在行使皇帝之权。
>
> 诸葛亮从刘备这里得到的托付，是一个权力和责任非常明确而对等的交代，责任是为复兴汉室做事，权力是可以管理蜀汉的一切事务。
>
> 二、刘表托孤
>
> 建安六年，刘备从袁绍处跑到了刘表处。此时刘表已经在荆州镇守了十余年，拥有地方数千里，军队十余万，这样的实力比官渡之战前的曹操都强大得多。
>
> 对于刘备的到来，刘表心情很复杂，一方面对刘备有防范，另一方面他确实又需要刘备。于是刘表的做法也非常能让人理解，他厚待刘备，礼节不亏，但是不要刘备参与荆州的事务，只利用刘备这支万人的军队力量抵御曹操。
>
> 刘表的想法十全十美。而对刘备来说，他就只有责任而没有权力，他有抵抗曹操的责任，而没有掌管荆州的权力。刘备心知肚明，因此刘表的托孤就成为一句空话。刘备在两次应该出面时，选择不作为。
>
> 第一次是刘表病危时，刘琦从江夏回来探视，却被蔡瑁、张允等拦住不让见。这时，被刘表托孤的刘备没有出现，按照常理，既然刘备接受了托孤，他就是首辅的角色，只要他一出现，蔡瑁、张允等人都要避让三分，可是此时却见不到刘备的影子，刘琦也没有找刘备这个被托孤的长辈求助。
>
> 由于刘备的缺失，刘表想保住荆州的目的最终落空，蔡瑁等投曹派势力越来越大，最终带着荆州投降了曹操。
>
> 第二次是刘琮的投降。刘琮投降曹操后才向刘备这个被托孤的长辈打招呼，使得刘备不得不匆忙南下，路过襄阳时，刘琮紧闭城门不纳。刘备没有做任何的努力，他也没有听手下人的劝告抓捕刘琮，其实他的手下人建议将刘琮抓获并带到江陵，正是符合刘表临终托孤的意思，可是刘备最终转头离去。
>
> 这两件事说明刘备没有履行接受托孤的职责，刘琦和刘琮也都没有把刘备当作父亲托孤的长辈。根源就在刘表的托孤太过"聪明"，使得刘备只有责任而无权力。
>
> 权力和责任对等是管理事务成功的基础。而权力和责任的不对等，也是刘备忽视刘表托孤的根本原因。
>
> 资料来源：一骑烟尘论古今.刘表向刘备托付了什么？权力和责任的对等，是管理事务成功的基础. [EB/OL]. https://baijiahao.baidu.com/s?id=1686695595800623987&wfr=spider&for=pc.（2020-12-21）[2021-11-12].

（五）稳定性与适应性相结合的原则

组织设计是组织运行的基本保障，因此组织设计要有一定的稳定性，组织结构一旦形成不能频繁变化。但是，当组织内外环境发生重大变化时，组织也需要迅速适应变化，减少变化对组织带来的冲击。这就要求组织设计一方面要维护组织的稳定运行,另一方面又要对环境变化具有一定的适应性。

(六)集权与分权相结合的原则

集权与分权相结合的原则就是根据组织的实际需要来决定集权和分权的程度。集权是权力在较高层级的集中,分权是权力在较低层级的分散。集权和分权的程度是根据组织在不同时期、不同环境下为了完成组织目标的需要而决定的。例如,当组织规模较小时宜偏向集权,当组织规模较大时宜偏向分权;当组织的外部环境比较稳定时宜偏向集权,当外部环境变化剧烈时宜偏向分权。

二、组织设计的影响因素

一个组织划分多少部门,采用什么组织结构受到外部环境、组织战略、组织规模等多种因素的影响。

(一)外部环境因素

1. 对岗位和部门设计的影响

组织是社会经济大系统中的一个组成部分。组织与其外部存在的其他社会子系统之间存在分工问题。社会分工的不同决定了组织工作的内容和所需完成的任务不同,因此组织需要设立的岗位和部门也就不同。学校、医院、政府机关和不同类型企业的岗位与部门设计的差别非常大。

2. 对各部门关系的影响

环境不同,完成组织中各项工作的难易程度以及对组织目标实现的影响程度也不相同。同样在市场经济的体制中,产品供小于求时,企业关心的是如何增加产量,生产部门会显得非常重要,销售部门和销售人员不受关注;产品供过于求时,销售部门则会受到重视。

3. 对组织结构稳定性的影响

在稳定的环境中,管理部门与人员的职责界限分明,各部门的权责关系固定,等级结构严密;在多变的环境中,组织结构灵活,能根据环境变化迅速调整。

4. 对组织结构发展趋势的影响

组织需要一定的技术将投入转换为产出。生产技术的变化曾经导致流水线的出现,而现代计算机和网络技术的飞速进步,使敏捷制造和柔性制造成为可能,同时也使管理手段相应发生了变化,扁平式、灵活型组织机构成为趋势。

(二)组织的战略

组织的战略也是影响组织设计的重要因素。组织战略规定了组织的工作方向与具体任务,进而要求组织的职能、岗位、职权等的设计与之适应。如果组织战略发生变化,应该对组织结构做出相应的调整。

(三)组织的规模

组织规模是影响组织结构的首要因素。20世纪60年代初,英国管理学家琼·伍德沃德等人通过对美国100多个公司的调查研究发现:组织规模越大,工作专业化程度就越高,标准操作化程序和制度就越健全，分权的程度也越高。

（四）组织的发展阶段

美国学者坎农认为组织发展有五个阶段，在不同的发展阶段需要有不同的组织结构与之对应。

1. 创业阶段

新创组织决策主要依靠创业者，组织结构形式比较简单，信息沟通网络也不复杂。

2. 职能发展阶段

随着业务的发展，组织内部开始形成一定的权力分配关系，组织结构变得复杂，逐步建立职能分工。

3. 分权阶段

组织为了解决职能分工带来的协调问题开始实行分权，在组织内部成立自主经营的单位，使各部门能够像初创阶段那样做出快速反应。

4. 参谋激增阶段

各部门形成组织内部独立的利益集团，本位主义现象增多。为了加强对各部门的控制，组织内部增设了许多参谋和高级助手。

5. 再集权阶段

参谋激增导致了参谋之间的矛盾，组织决策变得迟缓，高层管理者再一次选择集权。

三、组织设计的内容

组织设计主要是确定组织的结构，设计各部门的职权、责任。在组织设计的任务中有三个重点，分别是岗位设计、部门划分和层级设计。

（一）岗位设计

岗位设计，又称职务设计、工作设计，是指在劳动分工的基础上，把组织完成目标所需要的所有工作分解成最小的工作单元后，确定每个劳动岗位应该承担的工作任务、工作责任、拥有的权力以及与组织中其他岗位关系的过程。

20世纪50年代以前，以劳动分工为基础的职务专业化在生产率提高方面发挥了重要作用，但是到了20世纪60年代，过于细致的分工使工人感到厌倦，导致疲劳和压力的产生，进而产生了大量劣质品以及高旷工率和离职率等问题，这远远超过了专业化所带来的经济优势。因此，岗位工作内容的确定，应该既考虑工作效率的提高，又兼顾工作人员的成长需要和社会需要，以便在工作任务和工作人员双方面要求的相互平衡中，确定出每一个岗位合理的工作内容。

动画：部门划分

（二）部门划分

部门划分也称部门化，是指按照一定的逻辑和方法将若干职位或工作组合在一起的过程。将劳动岗位按照一定的方法进行归类和组织，形成有利于协调与管理的部门。部门划分的方法主要有人数部门化、时间部门化、产品部门化、职能部门化、区域部门化、顾客部门化、程序部门化等。

1. 人数部门化

人数部门化是出现最早、最简单的部门划分方法，是按照人数划分部门，然后由主管人员负责指挥，去执行一定的任务。在高度专业化的现代社会，把具备某种专业技术的人们组织起来去做某项工作，比单靠数量组织起来的人们有更高的效率，因此单纯按照人数多少进行部门划分的组织越来越少，只有在个别领域才会继续使用，如基层部队中的班、排、连、营、旅等的划分就是以人数为依据。

微课：部门划分

2. 时间部门化

时间部门化是根据工作时间的连续性，把在相同时间段工作的人划分为一个部门，各部门工作的时间段前后衔接。如服务性组织、医疗卫生机构、交通运输业等组织中会设置早、中、晚班等，不同的组织会根据自己的工作性质确定不同的排班方式。以星级酒店为例，酒吧一般会设置早班和中班，早班工作时间从早上八点到下午四点，中班工作时间从下午四点到晚上十二点；前台会在早班和中班基础上加上晚班，从晚上十二点到第二天早上八点；有夜间餐饮服务的部门则会安排夜班，除此之外餐饮部门会根据服务时间灵活安排排班，保证每一个营业时间段都有员工为客人服务。

3. 产品部门化

产品部门化是把生产同一种产品的人划分为一个部门，由一个管理者全权负责组织与该产品相关的研发、生产等业务活动。产品部门化在大型的、经营多种业务的组织中比较适用。如海尔有制冷产品本部、空调产品本部、洗衣机产品本部、信息产品本部、厨卫电器本部、技术装备本部和直属事业本部等。

这种划分有利于组织将多元化经营与专业化经营相结合，有利于组织及时调整生产、经营方向，但会增加组织的管理成本。

4. 职能部门化

职能部门化是组织采用最多的一种部门划分方式，即按照工作或任务的相似性来划分部门，将同一类型的工作分到同一部门。例如，将与资金使用、资金管理、账目处理等与企业资金有关的业务都放到财务部，将人员招聘、员工晋升等与人力资源有关的工作都放到人力资源部，将所有原材料的采购工作放到采购部等。根据职能进行部门的划分适用于所有的组织。但不同的组织其职能有很大差别，除了办公室、财务、人事、安保、后勤等常规职能部门，医院还会设医务处、医保办、门诊部、护理部等，而旅游景区则可能设工程部、营运部、营销部等。这种按照职能进行部门划分的方法把同类员工集中在一起，有利于专业化的管理，能够提高工作效率。

5. 区域部门化

区域部门化，也称地域部门化，是指根据地理位置来设立管理部门，把同一地区或区域内发生的各种业务活动划归到同一部门，然后再按这一部门所管辖的范围进一步建立有关的职能部门。跨区域运营的大型组织一般会采取这种部门划分方式，如可口可乐公司设有北美、拉丁美洲、欧洲、非洲、欧亚大陆和中东地区、日本和韩国、大中华区、东盟和南太平洋地区、印度和西南亚等9个运营事业部。在高校和医院中，也会有这种按照区域进行部门划分的情况，如成立于1921年的北京协和医院有4个院区，山东大学在其他城市设有威海、青岛等校区。

按照区域进行部门划分的优点是可以充分利用当地的人力资源，减少外派成本；可以根据当地居民需求进行有针对性的市场开拓；可以增强组织对外部环境的适应能力；有利于调动区域负责人的工作积极性；有利于培养具有综合管理能力的高层次管理人才。但按照区域划分部门也存在缺陷，一是容易造成管理机构的重复设置，增加管理成本；二是对各区域部门的控制和协调比较困难；三是选拔招聘有一定综合管理能力的区域负责人较为困难，需要支付较高的招聘成本。

6. 顾客部门化

顾客部门化是按照顾客或者服务对象的类型进行部门划分。一般以销售和服务为主的企业会按照顾客进行划分，如商场会设女装部、男装部、童装部等；银行在信贷方面会设商业信贷部、农业信贷部和普通消费者信贷部，业务方面也会面向政府、金融同业、公司和个人设立相应部门。

这种部门划分方式可以有针对性地进行营销和服务，能满足目标顾客各种特殊而广泛的需求，但是只有当顾客达到一定规模时才比较经济。

7. 程序部门化

程序部门化也称流程部门化，是按照工作的程序或者生产流程划分组织的部门。如机械制造企业设立铸工车间、锻工车间、机加工车间、装配车间等部门，制衣厂会设立裁剪车间、制衣车间、后道车间等部门。程序部门化可以加强专业管理、简化员工培训，提高生产和服务质量。

组织进行部门划分时往往会根据自身的具体情况，将几种部门划分方式进行融合。例如基层部队会使用人数部门化，但是部队机关单位会有财务处等职能部门，这就是人数部门化与职能部门化的结合。而对一般的企业来说，按照职能部门化的方式划分出人事部、财务部、办公室，同时在生产部门内部又会按照生产流程或者产品分出小部门，销售部门则会根据区域或者顾客类型划分工作小组。

（三）层级设计

层级设计是组织结构设计的重要环节，而出现层级的主要原因是管理幅度的限制。管理者能够有效管理的人数是有限的，当超过这个限度时，管理的效率就会下降。因此，管理者要想有效地管理下属，就必须认真考虑究竟能直接管辖多少下属的问题，即管理幅度问题。一旦直接下属人数超过了管理幅度，就必须增加一个管理层级，通过委派工作给下一级管理者而减轻上层管理者的负担。这便使组织形成了有层次的结构。但管理者减少直接指挥下属工作的任务时，也增加了监督下一级管理者执行管理任务的工作负担。因此，增加管理层次节约出来的时间，一定要大于用于监督下级管理者的时间，这是衡量增加一个管理层次是否合理的重要标准。

在组织规模一定的情况下，管理幅度和组织层级成反比关系，如图6-1所示。管理幅度越长，组织层级就越少；管理幅度减小，组织层级就越多。如图6-1所示，如果基层工作人员有4096人，管理幅度为4时，组织层级为7，管理者总数为1365个；管理幅度为8时，组织层级只有5个，管理者总数只有585个。管理幅度和组织层级之间的这种反比关系使组织呈现出两种完全不同的组织结构形态，即扁平式结构和高耸式结构（或者锥形式结构）。

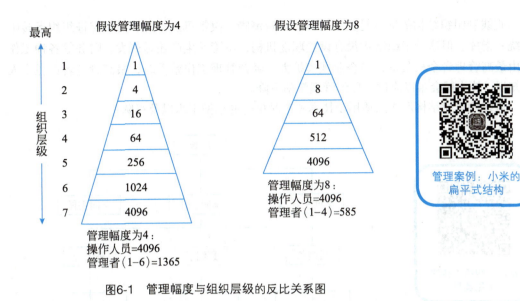

图6-1 管理幅度与组织层级的反比关系图

扁平式结构是指在一定的组织规模下，管理者的管理幅度较大、组织层级较少的一种组织结构形态。其优点是：组织层次少，信息传递速度快，可以使管理者快速发现信息反映的问题，并及时采取相应措施；组织层次少，信息传递过程中的失真程度也较小；管理幅度较大，管理者对下属不可能控制得过多，有利于下属积极性和主动性的发挥。但是，较大的管理幅度，也会带来一些问题：管理者不一定能够对每一位下属进行充分、有效的指导和监督；管理者从下属处获得的信息增多，增加了过滤信息的时间；组织中的管理岗位总数较少，管理者晋升的可能性小。

如图6-1所示，高耸式结构与扁平式结构正好相反，是管理幅度较小而组织层级较多的形态。其优点和局限性也与扁平式结构相反。其优点是：较小的管理幅度有利于管理者仔细研究从每个下属处得到的信息；管理者能够对每个下属的工作进行细致的指导；整个组织中的管理岗位较多，管理者有更多的晋升机会。其缺点是：组织层级过多，不仅会影响信息传递的速度，也容易发生信息的失真；过多的组织层级，容易造成控制和监督工作的复杂化。

在组织的发展中，选择高耸式结构还是扁平式结构要考虑企业的实际发展需要，伴随互联网技术的应用，各大企业组织结构的变革总体上是趋向扁平化的。2013年，梁建章回归携程并出任CEO，在内部开始实行扁平化管理；乔布斯重返苹果时，主抓的工作就是将组织架构打造成扁平化、小团队、直接沟通的海盗式模式，以便将关注焦点都集中在产品上；华为的北京研究所有上万名研发人员，但只有一位所长，既没有副所长，也没有助理，上海研究所与北京研究所一样，而杭州和苏州两个研究所共计1.5万人，也只配备了一个所长。这几个企业都是组织结构扁平化的代表。

四、组织结构的常见类型

（一）直线制组织结构

直线制组织结构是所有组织结构类型中最早出现，也最简单的一种。如图6-2所示，这种组织结构由最高管理者到基层工作人员，自上而下形成垂直的领导关系，不设职能机构，所有工作由最高管理人员全权负责。

直线制组织结构的优点是关系简单、职责清晰、决策迅速，并且可以保证组织运转中的统一指挥。但这种组织结构没有设置职能机构，不管是生产还是研发、财务等各种工作都由最高管理者全权负责，当企业规模扩大、经营管理工作繁重时，最高管理者仅凭个人的知识、能力就会难以应付，导致管理效率下降。

直线制组织结构形式只适用于技术和产品单一的小型组织以及军队。

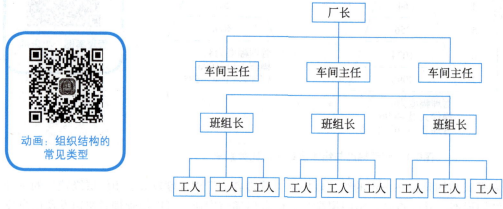

图6-2 直线制组织结构

（二）职能制组织结构

职能制组织结构最早由科学管理之父泰勒提出，并使用职能工长制的方式在米德维尔钢铁公司实施。如图6-3所示，与直线制组织结构相比，职能制组织结构设置了职能部门，并且职能部门在自己的业务范围内，有权向下一管理层次的部门下达命令和指示。

职能制组织结构的优点是管理中实行专业化分工，能更好地发挥职能管理人员的作用。但是在这种组织结构中，下级部门的负责人除了要服从上级主管的指挥，还要服从上级职能部门的指挥，容易造成多头领导，同时也不利于区分职能部门和直线主管的工作职责，致使管理混乱。

职能制组织结构一般只适用于产品类型不多、市场环境相对稳定的组织。

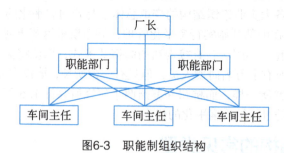

图6-3 职能制组织结构

（三）直线职能制组织结构

直线职能制组织结构将直线制和职能制组织结构的优点加以结合，如图6-4所示，它以直线指挥系统为主体，保留了职能部门，但取消了职能部门对下级主管部门的指挥权。

直线职能制组织结构的优点是既能保持集中领导、统一指挥，又能发挥各职能部门的作用，职责分明，工作效率较高，并且组织有较高的稳定性。其缺点是权力相对集中于高层，下级部门的主动性和积极性不易发挥，部门过多时，相互之间协调会比较困难，直线部门和职能部门之间容易出现矛盾。

直线职能制比较适合中小企业，是我国企业使用最多的一种组织结构类型。

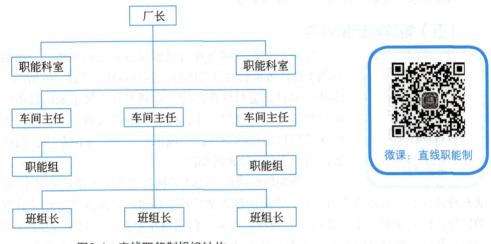

图6-4　直线职能制组织结构

（四）事业部制组织结构

20世纪20年代，美国通用汽车公司前副总经理斯通提出了事业部制组织结构。如图6-5所示，事业部制就是在总公司下面按产品、地区、业务范围划分相对独立的经营单位及事业部。每个事业部都有自己的研发、生产、销售、研究、人事及财务等部门，独立经营、独立核算、自负盈亏。公司总部则保留资金分配、重要人事任免权等重大决策权，并且负责制定战略目标和总体发展计划等。

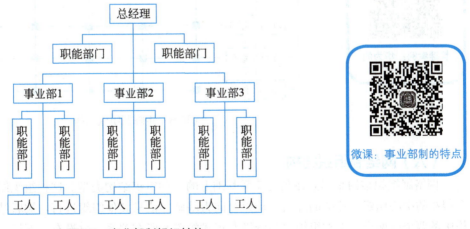

图6-5　事业部制组织结构

这种组织结构形式的优点是，集权和分权有效结合，有利于组织的最高管理者摆脱日常管理事务而专心致力于制定组织的战略决策和长期规划，有利于调动各事业部的积极性和主动性，有利于培养综合管理人才，也有利于公司对各事业部进行绩效考评。但事业部制组织结构采取放权的形式，因此各事业部要根据自身发展需要设置相应部门，这就会与总公司有一些重复设置的部门，导致管理费用较高。同时各事业部独立经营，相互之间协作较差。

事业部制组织结构主要适用于产品多样化的组织，也适用于所处地理位置分散的大型企业和技术水平复杂、市场多变的大型企业。

（五）矩阵制组织结构

管理案例：美的的事业部制

矩阵制组织结构是在直线职能组织结构基础上，增加为完成某项工作任务而暂时设置的横向领导系统，如图6-6所示。为了完成某一项目，组织从各部门中抽调专业人员组成项目小组，配备项目组长来领导他们工作，这些被抽调来的员工，在工作过程中要接受项目组长的指挥，但他依然属于原来的部门，项目任务完成以后，还是回原来的部门。

矩阵制组织结构采用临时抽调专业人士组成项目小组的方式，能充分发挥专门人才的作用，有利于解决较难的生产、技术、产品开发及经营管理等方面的问题，同时也加强了各部门之间的横向联系。但项目小组是因项目而产生的临时组织，成员容易产生临时性的观点，工作欠缺主动性，而且项目小组成员接受双重领导，当项目组长与自己原本的部门管理者意见相左时，项目小组成员会无所适从。

矩阵制组织结构一般适用于重大攻关项目，组织可以利用矩阵制完成涉及面广又复杂的临时性重大任务，如管理改革、重要工程项目或者科学研究项目等。

管理案例：华为的矩阵制组织结构

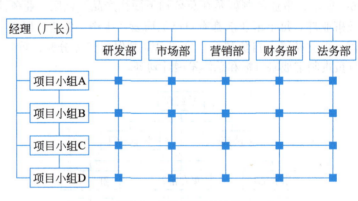

图6-6　矩阵制组织结构

（六）网络制组织结构

网络制组织结构是建立在契约关系基础上的一种组织结构类型。这种组织结构只有一个很小的中心组织，业务的经营活动以合同为基础并依靠其他组织进行。被联结在这一结构中的两个或两个以上的组织之间既没有正式的资本所有关系，也没有上下级关系，只是组织将其经营的主要职能外包出去而形成的一种网络结构。网络制组织结构的核心是一个小规模的经理小组，他们的工作是直接监督公司内部开展的各项活动，并协调同生产、销售及执行其他重要职能的外部机构之间的关系。图6-7中的虚线代表的是合同关系。

网络制组织结构的优点是：组织的大部分职能从外部"购买"，降低了管理成本，提高了管理效益；通过契约与其他组织建立合作关系，使组织本身对外部环境具有较强的适应能力。同时网络制组织结构也存在缺点：对信息技术手段依赖较大；对通过契约建立起联系的其他组织缺乏有效控制，一旦其他组织出现提价、交货延迟等问题，组织将陷入非常被动的境地。

网络制组织结构比较适合于生产玩具、电子产品、服装等的跨国企业，旅行社和外贸公司因其经营上对外部组织依赖性强的特点，也会选择网络制组织结构。

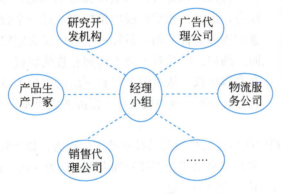

图6-7　网络制组织结构

五、组织的权力分配

（一）集权与分权

如果在组织中，高层管理者负责制定所有的决策，较低层次的管理人员只需要执行高层管理者的指示，这就是高度集权式的组织。反之，如果组织把决策权全部下放到基层管理人员手中，则属于高度分权式的组织。这是两种比较极端的权力分配方式，一般在现实中组织的权利分配会趋向于集权或者分权，而不会是完全的集权与分权。衡量一个组织的集权或分权的程度，主要有以下几项标准。

1. 决策的数量

组织中较低层次的管理者做出的决策数量越多，组织分权的程度越高。反之，则组织集权的程度越高。

2. 决策的范围

组织中较低层次的管理者做决策的范围越广，涉及的职能越多，组织的分权程度越高。反之，则集权程度越高。

3. 决策的重要性

组织中较低层次的管理者做出的决策越重要，影响面越广，则分权的程度越高。反之，则集权程度越高。

4. 对决策控制的程度

组织中较低层次的管理者做出的决策，上级要求审核的程度越低，组织分权的程度就越高。如果下级做出决策之后必须立即向上级报告，组织分权的程度就小一些；如果必须请示上级之后

管理思想：汉武帝集权

才能做出决策，组织分权的程度就更小。如果上级对下级的决策不需要审核，组织的分权程度是最大的。下级在作决策时需要请示的人越少，组织的分权程度就越大。

（二）职权的类型

组织中各层级的权力来自其职位，因此又称为职权。职权分为直线职权、参谋职权和职能职权三种类型。

动画：职权

1. 直线职权

直线职权是直线人员所拥有的包括发布命令及执行决策等的权力，也就是通常所说的指挥权。每一个管理层的主管人员都能够指挥和监督下属，但每一个管理层次职权的大小及范围各有不同。例如，厂长对车间主任拥有直线职权，车间主任对班组长拥有直线职权。从组织上层到下层的主管人员之间，便形成了一条权力线，这条权力线被称为指挥链或指挥系统。

2. 参谋职权

参谋职权是指组织中的参谋人员拥有的某些特定的权力，如为管理者提供咨询、建议等。随着组织规模扩大、管理事务增多，直线管理者需要设置一些参谋岗位来辅佐其工作，以弥补直线管理者能力、精力方面的不足。

3. 职能职权

直线管理者除了听取参谋的建议之外，必要时还可以将自己手中的部分直线职权授予其他个人或职能部门，被授权者可以是管理者直接管理的下属，也可以是自己管辖之外的部门。

这三种职权不应该按部门或从事的工作来划分，而应按照权力关系来理解。对下属的指挥和命令权就是直线职权，比如某部门负责人给下属安排工作；向他人提供咨询或建议就是参谋职权，在一定的职能范围内对其他部门或人员的直接指挥权就属于职能职权。

（三）分权

> **管理故事：子贱放权**
>
> 孔子的学生子贱奉命担任某地方的官吏。当他到任以后，却时常弹琴自娱，不管政事，可是他所管辖的地方却井井有条，民兴业旺。这使那位卸任的官吏百思不得其解，因为他每天即使起早贪黑，也没有把地方治理好。于是他请教子贱："为什么你能治理得这么好？"
>
> 子贱回答说："你只靠自己的力量去治理，所以十分辛苦；而我却是借助别人的力量来完成任务。"
>
> 资料来源：佚名.管理故事：子贱放权.[EB/OL].http://blog.sina.com.cn/s/blog_13233f98c0102vx1v.html.（2015–08–18）[2021–11–26].

组织中的分权有两种途径，一种是制度分权，一种是授权。制度分权是指在组织设计时，考虑到组织规模和组织活动的特征，在岗位设计和部门设计的基础上根据各管理岗位工作任务的要求，规定必要的职责和权限。制度分权是伴随组织结构的设计而产生的，相对稳定，在组织结构重新调整时才会发生变化。然而，在具体工作中，管理者由于自身时间和精力的限度，往往无法亲自监控所有工作，因此会将一部分权力授予下级，要求他负责一部分工作，这就形成了授权。

制度分权与组织结构设计密切相关，是组织高层管理者的职责，而授权是所有层次的管理者都应该掌握的一门艺术。充分合理的授权对组织的发展有很多好处：能使管理者们从日常的管理事务中解脱出来，从而把更多的时间和精力放到重大问题的处理上；可以提高下属的工作积极性、主动性；充分发挥下属的特长，弥补管理者自身能力的不足；有利于提高下属的工作能力，培养后备人才。

管理实践：根据所学知识修订模拟企业组织结构

- 任务目标
  （1）培养学生利用组织职能的知识设计组织结构的能力。
  （2）培养学生的人际沟通能力。
  （3）培养学生的团队协作能力。
- 任务要求
  （1）小组内部讨论模拟企业组织结构的类型。
  （2）小组内部讨论模拟企业组织结构的合理性。
  （3）组长组织成员根据所学知识对原有的组织结构进行修改。
  （4）各组派代表介绍模拟企业组织结构修改的结果。

案例分析

嘉岚公司的问题

嘉岚公司成立已经有6年了，公司由初创时的几个人发展到今天的1200余人，业务范围也由单一的房地产拓展到房地产、餐饮、娱乐、百货零售等多个领域。

自公司创立以来，林岚一直担任总经理，他在成功的喜悦与憧憬中，也有一些担忧。公司当前面临着诸多新问题，在公司高层会议上，林岚将这些问题提了出来，并询问几位高层的意见。

主管公司运营的徐副总经理认为："公司的成长有目共睹，但问题也是客观存在的。主要体现在，组织层级过多以及部门过多导致的沟通和协调困难，现有的直线职能制组织结构已经不适应我们公司的发展了。事业部制应该是嘉岚公司未来组织设计的方向。采用事业部制组织形式，将权力适当下放能够调动各事业部负责人的积极性与主动性，降低层层请示带来的效率低下和部门激增导致的协调困难，同时可以让总公司的领导班子专心致力于制定组织的战略决策和长期规划。"

而主管财务姜副总经理则说:"目前我们公司的发展遇到了一些困难,这是正常的,也是难免的。走出困境的关键是加强内部管理,尤其是财务管理。现在公司的财务管理比较混乱,各分公司都有自己的账户,资金管理分散,很容易出现问题。因此我们首先要做的就是在财务管理上集权,这样才有利于公司通盘考虑,有效使用手头的资金。"

根据案例回答下列问题。
1. 根据案例内容,你认为该公司目前面临的主要问题是发展问题、财务问题,还是组织问题?
2. 你认为事业部制组织形式是否适合该公司?为什么?

课后测验

一、单项选择题

1. 组织中管理者的管理幅度,是指其(　　)。
   A. 所管理的部门数量　　　　　　　　B. 直接管理的下属数量
   C. 所管理的全部下属数量　　　　　　D. A 和 C
2. 影响有效管理幅度的因素不包括(　　)。
   A. 管理者和被管理者的工作内容与性质　　B. 管理者和被管理者的工作能力
   C. 管理者和被管理者工作条件　　　　　　D. 管理者和被管理者工作报酬
3. 下列选项中,管理幅度可以大一些的是(　　)。
   A. 管理者所处的管理层次较高
   B. 管理者的综合能力、理解能力、表达能力较弱
   C. 计划制定的详尽周到
   D. 下属的工作地点在地理上比较分散
4. 和乐公司在成立之初,根据业务活动的相似性设立了生产、营销、财务等管理部门。近年来,随着公司的发展壮大,产品由原来的单一品种发展成五个品种,它们的制造工艺和用户特点都有很大不同,因此各部门负责人都感觉到管理起来困难重重。在这种情况下,和乐公司应当(　　)进行组织结构调整。
   A. 按人数划分部门　　　　　　　　　B. 按职能标准划分部门
   C. 按产品划分部门　　　　　　　　　D. 按地区划分部门
5. 金陵发展公司以物业经营为主要业务。目前有写字楼租户 216 家,公寓租户 392 家,商场租户 96 家。公司在总经理下设有物业部、市场部、财务部、人事部、公关部、业务发展部等部门。物业部内部则设置了写字楼管理组、公寓管理组、商场管理组等下级部门。其整个公司和物业部内部分别采取了(　　)部门划分的方式。
   A. 均为职能部门化　　　　　　　　　B. 均为顾客部门化
   C. 职能部门化和顾客部门化　　　　　D. 顾客部门化和职能部门化
6. 某车间主任抱怨自己的工作不能顺利进行,总是受到各方面的牵制,据此可以推测该企

业的组织结构可能是（　　）。

   A. 直线制　　　　　B. 职能制　　　　　C. 直线职能制　　　D. 事业部制

7. 我国企业使用最多的组织结构是（　　）。

   A. 直线制　　　　　B. 职能制　　　　　C. 直线职能制

   D. 事业部制　　　　E. 矩阵制

8. 作为企业的 CEO，李林在近几个月里一直都在寻找时间来思考公司的长远发展问题。这个星期他加班加点把手里的一些琐事都处理完了，从今天开始他准备不受干扰地集中考虑重大问题。一大早他就坐在办公室考虑这个问题。但上班时间一到，每隔二十分钟左右就有人进来找他请示或者签字，直接打断了李林的思考。你认为出现这种情况的原因最可能是（　　）。

   A. 今天企业中出现了紧急情况　　　　B. 企业中的其他管理者责任心不强

   C. 李林可能比较集权　　　　　　　　D. 企业中没有良好的计划

二、判断题

1. 与基层管理者相比，高层管理者的管理幅度更小。　　　　　　　　　　（　　）
2. 设计组织结构不需要划分部门。　　　　　　　　　　　　　　　　　　（　　）
3. 企业按照早中晚班的编制进行生产属于时间部门化。　　　　　　　　　（　　）
4. 把同一性质的工作都置于同一个部门属于产品部门化。　　　　　　　　（　　）
5. 直线制组织结构只有在组织规模不大、成员不多、生产或作业和管理工作比较简单的情况下才适用。　　　　　　　　　　　　　　　　　　　　　　　　　　（　　）

三、名词解释

1. 组织
2. 管理幅度

四、简答题

1. 组织设计需要遵循哪些原则？
2. 组织结构常见的类型有哪些？
3. 组织中的职权有哪几种？

第七章

人员配备

课前案例

阿里巴巴集团的人员配备

阿里巴巴集团于1999年在浙江杭州创立,2014年在美国成功上市,创造了纳斯达克历史上最大的IPO,市值超2500亿美金。如今的阿里巴巴,已经成为互联网电商的龙头企业。从成立之初,阿里巴巴的人才管理就具有很多创新的特征。

在人员招聘方面,阿里巴巴的招聘体系超出了工作岗位本身的任务要求,以企业经营战略为中心,结合企业的短、中、长期经济发展目标来开展招聘工作,建立起层次丰富的招聘渠道和灵活多变的招聘方法。阿里巴巴除了注重传统的技能考核,还通过多种方式来考查应聘者的分析创造能力、组织能力和人际交往能力等隐性能力。价值观也是重要的考核内容,要求对阿里巴巴的文化和价值观有认同感,践行能力在长期的工作中和企业实现共同成长。应届生招聘充分体现了这点,一般来说,应届生的工作经验少,甚至零工作经验,但是可塑性强,更容易融入企业文化。

在人员培训方面,阿里巴巴实行的是全员培训,上至领导管理层,下至新员工均需参加企业培训,培训内容是根据培训人员所处的岗位进行分模板培训,包括新员工入职培训、在岗培训和管理技能培训。新员工入职培训主要进行的是企业文化和企业组织架构等介绍;在岗培训主要分为专业技能培训和通用技能培训;管理技能培训,主要根据管理人员在工作中的项目进行不同课程的设计,对于管理人员的培训阿里巴巴甚至成立自己的湖畔学院,实行严格的课程教学。

在人员考核方面，绩效和价值观或者说企业文化是阿里巴巴绩效管理的两大维度。阿里巴巴将员工的价值观分成六个维度，每个维度再细分为具体的行为准则，每一项都需要进行打分，价值观的考核结果和员工工资、奖金、晋升相挂钩，一个业绩突出而不符合阿里价值观要求的员工会被坚决"清除"。为了避免考核的形式化、主观化和不公平等因素，员工的自我评价和上司对员工的评价都需要有实际的案例或者证据做支持，而不能自顾自说。对于上司评价，员工可以查看，对上司评价有质疑或其他工作问题可以通过邮箱、总裁热线等方式进行反馈沟通。此外，阿里巴巴还对员工开放高层圆桌会议，员工可以在会议上直接向高层提出问题。

资料来源：吴小文，初凤荣. 阿里巴巴人力资源管理创新研究[J]. 商场现代化，2019（7）：105–106.

问题思考

1. 结合阿里巴巴集团的经验，请分析人员配备对组织发展的重要意义。
2. 人员配备应遵循哪些原则和程序？请查阅资料了解阿里巴巴集团的做法。

第一节　人员配备概述

人是组织中最具活力、最重要的一种资源，有效进行人员配备，做到人尽其用，才能使组织更有效地开展活动。人员配备是现代组织进行人才建设的基础，关系到组织的长远发展。随着全球化、信息化趋势的不断增强以及国内外市场竞争的日益加剧，人员配备工作在现代组织中占有越来越重要的地位。

管理故事：齐威王视人才为国宝

公元前355年，魏惠王和齐威王一起去郊外打猎。魏惠王故意询问齐威王说："齐国有珍宝吗？"齐威王如实回答说："我们齐国没有。"

魏惠王得意地向齐威王炫耀说："我们魏国虽然小，但是我至少还有十颗一寸那么大的夜明珠，发出的光可以照亮12辆车。像你们齐国这么大的国家，难道就没有什么稀世珍宝吗？"

齐威王平静地回答说："我所看中的珍宝和你喜欢的完全不一样。我有个大臣，名字叫檀子。我派檀子去镇守南城，楚国人不敢入侵齐国。泗水流域的12个诸侯国都主动跟我们齐国结盟。我还有一个臣子叫盼子，我派盼子去镇守高唐，赵国人不敢去黄河捕鱼。我又有一位大臣，名叫黔夫，派他去镇守边陲徐州，吓得燕国人在北门祭祀祈祷，越国人在西门祭祀祈祷，恳求神灵保佑他们，最后有七千余家百姓恳求归顺齐国。我还有一个大臣，名字叫种首，我派种首负责管理治安、防御盗贼，于是，整个齐国道不拾遗，夜不闭户。我的这几位大臣足以照耀千里。难道还比不上你的那十颗夜明珠吗？"魏惠王听了以后，感觉特别惭愧，说不出话来。

人才是企业之本，人才能够不断地开发和挖掘企业内在潜力，形成灵活的机制，适应不断变化的外部情况，更好地发挥企业的优势。

资料来源：寒松722. 自讨没趣. [EB/OL]. https://baijiahao.baidu.com/s?id=16621410592367 42333&wfr=spider&for=pc.（2020-03-25）[2022-05-10]。

一、人员配备的任务

人员配备是指为了实现组织的目标，进行人员选聘、录用、培训、考核等的过程。人员配备的主要任务是通过分析人与事的特点，谋求人与事的最佳组合，将合适的人安排在合适的岗位上。这不仅需要考虑组织需要，还需要考虑员工的个人需要。

（一）满足组织的需要

1. 为组织各项工作配备合适的人

从组织的角度看，组织各部门是在任务分工基础上设置的，因而不同的部门和岗位有不同的任务和不同的工作性质，要求具有不同的知识结构和水平、不同的能力结构和水平的人与之相匹配。人员配备的首要任务就是根据岗位工作需要，经过遴选或培训组织所需的各类人员，实现人员与工作任务的协调匹配，使各职务应承担的职责得到充分履行，以保障完成组织各项工作，有效地实现组织目标。

2. 为组织的发展培养和储备人才

组织是一个动态系统，同时组织处在动态变化的环境当中，组织的目标、工作任务需要根据环境变化进行调整。因此，组织对人才的需要也在不断变化当中。在为组织当前机构和岗位配备人员时，还要考虑组织可能发生的变化，为将来的组织培养、储备人才。

3. 为组织的发展留住人才

适当的人员流动有助于为组织输入新鲜血液，提升组织运行活力。但员工离职率高、组织人才队伍不稳定，特别是优秀人才的外流，不仅浪费了组织选聘、培训等人员配备过程中付出的人力、物力和财力资源，也会影响组织运行效率，破坏组织的人事发展计划。因此，要通过人员配备留住人才，维持成员对组织的忠诚度。

（二）满足员工个人的需要

1. 个人能力得到充分施展

人员配备要考虑员工的个人特点、爱好和需要，为每个人安排适当的工作，使员工的个人能力得到充分施展。"大材小用"会使员工感觉不能在组织中充分发挥个人能力，降低其满意度和成就感。

📖 **管理故事：庞统当知县**

庞统被孙权拒绝后投奔刘备，后又被刘备打发到耒阳县做县令。到任后，庞统不理政事，整天饮酒作乐。有人报告刘备说庞统尽废耒阳县事，刘备十分恼火，命令张飞和孙乾去巡视。

张飞与孙乾来到耒阳，军民官吏都出城迎接，唯独不见县令。同僚告诉张飞："庞县令自到任至今，将百余日，县中之事，并不理问。每日饮酒，自旦及夜，只在醉乡。今日宿酒未醒，犹卧不起。"

张飞大怒，要把庞统抓来。孙乾劝道："庞士元乃高明之人，未可轻忽。且到县衙问之，如果于理不当，治罪未晚。"

张飞、孙乾来到县衙，在正厅坐定，命人叫县令来见。庞统衣冠不整，扶醉而出。张飞一见，更加恼怒："吾兄以汝为人，令作县宰，汝焉敢尽废县事？"庞统毫不在意，笑着说："将军以吾废了县中何事？"张飞说："汝到任百余日，终日在醉乡，安得不废政事？"庞统答道："量百里小县，些小公事，何难决断？将军少坐，待我发落。"随即唤公吏，将百余日所积公务，都取来剖断。县吏抱来案卷，招来所有原告、被告。庞统手中批判，口中发落，耳中听词，曲直分明，并无分毫差错，民皆叩首拜伏。不到半天，就把公务一一处理完毕。庞统把笔扔在地上，对张飞说："所废之事何在？曹操、孙权，吾观之如掌上观文，量此小县，何足介意！"张飞大惊，下席称谢说："先生大才，小子失敬。吾当于兄长处极力举荐。"庞统这才拿出鲁肃的推荐信。

张飞回到荆州，见了刘备，陈说庞统之才，又拿出鲁肃的举荐信，刘备大惊说："屈待大贤，吾之过也！"正值诸葛亮外巡归来，诸葛亮极力称赞庞统的才干，并提到自己曾写过一封推荐庞统的书信。刘备随即派张飞去耒阳敬请庞统。庞统到荆州后，方才取出诸葛亮的推荐信，刘备拜庞统为副军师中郎将。

在现代管理中，选人用人的一个重要原则，就是能级、能质与岗位要求对应。所谓能级是指人才能力的高低层次，能质是指人才能力的不同素质类型。能级、能质与岗位要求相对应的原则，就是根据不同人才系统对人才能级、能质的要求，选用具有相应能级、能质的人才，保持系统的有机协调和动态对应，实现因事择人、量才任用。

资料来源：鲁智.跟《三国演义》学做CEO[M].北京：台海出版社，2013.

2. 得到正确评价和公平对待

在组织中是否得到正确的评价和公平对待，将影响员工的工作积极性、主动性以及对组织的忠诚度。因此，人员配备的任务之一是建立健全考核评价体系，对员工作出正确的评价，并在薪酬、职位晋升等方面有所体现。

📖 管理故事：诸葛亮的失误

魏延有勇有谋，屡建奇功，是一个百里挑一的将才。魏延其人有正气、有豪气，他服智不服愚，服正不服邪。然而，在对待魏延这样一员重要将领时，诸葛亮却有诸多不公正之处。

魏延率众救黄忠，杀韩玄，献长沙，孔明以"有反骨"为由喝令刀斧手推下斩之，连刘备都惊问:"魏延乃有功无罪之人,军师何故欲杀之?"魏国大将郝昭守陈仓,魏延攻之连日不能破,孔明大怒,欲斩魏延,实为过分。此后,诸葛亮亲自率兵,昼夜相攻20余日也无计可破。

尽管魏延忠心耿耿地为蜀国效力卖命,但诸葛亮始终对他不信任。为证明自己的判断是正确的,诸葛亮多次以不公正的手段对待魏延,不纳其计,不用其能,不信其忠,处处设防,事事压制。

诸葛亮死后,兵权应该交给谁?按常理,魏延资格最老、功劳最大、官位最高,已至征西大将军、南郑侯,也最有能力统帅蜀军攻魏,讨魏成功。但没有想到,诸葛亮竟将兵权交给能力比魏延差的杨仪。

公正是每个人的自然要求。社会越发展,人的素质越提高,人们对公正的要求也越严格,越懂得公正、平等地对待每个人的重要性。企业在用人时也是如此,领导者务必要保持公正之心,才能上行下效。

资料来源:鲁智.跟《三国演义》学做CEO[M].北京:台海出版社,2013.

3.实现全面自由发展

通过人员配备,要充分挖掘组织成员的内在潜力,使每个员工的知识不断增加,能力不断发展,素质不断提高。在组织中具有发展空间和工作前景,能够全面自由发展。

二、人员配备的原则

(一)因事择人

人员选聘应以职位的空缺和实际工作的需要为出发点,以职位对人员的实际要求为标准选拔、录用人员。要使工作卓有成效地完成,就要求在保证工作效率的前提下安排和设置职位,同时要求在此职位上的人具备相应的知识和工作能力。

微课:人员配备的原则

管理故事:他们都是出类拔萃的人

(二)因材器使

人的差异是客观存在的,一个人只有处在最能发挥其才能的岗位上,才能干得最好。因此,要根据员工的能力和素质的不同,安排合适的岗位,使员工的工作热情和能力得到最大限度的激发,发挥长处,避免短处。学非所用、大材小用或小材大用,都会严重影响组织效率。

(三)动态平衡

处在动态环境中的组织是不断变革和发展的。组织的各项工作职责和对其员工的要求也是在不断变化的。在变化中,在某岗位上工作的人,可能变得不再适合这个工作岗位的要求,或其能力和知识已远远超出该岗位的要求。因此,有必要重新进行工作分析与人才测评,对职位责任、职位要求及现有人员的知识、能力等进行重新定位,使能力强的人去从事组织中更重要的工作，同时使能力不足、不符合职位需要的人得到识别及合理的调整，最终实现人员与职位、工作的动态平衡。

三、人员配备的程序

（一）制订人员配备计划

制订人员配备计划是为了实现组织目标，运用科学的方法，通过对组织计划及战略的分析，预测、比较和确定组织人力供需缺口，并筹划行动以填充缺口的一系列活动和过程。这一过程包括：评估现有的人力资源；评估未来所需的人力资源；制定一套相适应的方案，以确保未来人力供需的匹配。

（二）工作分析

工作分析是指研究组织内每一个职位包括的具体工作内容和职责，对其进行全面系统的描述和记载，并指明担任这一职位工作的人员必须具备的知识和能力的活动。通过工作分析可以全面了解组织内各类工作的特征和需求，从而进行职位设计，确定每个职位的具体任务、职责和规范，以达到完成工作的需要，即解决"某一职位应该做什么"和"什么样的人来做最适合"的问题。通过工作分析可以界定某一职位工作与其他职位工作的差异，工作分析得到的相关信息往往被用来制作职位说明书，职位说明书具有明确工作职责与权限、工作目标、工作特点、任职人员资格等作用，并能为人员选聘、培训、考核和薪酬管理等提供依据。

动画：工作分析的含义

管理工具：职位说明书

（三）选聘与录用

工作分析确定了组织需要具备哪些素质的人以及需要的数量。下一步则需要通过选聘录用来填补空缺职位。为了保证担任职位的人员具备职位所要求的知识和技能，必须采取科学的测试、评估和选聘方法，对来自组织内部和外部的候选人进行筛选，录用最合适的人。

（四）培训与发展

培训是指为了实现组织和员工个人的发展目标，有计划地对员工进行辅导和训练，使之认同组织文化、获得相应知识和技能以适应岗位要求的活动。组织处于不断的发展过程中，对于组织在发展中所产生的人力资源需求，除了以招聘方式从外部吸引合适人员加以补充外，更主要的是通过开发组织现有的人力资源来加以满足。培训是组织开发现有的人力资源、提高员工的素质和同化外来人员的基本途径。同时，为员工提供学习机会，使其看到在组织中的发展前景，也是组织维持员工忠诚度的一个重要途径。因此，培训的最终目的既是适应组织发展的需要，也是实现员工个人的充分发展，从而始终保持人与事的动态最佳组合。

（五）考核评价

考核评价是指针对组织中每个员工所承担的工作，按照一定的方法及程序对员工行为的实际效果及其对组织的贡献或价值进行考核和评价。考核评价能够提升员工的工作意愿和工作态度，为员工改进工作提供指导，同时为培训、奖惩和人事调整提供客观依据。

第二节　人员的选聘与录用

人员选聘与录用工作非常重要，是组织获取合格人才的渠道。选聘和录用是组织根据人员配备计划和工作分析确定的所需人才数量与质量要求，寻求、吸引有能力又有兴趣到组织任职的人员，经过科学甄选，对合适人员予以录用，并安排他们到组织所需职位工作的过程。人员选聘与录用应当从组织的需要出发，服从于组织目标和总体规划。通常影响组织招聘的内部因素主要有：组织发展规模、现有人力资源情况及未来所需的人力资源情况。影响组织招聘的外部因素主要有：国家政策、法律法规、社会文化、技术及行业发展状况、劳动力市场状况等。

一、人员选聘的渠道

招聘渠道主要包括组织内部选聘和组织外部招聘两种。

（一）内部选聘

1. 内部选聘方式

大多数组织在需要人力资源时通常先在内部选聘，即通过对组织内成员职位调动、晋升和内部公开选聘等方式，选聘组织发展需要的人员。具体来源如下。

（1）调动或晋升。即根据考核评价记录，同事、领导等相关人员意见或群众评议的结论，决定直接将某人调到或提升到所需招聘人才的职位。

（2）内部公开选聘。即在组织内对空缺的工作职位进行公告，吸引组织中现有员工去向招募工作人员提出申请，参加选聘。内部公开选聘时间应先于对外招聘时间，告示内容应详细说明职位对员工的任职要求，公开说明作出任用决定所遵循的规则和标准。

2. 内部选聘的优缺点

（1）优点。内部选聘有助于激励员工更好地工作，培养组织成员的忠诚度。通过内部选聘，组织比较容易对应聘人员进行全面了解和评估，从而选聘到适合职位的人员。此外，通过内部选聘的人员熟悉工作环境，可以迅速适应新的工作岗位，所需要的培训较之外部人员少，能节约部分培训费用，省时、省力、省资金，有利于实现人与事的更好结合，促进组织和员工共同发展。

（2）缺点。内部选聘不利于组织创新和引入新思想，容易导致组织运行思想保守、墨守成规。此外，组织内部选聘可能会导致人际矛盾加剧，人际关系复杂，产生不公正现象和庇护关系。

（二）外部招聘

1. 外部招聘方式

外部招聘是指管理者通过对组织人事资料的检索，查明和确认在职人员中确实无人能够胜任和填补职位空缺时，从组织外部招聘需要的人员。具体来源如下：

（1）内部人员介绍推荐。即组织内部成员通过自身的人脉网络传播招聘信息，推荐和介绍职位申请人到组织中来。通过这种渠道引进的人员相对可靠、稳定。由于内部介绍人对职位申请者比较了解，因而能结合组织拟聘职位所需要的知识、能力进行推荐。同时，受聘者与介绍人联系较密切，能从介绍人那里得到更多有关组织的信息，从而较快地适应组织环境和应聘的岗位。

（2）劳务中介机构推荐。即通过委托专门的人力资源提供机构进行招聘。我国劳务中介机构的形式有临时劳务中介机构、固定劳动力介绍机构、各类各级人才交流中心和专门从事提供高级管理人员的猎头公司等。这些机构对人员的提供有所侧重，有些主要向社会提供熟练工人和技术工人，有些向社会提供管理人员、高级专家和留学回国人员，有些则专门帮助组织发掘高级行政主管。这种招聘方式可以实现以较低的费用快速找到所需人员，是组织从外部招聘人员的重要途径。

管理工具：猎头公司

（3）广告招募。即通过组织利用广播、电视、报纸、杂志、互联网和海报张贴等多种途径向社会公开宣布选聘计划，择优录取合格人员的选聘方式。其中网上招聘已成为较为主流的招聘方式，组织通过互联网发布有关招聘信息，职位申请者可以通过网络寻找到适合自己的工作岗位，这种招聘方式具有信息传递快、传播面广的特点。广告招募可能吸引大量应聘人员，筛选工作量大，所以不适合急于填补某一关键职位人员选聘需要的情况。

管理工具：广告设计的 AIDA 原则

（4）校园招聘。这是组织从外部获取人力资源，尤其是新生人力资源的主要来源。学生在校期间通过系统学习，基本掌握了组织经营管理的基础知识，并初步具备了组织服务与管理的技能，他们年轻富有朝气，能给组织带来新鲜血液。但通常应届毕业生比较缺乏实践经验，因而往往需要进行岗前培训才能正式上岗。

2. 外部招聘的优缺点

（1）优点。一是能给组织带来新观念、新思想、新技术和新方法；二是外来者与组织成员之间无裙带关系，能较客观地评价组织工作，洞察存在的问题；三是组织能直接聘用满足职位需要的人，花费的成本通常低于培训一个内部成员使其符合职位要求而付出的成本；四是外聘人员使用较灵活，组织可根据组织活动情况与外聘者签订短期或临时的工作合同。

（2）缺点。一是有可能挫伤内部成员的工作积极性，外聘就意味着内部成员内聘机会的减少；二是外聘者需要较长时间来调整适应组织环境和工作；三是管理职务上的外聘者可能照搬老经验来管理新组织，而忽视调整自身来适应该组织，达不到经验与组织发展的有机结合。

管理故事：雄鸡与鸿雁

有个叫田饶的人，在鲁哀公身边做事已经好几年了，但田饶的才智得不到施展，他决意离开鲁哀公到别国去。临行前他对鲁哀公说："我打算离开您，像鸿雁那样远走高飞。"

鲁哀公不明白田饶的意思，问道："你在这里不是很好吗？为什么要走呢？"田饶说："大王您经常见到雄鸡吧！您看它头上戴着大红的鸡冠，非常文雅；它双脚长有锋利的爪子，十分英武；它面对敌人时毫不畏惧敢斗敢拼，格外勇敢；它看见食物时总是'咯咯'叫着招呼同伴们一起享用，特别仁义；它还忠于职守，早起报时从不误事，极其守信。尽管雄鸡有这么多长处，可是大王还是漫不经心地吩咐把它煮了吃掉。这是什么原因呢？因为雄鸡经常在您身边，您每天见惯了它，习以为常，它的光彩在大王眼里黯然失色，大王感觉不到它的那些杰出的优点与才能。而鸿雁，从千里之外飞来，落在大王的水池边，它啄食大王池中的鱼鳖，落在大王的田园里，毁坏大王的庄稼。鸿雁尽管没有雄鸡的那些长处，可是大王依然很器重鸿雁。这又是为什么呢？因为鸿雁来自遥远的地方，大王对它怀有一种神秘感，它的一切作为，大王都认为是非常伟大的。所以，请大王让我也像鸿雁一样远走高飞吧。"

鲁哀公说："请你别走，我愿意把你说的这些话都记下来。"田饶说："您认为我平淡无奇，并不觉得留下我有什么大用处，即使写下我的话，也没有什么作用。"于是田饶离开鲁国前往燕国去了。

燕王让田饶做了相国，田饶从此有了机会施展自己治国安邦的本领。三年以后，田饶把燕国治理得井井有条，国内富足安定，边境平安没有盗贼。田饶名声大振，燕王十分得意。

鲁哀公知道了这些情况后，万分感叹地说："以前由于不能知人善任，才使田饶离我而去，以至于造成了今天的悔恨。真希望田饶能再回到我身边，可是，我知道已经很难了。"

生活中也有很多这样的例子，人们往往对自己身边的优秀人才视而不见，只是一味好高骛远，崇拜引进的人才，认为他们才有真才实学。管理者应该善于发现身边的人才，知人善任，不要舍近求远，失去本来就在身边的人才。

资料来源：杨保军.读历史故事，学管理法则：历史故事中的管理法则[M].广州：广东经济出版社，2013.

由于内部选聘和外部招聘各有优缺点，所以大多数组织都实行内、外部招募并举。如果一个组织的外部环境和竞争情况变化非常迅速，它就既需要开发利用内部人力资源，又必须侧重利用外部人力资源。而对那些外部环境变化缓慢的组织来说，从内部进行提拔往往更为有利。

二、人员选聘的流程

（一）制订选聘计划

制订选聘计划阶段的主要工作是根据组织人员配备计划制定

动画：人员选聘的流程

具体的人员选聘计划，根据职位人员增补需求确定选聘数量和重要程度，进而拟订方案，确定选聘方式、区域、范围、标准和时间等。这一工作应由组织的人力资源部门具体安排并进行统一规划，用人部门也需配合，以保障招到适合业务岗位需要的人。

（二）发布选聘信息

发布选聘信息阶段主要工作是通过各种媒介发布招聘广告，使求职者获得组织招聘的信息。发布招聘信息要根据招聘对象选择合适的渠道，同时招聘信息对组织也能起到一定的宣传作用。因此，组织应选择有利于树立组织良好形象、影响力大而费用在组织承受力之内的宣传媒介。

（三）资格审查

资格审查是对应聘者是否符合基本要求的一种审查，它是人力资源部门通过审阅应聘者的个人资料和应聘申请书进行的。主要审查内容包括：一是判断应聘者是否符合所招聘岗位的基本任职条件；二是通过分析和调查，确定应聘者所提供的个人信息是否真实。通过资格审查，组织可以对应聘者的教育背景、工作偏好、工作经验等有一个初步的了解，并进行初选。对于不符合要求的应聘者，在此阶段就可以筛选掉，而符合要求者进入测试和甄选环节。

（四）测试和甄选

测试和甄选阶段的主要工作是运用系统科学的方法，对应聘者综合素质加以公正客观的评价，为从所有候选人中挑选出最合适的人选奠定基础。测试甄选的方法通常包括笔试、面试、心理测试和体检等。

1. 笔试

笔试是对应聘者的基本知识、专业知识、管理知识以及综合分析能力、文字表达能力的一种测试。笔试是使用频率较高的一种人才甄选方法，要根据工作分析得出的有关职位工作人员所需要的知识结构，设计出具体的测试内容、范围、题型、题量等。它对衡量求职者的知识、技能等具有一定的效度和信度，但不能考查求职者的全面素质，因此常被作为初步筛选的方法。

2. 面试

面试是指考官通过对应聘者的观察、对话、提问等方式，了解应聘者的素质、能力与求职动机的一种选拔技术，是组织甄选人员常用的方法。根据面试的结构化程度，面试可以分为结构化面试、非结构化面试和半结构化面试三种类型。结构化面试是指按照事先设计好的问题和程序进行提问的面试；非结构化面试指的是根据面试中的具体情况随机进行提问的面试；半结构化面试是将前面两种方法相结合。面试问题大致应包括：教育背景、工作经历、求职动机、爱好和特长、工作期望、应聘者的自我评价等。

面试中也常采用竞聘演讲与答辩、案例分析、情景模拟等方式。应聘者发表竞聘演讲，介绍自己任职后的计划和规划，并对选聘人员的提问进行答辩。这种方式可以为应聘者提供充分展示

管理工具：情景模拟面试法

才华、自我表现的机会。还可借助案例分析与情景模拟，将应聘者置于一个模拟的工作情景中，运用各种评价技术来观察其工作能力和应变能力，以判断其是否符合职位要求，具体的方法有无领导小组讨论、公文框测验等。

3. 心理测试

心理测试是对应聘者的智力、能力、气质、性格等心理特征进行的测度。用于进一步判别应聘者的心理特征是否符合岗位所需标准。常见的心理测试包括：智力测试、特殊能力测试、一般能力倾向测试、个性测试等。其中，智力测试主要是对应聘者的思维能力、学习能力和适应环境能力进行测试；特殊能力测试主要针对特定职位所需要的技能进行测试；一般能力倾向测试用于测试应聘者是否具备从事某项工作所具备的某种潜在能力；个性测试用于了解应聘者的个性特征，评测应聘者的个性特征是否与岗位职责相契合。

管理案例：一次未见面的面试

4. 体检

体检是为了检查应聘者的身体状况是否健康，是否与工作的要求相适应，发现应聘者的健康问题，进行工作安排时应当予以考虑身体的限制因素，从而降低未来的缺勤率和工伤事故率。体检一般是在求职者通过其他测试后、正式就职前进行。对于在身体素质方面有特殊要求的工作，体检应提前进行，如飞行员招聘等。

管理工具：MBTI职业性格测试

三、人员的录用

（一）录用决策

录用决策是指对测试和甄选过程中产生的信息进行综合评价与分析，确定每一个候选人的素质、能力和特点，根据预先设计的员工录用标准选择出最合适的人员，并进行安置的活动。

（二）试用

试用是对新员工的能力和素质的进一步考核。这一阶段，要让新员工熟悉整个组织、工作部门和工作岗位的基本情况，如组织的经营目标、组织文化、经营计划、组织规章制度等，促进新员工从外来者向内部员工转换。试用阶段一方面可以进一步获取新员工的各种信息，进而判断录用决策的正确性；另一方面，可以为新员工提供调整适应的时间。

（三）正式录用

当新员工试用期满后，如果其工作表现和能力符合正式录用的条件，那么组织应将其转为正式员工。用人部门与人力资源部门应完成对新员工试用期的考核鉴定，根据考核情况作出正式录用与否的决策。对正式录用的员工，应与其签订正式的劳动合同，给员工提供相应的工资待遇等。

第三节　人员的培训与考核

一、人员的培训

（一）培训的作用

1. 有利于提高组织成员综合素质

培训是组织为改善内部员工的价值观、工作能力、工作行为和工作绩效而进行的有计划的、有针对性的学习活动和过程。进行员工培训可以使员工更新观念，增长知识和能力，从而适应职位现在和未来发展要求，并获得自身发展。对于新员工来说，通过培训可以使他们快速了解工作环境、组织文化以及新岗位所需的知识和技能。

2. 有利于促进组织人事和谐

人员选聘是用"因事择人"的方法实现人事和谐，而人员培训是用"使人适事"的方法实现人事和谐，因此培训对组织发展十分重要。培训有利于改善组织人力资源紧缺或不和谐的状态，为实现组织目标提供支持，同时激发员工潜能，为组织的战略发展储备优秀人才，增强组织的发展动力。

3. 有利于增强组织凝聚力

动画：培训实施流程

培训能促进组织与组织成员、组织成员之间、管理者和普通员工的双向沟通，增强组织向心力，塑造优秀的组织文化。组织文化是组织的灵魂，培训中融入组织文化的内容，有利于增强组织成员对组织的归属感和主人翁责任感，改善员工工作态度，激发员工的工作主动性，增强组织的凝聚力。

（二）培训实施流程

1. 分析培训需求

分析培训需求，是制订培训目标、拟订培训内容和选择培训方法的基础。科学的开展培训需求分析，才能保障培训目标的有效实现。培训需求分析要从以下3个方面进行。

（1）组织分析。主要根据组织的发展目标、目前资源配置情况等确定本组织未来对人力资源素质的要求。

微课：培训需求分析的三个方面

（2）工作分析。了解工作岗位所要求的知识和技能标准是什么。

（3）个人分析。对员工绩效作出评价，分析员工个人绩效不佳的原因以及哪些方面存在不足，需要提升哪些知识和技能。

2. 设置培训目标

管理思想：孔子因材施教

培训目标为培训计划提供明确的方向和遵循的架构，培训目标确定后才能进而确定培训计划的具体内容，并可在培训之后，对照目标进行效果评估。培训目标的设置应与组织目标一致，可分为若干层次，从某一培训活动的总体目标到某个培训项目直至每堂课的具体目标。

3. 拟订培训计划

培训计划包括培训对象、时间、内容、任课教师、培训方法、考核方式、培训辅助设施设备等。制订培训计划应综合考虑各方面因素，在保障培训目标实现的前提下，需兼顾计划的可操作性和经济性。

4. 开展培训活动

培训目标的实现要依靠精心的组织和实施，培训活动的实施需要组织者、培训者和受训者三方的密切配合。因此，在实施培训项目之前应组织相应的宣传和动员活动，实施过程中要进行及时检查，保证培训顺利有效地完成。

5. 进行总结评估

培训活动完成后，应对照培训目标，对培训实施效果进行总结评估。确定经过培训员工的收获和提升体现在哪些方面，总结培训开展的有益经验，同时分析培训的不足，归纳出经验与教训，发现新的培训需要，作为下一次培训目标和计划制定的重要依据。

（三）培训的形式

员工培训形式多样，依据不同的标准，可以分为以下几类。

（1）按培训对象不同可把员工培训划分为新员工培训和在职员工培训两类。新员工培训是指对新进入组织的员工进行的培训，在职员工培训是指对已经在企业工作的员工所进行的培训。按员工所处层次不同，在职员工培训又可划分为基层员工培训、中层员工培训和高层员工培训三类。

管理工具：柯氏四级评估模型

（2）按培训场景不同可将员工培训划分为在职培训和脱产培训两类。在职培训是指员工不离开工作岗位，在实际工作过程中接受培训。脱产培训指员工离开工作岗位专门接受培训。

（3）按培训内容不同可把员工培训划分为知识性培训、技能性培训和态度性培训三类。知识性培训是指以学习业务知识为主要内容的培训；技能性培训是指以培养工作技术和工作能力为主要内容的培训。态度性培训则是指以端正工作态度为主要内容的培训。

（4）按培训性质不同可把员工培训划分为传授性培训和改变性培训。传授性培训是指使员工掌握自己本来所不具备技能的培训。改变性培训是指改变员工本来已具备技能的培训，如员工凭个人经验进行工作，但操作不规范，经过培训进行规范优化。

（四）培训的方法

1. 工作指导法

工作指导法主要包括学徒培训和工作轮换两种。

（1）学徒培训，也被称为导师制、师徒制培训等。这种培训方法主要面向新员工，为新员工配备一名管理人员或富有经验的老员工作为"师傅"，新员工在师傅指导下工作，获取工作技能和丰富的工作经验，可以有效避免盲目摸索，尽快适应工作，并融入团队。

动画：工作轮换的含义

（2）工作轮换，即在组织的几种不同职能领域中为员工做出一系列的工作任务安排，或者在某个单一的职能领域或部门中为员工提供在各种不同工作岗位之间流动的机会。在这一过程中员工可以在组织的不同部门学习并实践几种不同的工作技能，因而适合对通用型管理人员的培训。但由于短期的工作轮换，员工无法深入了解每个职位的详细内容，因而这种培训方式不适合专家型、技术型人员。

2. 情景模拟法

情景模拟法包括角色扮演法、案例分析法以及工作模拟法3种。

（1）角色扮演是让学员在培训教师设计的工作情景中扮演某个角色，其他学员与培训教师在学员表演后做适当的点评。由于信息传递多向化，反馈效果好，实践性强，费用低，因而多用于人际关系能力的训练。被培训者通过演练发生在人际关系中的问题，可以了解自己的行为对周遭他人的影响。

（2）案例分析是指通过向培训对象提供相关的背景资料，让其分析问题，并寻找合适的解决方法。这一方法使用费用低，反馈效果好，可以有效训练学员分析、解决问题的能力。

（3）工作模拟是指利用员工在工作过程中实际使用的设备或模拟设备以及实际面临的场景进行培训。这种方法有利于培训教师深入讲解工作基本原理和技巧，而不强调实际产出。受训者同样能够学到实际工作中所需要的技能，培训效果比较好。但这种方法成本较高，不可能做到和实际工作完全一样，因为其中还涉及培训的转化问题。这种培训适合风险较高和责任重大的工作，比如宇航员、医生的培训等。

3. 知识传授法

知识传授法分为讲授法、视听技术法、网络培训法3种。

（1）讲授法是一种传统的培训方式，优点是运用方便，便于培训者控制整个过程。缺点是单向信息传递，反馈效果差。常被用于一些理念性知识的培训。

（2）视听技术法是通过现代视听技术进行培训。优点是运用视听感知方式比较直观鲜明，但学员的反馈与实践较差，且制作和购买的成本高，内容易过时。它多用于介绍组织概况、传授技能等方面的培训，也可用于概念性知识的培训。

（3）网络培训法是利用计算机网络信息和技术进行培训的一种方式。该培训方式灵活、分散，便于被培训者根据具体情况选择参加何种内容的培训，且可以按照自己的计划灵活安排培训时间。网络培训是分散式学习的新趋势，可以节省学员集中培训的时间与费用。

二、人员的考核

考核是按照一定的标准，应用科学的方法，检查和评定员工对职位所规定职责的履行程度，以确定员工工作业绩高低的过程。

（一）考核的意义

1. 为实现组织目标提供支持

考核是组织发展诊断的有力措施，员工个人的履职情况可以反映组织的运行效率，考核结果可以为组织之后的一系列决策提供参考，从而进一步优化组织管理。考核标准对员工行为具有导向作用，在组织目标体系的指导下，考核是一只无形的手，指导着组织成员共同努力，从而实现促进组织发展，提高绩效目标。

2. 是确定合理劳动报酬的基础

考核结果反映了员工工作的综合表现，是组织确定或调整员工劳动报酬的重要依据。根据不同的考核结果给予员工不同的劳动报酬，可使员工得到激励和鞭策。对绩效优良的员工进行表扬和鼓励，鞭策表现较差的员工，有助于调动员工工作积极性，引导员工努力的方向，使所有员工都能够跟上组织的发展。

3. 为组织人事调整提供依据

考核可以为管理者提供客观而正确的信息，作为员工人事调整的依据。通过考核结果可以发现和掌握员工与工作岗位不相适应的情况，并通过进一步的分析与考查，做出是否进行岗位调整的决策，如晋升、降职、换岗、辞退等。对工作有成就和潜力较大的员工给予工作晋升的机会，可以进一步激发员工潜能，提高其工作积极性，发挥更大价值。而对工作表现不佳的员工，采取降职、换岗、辞退等措施，有利于提高组织运行效率。基于考核进行人事调整，往往也会让员工本人和其他员工容易接受和认同。

管理思想：管仲按贡献发俸禄

4. 反映开展培训的需求

组织通过考核对于员工的情况有了比较全面、深入的了解，掌握了员工的优缺点，特别是员工在知识或能力方面的缺陷和薄弱环节。考核结果反映出开展培训的需求，利于有针对性地制订培训计划。此外，考核对于分析前一阶段培训工作的成效具有参考价值，为进一步改进提高培训质量提供了指引。

（二）考核的内容

1. 思想品德

思想品德包含思想政治、社会道德及职业道德等。主要考核组织成员是否具有正确的价值观；是否在思想上与组织文化和组织经营理念保持一致；是否遵纪守法、维护公共利益、尊重别人；履职时是否遵守职业道德要求，如保守商业秘密、维护客户隐私等。员工的思想品德反映出其对组织的忠诚度，以及对组织文化的认可度，是衡量人事是否协调的重要标准。

2. 工作态度

工作态度包括责任心、服从意识、协作意识等。主要考核组织成员在工作上是否具有积极性、主动性；是否勇于承担，认真负责，不断进取；是否严格遵守组织的规章制度，服从组织决定，具有较好的组织纪律性；是否与其他组织成员相处融洽，具有良好的团队合作精神。

管理思想：汉武帝确立察举制

3. 工作能力

工作能力包括工作所需的知识、技能和综合素质等。主要考核员工是否具备岗位相关知识和技能，能否准确理解工作职责、具备业务执行的能力；能否与其他组织成员进行良好的沟通协调，使他人了解自己的想法，在工作上能够相互理解、支持、配合；能否妥善解决工作中遇到的问题，工作能否懂得变通、具有创新意识等。

管理案例：且慢下手

4. 工作业绩

工作业绩是指工作目标完成度、准确度、效率和效益以及对组织的贡献度。主要按照职位规定的职责，评估组织成员完成工作任务的质量和数量，判断组织成员完成工作的方法是否科学、合理、合法、高效，衡量组织成员取得的成绩和为组织所做贡献的大小。

（三）考核的方法

考核方法有很多，组织应根据考核目标、考核内容和标准，设计科学的考核方法，以保障考核的有效性，同时应合理控制考核方法的实施成本。以下为组织常用的几种考核方法，由于各种考核方法是基于不同因素而设计的（如考核主体、考核手段、考核程序等），组织也可能同时采用多种考核方法。

1. 目标管理法

目标管理法是指依据组织的战略目标及相应的部门目标，由员工与管理者共同协商制定员工个人目标的过程，该目标为员工开展工作的关键目标，目标的达成情况为考核的依据。这种方法直接反映了员工的工作成效，结果易于观测，也易于对员工提出建议，进行反馈和指导。并且由于目标管理的过程是员工和管理者共同参与的过程，因此有利于提高员工的工作积极性，增强其责任心和事业心。但是，目标管理法没有在不同部门、不同员工之间设立统一目标，难以对各员工和不同部门间的工作绩效做横向比较。

2. 比较排序法

比较排序法又分为简单排序法、交替排序法、配对排序法以及强制排序法。

（1）简单排序法。通常由上级根据员工工作的整体表现按照优劣顺序依次排列。有时为了提高其精确度，也可以将工作内容做适当分解，分项按照优良的顺序排列，根据各项权重计算总的排列顺序。这种方法简单易行，花费时间少，能使考核者在预定的范围内将下属进行排序，从而减少考核结果过宽和趋中的误差。但是，由于简单排序是考核者根据主观比较做出的判断，不是用员工工作表现和结果与客观标准相比较，因此具有一定的局限性，且当个人取得的业绩相近时很难进行排列，也不能使员工得到关于自己优点和缺点的反馈。

（2）交替排序法，又称为选择排列法，是简单排列法的进一步推广。由于人们容易发现极端，不容易发现中间的认知特点，交替排序法让考核者在所有考核对象中挑出表现最好的和最差的，把他们作为第一名和最后一名，接着在剩下的员工中再挑选出最好的和最差的，分别排列在第二名和倒数第二名，依次类推，最终将所有员工按照优劣顺序全部排列。通过这种方法，不仅上级可以直接完成排序工作，还可将其扩展到自我考核、同级考核和下级考核等其他考核方式中。

（3）配对排序法。这种方法就是把每一位员工与其他员工分别进行比较，每一次比较给绩效较好的员工记"+"，绩效较差的则记为"−"，如表 7-1 所示。所有员工比较完毕之后，计算每个人"+"的个数，按照"+"个数的多少进行排序，多者排在前面，直至完成所有人员的排序。为提高考核结果的精准性，还可以细化考核项目，每个项目实施上述过程，根据各项目的权重计算"+"的个数，最终得出总的排列顺序。

表 7-1 配对比较考核法示例

比较对象	员工姓名		
	甲	乙	丙
甲	/	−	−
乙	+	/	+
丙	+	−	/
优胜次数	2	0	1
根据优胜次数，按优 − 劣的排列顺序为：甲 − 丙 − 乙			

（4）强制排序法，又称为硬性分布法。这种方法假设员工的工作绩效整体呈正态分布，工作绩效好、中、差的分布存在一定的比例关系，在中间等级的员工应该最多，而好的、差的是少数。按照这样的思想，对员工绩效进行等级的划分，从最优到最差一般分为五级，如表 7-2 所示，具体百分比可根据需要确定，一般为 10%、20%、40%、20%、10%，或者 5%、20%、50%、20%、5% 等。采用这种方法，可以避免考核者过分严厉或过分宽容的情况发生，克服平均主义。但是这种方法只能把员工分为有限的几种类别，难以具体比较同类别的员工绩效差别，也不能在诊断工作问题时提供准确可靠的信息。

表 7-2 强制分布考核法示例

等级	最好	较好	中等	较差	最差
员工数量占比	10%	20%	40%	20%	10%

3. 关键事件法

关键事件法又称为重要事件法，是指员工在完成工作任务过程中，某些工作行为对组织目标产生了重大的积极或消极影响，这些工作行为则为"关键事件"，考核者要记录和观察这些关键事件，在评定一个员工的工作行为时，就可以利用关键事件作为考核的指标和衡量的尺度。

关键事件为考核者提供了客观的事实依据，反映了员工一段时间的整体表现，记录保存的关键事件可以用于指导员工提高业绩，具有较强的说服力。但这种方法比较费时费力，需要考核者在较长一段时间内详细记录员工工作行为，适合作定性分析，不能做定量分析，也较难在员工之间进行比较。

4. 360° 考核法

360° 考核法又称为全方位考核法，是指考核由员工自我评价，以及与其有密切关系的人，包括上级、同事、下属和客户等，分别匿名进行评价，然后由专业人员将被考核者的自我评价和他人评价进行对比，向被考核者提供反馈，以帮助其提高能力水平和业绩的方法。

当 360° 考核的主要目的是服务于员工发展时，评价者更容易作出客观和公正的评价，被考核者也更愿意接受评价的结果。但当 360° 考核的主要目的是进行行政管理，服务于员工的晋升、确定劳动报酬等时，评价者就会考虑到个人利益得失，

管理工具：行为锚定等级评价法

所做的评价相对来说难以客观公正，而被考核者也会怀疑评价的准确性和公正性。因此，360°考核法更适合用于促进员工发展，而不是对员工进行行政管理。

（四）考核的流程

1. 确定考核目标

确定考核目标是开展考核工作的基础，应根据组织目标、部门目标以及职位的性质和特点，有针对性地选择、确定考核评估的目标。考核目标应体现员工所在职位负责的重点工作价值、对业务纵向流程中上级绩效的贡献，以及对业务横向流程中相关部门业绩的贡献。

动画：考核的流程

2. 制定考核方案

制定考核方案包括确定考核的对象和范围，科学设计考核的内容、标准和考核方法，选择合适的考核人员等。考核的内容和标准应与职位说明书相吻合，突出职位重点职责。组织一般会根据不同的职位内容和特点围绕思想品德、工作态度、工作能力和工作业绩四个方面细化考核指标，形成考核表。考核方法的选择既要保障考核过程的科学性，实现考核目标，还要考虑设计和实施成本问题。在确定考核人员时，应重点考虑考核的内容，考核人员应熟悉被考核者的工作内容和工作状态。

3. 落实考核方案

落实考核方案首先应根据考核内容和标准，多方面获取能够反映被考核者工作状态及其结果的信息，并保障信息的真实可靠性。然后在充分了解、详细分析考核信息的基础上，采用科学的方法对被考核者进行综合考核，得出科学有效的结论。

管理案例：海底捞的门店考核

4. 反馈考核结果

考核完成后，应对考核结果进行深入分析，诊断员工存在的绩效问题，找出产生绩效问题的原因，制定绩效改进计划，并向被考核者反馈考核结果，提供改进工作的指导。考核结果的反馈可以采用直接面谈或是书面通知的形式。同时，人力资源部门应将考核结果及时进行备案，作为确定被考核者职业发展方向和组织其他决策的依据。

管理实践：确定模拟企业考核方案

- 任务目标

  （1）培养学生利用管理知识设计考核方案的能力。

  （2）培养学生的系统思维能力。

  （3）培养学生的团队协作能力。

- 任务要求

  （1）根据企业战略目标确定考核的目标。

  （2）确定企业内不同职位的考核内容。

（3）选定考核的方法。
（4）为企业内不同职位制定考核表。
（5）模拟实施考核过程。

案例分析

飞龙集团人才管理的失误

1990年10月，飞龙集团只是一个注册资金只有75万元，员工几十人的小企业。1991年集团实现利润400万元，1992年实现利润6000万元，1993年和1994年都超过2亿元。短短几年，飞龙集团业绩可谓突飞猛进，"牛气"冲天。但自1995年6月飞龙集团突然在报纸上登出一则广告——飞龙集团进入休整期，然后便不见踪迹了。

飞龙集团除1992年向社会严格招聘营销人才外，从来没有对人才结构认真地进行过战略性设计。该公司一直存在随机招收人员、凭人情招收人员，甚至亲情、家庭、联姻等非正常的招收人员的现象，而且持续3年之久。作为已经发展成为国内医药保健品前几名的公司，外人或许难以想象，公司竟没有一个完整的人才结构，以及一个完整地选择和培养人才的规章。因此公司存在人员素质偏低，人才结构不合理等问题。

从1993年开始，飞龙集团在无人才结构设计的前提下，盲目地大量招收中医药方向的专业人才，并且安插在企业所有部门和机构，造成企业高层、中层知识结构单一，导致企业人才结构不合理，严重地阻碍了这个大型企业的发展。1993年3月，一位高层领导的失误造成营销中心主任离开公司，营销中心一度陷入混乱。这样一来，就造成了营销中心无法管理和不被管理的局面。

资料来源：中华考试网. 人力资源管理师考试案例探讨：飞龙集团管理模式 [EB/OL]. https: //www. examw. com/hr/anli/353787/（2016–4–14）[2022–1–11].

根据案例回答下列问题。

1. 飞龙集团缺乏人员配备计划，制定人员配备计划主要包含（　　）工作。
   A. 评估现有的人力资源　　　　　　　　B. 评估未来所需的人力资源
   C. 制定一套保障人力供需匹配的方案　　D. 对现有人力资源进行考核

2. 飞龙集团没有完整的人才结构，可以看出其缺乏工作分析过程，下列对工作分析表述不正确的是（　　）。
   A. 通过工作分析可以确定职位的具体任务
   B. 通过工作分析可以明确担任职位人员应具备的素质
   C. 进行工作分析就无须再制作职位说明书
   D. 进行工作分析可以界定职位之间的工作差异

3. 飞龙集团随机招收人员、凭人情招收人员，将招收的中医药方向专业人才安插在企业所有部门和机构，该做法违背了企业选人、用人的（　　）原则。
   A. 因事择人　　　B. 因人设岗　　　C. 因材器使　　　D. 动态平衡

4. 飞龙集团招聘十分随意，而一般招聘应经过以下（　　）流程。
   A. 制定招聘计划　　　B. 发布招聘信息　　　C. 资格审查　　　D. 测试和甄选
5. 飞龙集团缺乏对员工的培训，人才结构不合理，阻碍了企业的发展，那么培训的作用有（　　）。
   A. 有利于提高组织成员综合素质　　　B. 有利于促进组织人事和谐
   C. 有利于优化考核方案　　　D. 有利于增强组织凝聚力
6. 飞龙集团高层、中层知识结构单一反映了考核选拔人才存在问题，对员工进行考核应包含（　　）内容。
   A. 思想品德　　　B. 工作态度　　　C. 工作能力　　　D. 工作业绩

课后测验

一、单项选择题

1. 以下（　　）不是人员配备应遵循的原则。
   A. 因事择人　　　B. 因人设岗　　　C. 因材器使　　　D. 动态平衡
2. 下列关于人员选聘说法正确的是（　　）。
   A. 内部选聘不利于组织创新
   B. 内部选聘有利于促进组织人际关系和谐
   C. 外部选聘组织比较容易对应聘人员进行全面了解和评估
   D. 外部选聘有利于提高组织成员工作积极性
3. 组织通过猎头公司招聘，一般招聘的是（　　）人员。
   A. 基层服务人员　　　B. 技术工人　　　C. 留学回国人员　　　D. 高层管理人员
4. 让员工轮流在组织生产经营的不同环节工作的培训方法是（　　）。
   A. 脱产培训　　　B. 学徒培训　　　C. 工作模拟　　　D. 工作轮换
5. 下列关于关键事件考核法说法不正确的是（　　）。
   A. 关键事件为考核提供了客观的事实依据
   B. 记录的关键事件是员工对组织目标产生重大积极影响的行为
   C. 关键事件法可以用于指导员工提高业绩
   D. 通过关键事件进行考核较难在员工之间进行业绩比较
6. 依据组织的战略目标及相应的部门目标，由员工与管理者共同协商制定员工个人目标，并将目标的完成情况作为考核依据的考核方法是（　　）。
   A. 强制分布法　　　B. 关键事件法　　　C. 目标管理法　　　D. 360°考核法

二、判断题

1. 人员配备是为了实现组织的目标，进行人员选聘、录用、培训、考核等的过程，只需要考虑组织的发展需要，不必考虑员工个人。（　　）
2. 一般组织会先组织外部招聘，在外部招聘无法满足需求时才会采取内部选聘的形式。（　　）
3. 对那些外部环境相对稳定的组织来说，内部招聘更为有利。（　　）

4. 通过工作轮换，员工可以在组织的不同部门学习并实践几种不同的工作技能，因而适合培训技术型人才。（　　）
5. 人员选聘是用"因事择人"的方法实现人事和谐，而人员培训是用"使人适事"的方法实现人事和谐。（　　）
6. 相较服务于引导员工成长，360°考核法更适合用于对员工进行行政管理，考核结果可以作为晋升、调动、降级等管理决策的依据。（　　）

三、名词解释
1. 人员配备
2. 工作分析
3. 工作轮换

四、简答题
1. 外部招聘有哪些优势？
2. 内部招聘有哪些优势？

第八章
领　导

📝 **课前案例**

小败局：天才 AI 公司跌入谷底之后

"公司怎么成这样了？"陈乐难以置信。加入这家一度名声响亮的 AI 公司前，陈乐在网上搜索，看到两位知名投资人曾争论："格灵深瞳未来值 1000 亿还是 5000 亿美金？"现在她打开公司微信群，280 多人的全员大群里，她的入群位置已排在中间，这意味着不到一年时间，公司已经流失了一半员工。

踏入风口时，格灵深瞳握有一手好牌：创始人赵勇是 Google Glass 的七位设计者之一。CEO 何搏飞曾担任多家外资上市公司高管。虽然有人担心过何搏飞没有从 0 到 1 的创业经验，但赵勇对同为名校名企出身，性格外放、口才极佳的何搏飞很欣赏，"完美契合了我为 CEO 设定的功能"。赵勇更想把时间用在做技术上，创业初期，他希望将格灵深瞳变成一座技术的乌托邦。在硅谷，赵勇经历过谷歌对技术自由、组织扁平化的推崇，"工作任务就是一边去各个部门玩，一边看看有什么可以解决的问题。"2014 年，公司建在颐和园边上的一幢庭院内，附近山水环绕，员工们都觉得彼时公司业界瞩目，技术领先，牛人环绕，足以称得上是"创业巅峰"。创始人赵勇和 CEO 何搏飞相处甚欢，赵勇分管技术与产品，何搏飞掌舵公司运营与市场销售。"赵勇很舍得放权，也很信任何搏飞，将公司运营全权交给他。"早期员工林晗说，赵勇是很相信充分授权，用人不疑的。

可一开局，格灵深瞳选的行业赛道就错了。2013 年，赵勇寄予厚望的实体零售行业被电商、O2O严重挤压，线下零售"哀号遍野"，这直接导致零售客户在压力之下，纷纷砍掉了技术创新的市场预算。赵勇回忆，格灵深瞳在零售行业做了10个月，遇到的最大问题就是"市场对于实体零售极度悲观"。如今回头看，用10个月验证一个错误的市场需求，试错周期已经不短。而当公司决定转换行业赛道，零售行业背景的何搏飞和他组建的团队经验已经不再适合。而在其他赛道屡屡碰壁时，何搏飞依然又继续担任CEO长达3年时间，对于AI创业公司来说，这是极其凶险的境地，但在当时，赵勇并没有及时意识到这份凶险。

随着公司将触角延伸至交通、金融、安防等更多领域时，何搏飞的短板暴露出来。作为CEO，他本该承担公司早期战略方向的指引，但在具体业务上，何搏飞带领的商务团队，并没有及时将市场观察反哺进公司产品，直到格灵深瞳陷入最严重的危机，2016年底，账上只剩几个月资金时，赵勇终于计划请已经担任CEO三年的何搏飞离开。

同样，赵勇也在怀疑自己早期的管理风格：在谷歌，他习惯自我管理，与上级的沟通是"每周在公司后面的湖转一圈，不聊业务，只聊行业"；创业后，他想将这套"放养"的模式带进公司，却发现完全行不通。赵勇记得，他曾为一名能力不错的员工定下三个月的产品目标，"期间不开会，有什么需要的资源找我"，可三个月后，该员工未能如期完成任务，赵勇找他谈话，员工告诉他："我最大的问题就在于你把我放养了，你不监督我，也不给我指定方向。"

"跌入谷底，痛不欲生"，但是，"跌入谷底后还要能站起来"。越来越多具有传统安防背景的管理人员进入公司，新高管们将传统行业严厉的行事风格带进格灵深瞳，这让部分员工感到不满，"休假、报销等规则说改就改，经常看到高层训斥员工。"而在赵勇看来，这些高管在运营内控上的改革，诸如对合同审查、采购、报销更加严格；更注重员工绩效评估等措施，"都是得罪人的事儿"，可只有这样，才能让格灵深瞳从一家幼稚的、松散的年轻企业，变得更有行为准则。

2021年11月9日，格灵深瞳在科创板IPO过会。创业之初的方向错误，让视觉识别第一梯队里已不见格灵深瞳的身影。在经历转型、沉寂后，格灵深瞳能否实现逆袭？

资料来源：苏建勋. 格灵深瞳，天才AI公司跌入谷底之后 | 小败局 [EB/OL]. https://baijiahao.baidu.com/s?id=1639403662578566233&wfr=spider&for=pc.（2019-7-18）[2021-11-15].

> **问题思考**
>
> 1. 在创业初期拥有良好资源的明星企业格灵深瞳，为什么会遇到如此大的挫折？
> 2. 通过案例分析，好的领导者对于企业的发展有多大作用？企业管理者光凭聪明才智，能够把企业带到持续发展的道路上去吗？它还需要哪些基本能力？

第一节　领导概述

你是否注意过这样的现象：有的组织中，管理者一呼百应，成员行动迅速，有着强烈的向心力；而有的组织里，员工对管理者阳奉阴违，工作敷衍了事，人心涣散。这两类组织，谁获得成功的可能性更大，一目了然。

人们很早就意识到，无论是一个企业、一支军队还是一个国家，领导水平的高低与组织的兴衰存亡息息相关。优秀的领导者可以把团队成员紧紧凝聚在一起，使其发挥超乎寻常的潜力；而拙劣的领导者，会使组织效能低下，很难实现目标。作为管理的基本职能之一，领导是组织的灵魂所在。如何有效地进行领导，是现代管理者必须掌握的一项基本技能。

一、领导的含义

在组织中，管理者常会遇到各种问题：性格不同、背景不同、知识水平不同的团队成员，如何在一起有效工作？利益有分歧的人如何互相支持？遇到困境时，如何重振低落的士气？在顺境中，团队如何才能避免因志得意满而停滞不前？解决这些问题，离不开有效的领导。

什么是领导？《说文解字》中这样阐述"领导"一词的词源。领，项也，本意为头颈，也可用作衣领，因在人的上部，所以引申出领路，统领的含义；导，引也，也有带领、指引、发现的意思。所以，领导一词是在"指引"和"影响"的概念上衍生的。现代汉语中，领导有两层意思，一作动词，指"带领并引导朝一定方向前进"，是对他人进行引领的动态行为过程，二作名词"领导者（leader）"，指实施领导行为的人或集体、机关。

有着几千年文明史的中华民族，是东方领导思想集大成之地。在传统领导思想中，儒家学派以"仁"为核心，孔子曰："能行五者于天下为仁矣。"，即恭、宽、信、敏、惠；儒家强调为政以德，修德于己，而后治人；道家学派把精神专一，行动合乎"道"作为起点，认为只有这样，领导者才能顺应变化，成就"无所不为"的领导力，它以"天道自然""无为而治""柔弱胜刚强"等思想与儒家文化互补，共同促进了中国领导文化的发展；法家代表人物韩非子以"法、术、势"，也就是权术、权威和法令为领导行为的核心，"主道者，使人臣有必言之责，又有不言之责"，"使智者尽其虑""以其事责其功"，即从看人、用人、赏罚、修德等方面，为统治者如何提升领导力提出建议。

📖 管理故事：刘邦何以得天下

帝置酒洛阳南宫，上曰："彻侯、诸将毋敢隐朕，皆言其情：吾所以有天下者何？项氏之所以失天下者何？"高起、王陵对曰："陛下使人攻城略地，因以与之，与天下同其利；项羽不然，有功者害之，贤者疑之，此其所以失天下也。"高祖曰："公知其一，未知其二。夫运筹于帷幄之中，决胜于千里之外，吾不如子房；镇国家，抚百姓，给馈饷，不绝粮道，吾不如萧何；连百万之军，战必胜，攻必取，吾不如韩信。此三者，皆人杰也，吾能用之，此吾所以取天下也。项羽有一范增而不能用，此其所以为我擒也。"群臣说服。

刘邦和臣子们讨论自己得天下的原因时说："大帐内出谋划策，以决千里外的胜负，我不如张良；平定国家，安抚百姓，供给军饷，我不如萧何；联合众多的士兵，战无不胜，攻无不克，我不如韩信。这三人都是豪杰之人，我能够用他们，才是我取得天下的原因。项羽虽有范增，但不善加利用，这就是被我捉拿的原因。"

资料来源：司马迁著 文天译注. 史记 [M]. 北京：中华书局. 2016.

对于领导的定义，不少西方学者给出了他们的解释。

孔茨（Koontz）认为：领导是一门促使其部属充满信心、满怀热情来完成他们任务的艺术。

泰瑞（G. R. Terry）认为：领导是影响人们自动为达成群体目标而努力的一种行为。

杜平（R. Dubin）认为：领导即行使权威与决定。

坦宁鲍姆（R. Tannenbaum）认为：领导就是在某种情况下，经意见交流的过程所实施出来的，为达到某个目标的影响力。

赖特（E. B. Rerter）认为：领导是不凭借特权、组织权力或外在形势而说服和指挥他人。

布朗卡特（Blanchard）认为：领导是一项程序，使人得以在选择目标及达成目标上接受指挥、引导和影响。

施考特（W. Scott）认为：领导是在某种情况下，影响个人或群体达成目标的过程。

动画：领导的含义

阿吉里斯（Argyris）认为：领导即有效的影响。为了施加有效的影响，领导者需要对自己的影响进行实地了解。

综上所述，领导是有影响力的集体或个人，在一定客观环境制约下，以组织目标为导向，用人格、学识、地位等因素，对成员施加影响，进行规范、引导和激励，最终完成目标的过程。能够影响他人思想、决策或者行为，促使其行动的人或者集体就是领导者。

要正确把握领导的定义，必须厘清下面几层含义。

（一）领导行为包含领导者和追随者两个主体

彼得·德鲁克（Peter F. Drucker）认为，"领导者的唯一定义就是其后面有追随者"，领导者对追随者施加影响，并依赖追随者去完成目标。好的追随者不是对领导者盲目服从，而是要围绕目标进行独立思考，有自己的理解力和判断力，从而更好地执行组织任务。

（二）领导具有目的性

领导的目的不是为了体现领导者的个人权威，而是通过影响被领导者，让团队成员紧密团结在一起，从而努力实现组织目标。所以，领导行为必须围绕组织目标展开。

（三）领导者通过影响力实施领导行为

领导者必须拥有影响追随者的能力，也就是领导力。领导力是一种影响力，即激励别人积极行动，完成组织目标的能力。领导者通过发挥个人魅力，和团队成员进行情感交流，建立共同愿景等方式，获取成员的信任，让他们心甘情愿的跟随，并以高超的领导艺术激发下属积极进取的动力。

二、领导的本质

动画：领导的本质

在人类社会初期，人们共同劳作，对抗猛兽，寻找食物，这样的团队协作促成了领袖人物的产生，他们来实施指挥、协作、监督等领导行为。随着社会生产力的提高，人们共同劳动的领域越来越广，规模越来越大，领导者在社会分工中的作用也日益增大。

领导的本质是通过影响力，实现被领导者的追随和服从。组织中，领导影响力有两个来源。

（一）职权

职权是工作岗位赋予的权力，这种权力是由领导者在组织中所处的职位所决定的。它伴随工作岗位的安排而产生，由组织赋予，并经法律、制度明文规定，属于正式的权力。这样的权力随职务变动而变动，在职就有权，不在职就无权，与特定的个人没有必然联系。职权是管理者实施领导行为的基本条件。按照美国社会心理学家约翰·弗伦奇（John French）和伯特伦·雷文（Bertram Raven）关于权力的五种来源理论，职权通过法定权、奖赏权和强制权来实现。

微课：领导影响力的来源

（1）法定权。一般人认为，处于管理岗位的主管人员有权安排下属的工作。组织成员基于这样的认知，倾向于服从上司的命令或者指示。

（2）奖赏权。领导通过给予他人奖励，来影响组织成员行为的能力，例如完成组织规定的目标，可以得到额外奖金等。不过，过分强调绩效可能会使员工产生厌恶和被操控的感觉，出现逆反消极心理，反而影响效率。

（3）强制权。通过负面惩罚，利用成员对失去利益的恐惧来进行控制，比如扣除奖金、记过、公开批评等。它的缺点是不利于构建良好的工作氛围，对工作效率容易有消极影响。

基于对这三种权力的阐述，我们可以看到，基于职权的领导影响力有其边际范围。首先，职权是工作岗位赋予的，一旦离开岗位，影响力就会随之消失；其次、职权的行使要看领导者的决定是否和组织目标一致。如果不符合目标，或者超出了职权范围，很可能受到下属的抵制。最后，职权实施的有效性，还要看下属接受权力支配的情况。奖赏权和强制权不是万能的，过度滥用很可能会造成员工工作满意度的下降。

（二）威信

威信也称为非正式权力。它不是依赖领导者在组织中的位置，而是伴随着品德、学历、技能、资历、人际关系等个人因素，由其自身的某些特殊条件和才能所形成的。来源于威信的影响力主要通过参照性权力和专家性权力来实现。

（1）参照性权力。领导者利用他人的认同、崇拜和情感，从而影响组织成员行为的能力。领导者和追随者的关系强度越大，影响力也就越大。比如，领导者有高尚的品德、丰富的经验、卓越的工作能力，善于体贴关心他人，令人感到可亲、可信、可敬，不仅能完成组织目标，而且善于创造一个激励的工作环境，以满足组织成员的需要等。

（2）专家性权利。专家性权利是一种知识性权力，领导者通过自己的技能、知识、经验来影响他人。员工很容易对拥有高超技能和丰富经验的人产生敬佩感和信赖感。

威信建立在他人认同的基础之上，能使组织成员自觉地服从指挥。而职权建立在对组织活动的决定权、指挥权和对组织成员的奖惩权之上，人们往往出于压力和习惯，不得不服从这种权力。研究表明，基于参照性权力和专家性权力的威信影响力会让员工产生更多的向心力和凝聚力，从而拥有更高的工作绩效。所以，领导者要提升自己的领导能力，必须要基于职权打造领导策略，基于威信提升个人素养。

管理思想：老子眼中的领导权力来源

领导是管理的五大职能之一。那么，领导者和管理者，领导行为和管理行为，以及他们的实施对象是一回事吗？美国前总统尼克松在《领袖们》中写道："伟大的领导是一种特有的艺术形式，既需要超群的力量，又需要非凡的想象力。领导需要技术，但远远不是有技术就行。管理好比散文，领导好比写诗。在很大程度上，领袖办事靠符号、形象，以及成为历史动力的、能启发人们觉悟的思想。人们可以被道理说服，但要用感情来感化。他必须既能说服他们，又能用感情来感化他们。经理考虑的是今天，领袖必须考虑后天。经理代表一个过程，领袖代表历史的方向。一个没有管理对象的经理不能称其为经理，但一个领袖即使失去了权力，也能对其追随者发号施令。"

管理学家科特勒认为，管理强调计划和预算的制定，着眼微观，注重风险的回避；领导过程则着眼长期和宏观，注重风险的承担；管理中人员配备注重专业化，强调能力和服从，领导过程中人员使用注重整体性，强调方向和投入；管理强调控制，而领导侧重于授权和激励。

微课：管理者与领导者的区别

管理测试：你是领导者还是管理者

领导和管理的差异可以从以下几方面理解。一般来说，管理行为的实施对象是人、物、资金、信息等，而领导行为的实施对象一般为人；公司走向规范化之后，即便管理者发生变动，管理方式一般也不会发生太大的变动。然而，不同的领导者因为领导风格的不同，比如有的和蔼可亲，有的雷厉风行，领导方式会大有差异；管理行为通过严格的规章制度、严密的流程来实施，常用的方式是指示、督促和考核，强调约束和控制，着眼于秩序的维持和效率的提升。而领导以领导艺术为手段，依靠构建愿景、打造文化、传达理念来实施，强调激励、鼓舞和期待，着眼于激发潜能、创造、革新和突破。实施管理行为的管理者一般经过正式授权，而领导者有可能是组织中自发形成的，组织中各个层级的成员，只要具备一定的影响力，都可以实现领导行为。当然，虽然领导和管理有不一样之处，但两者最终指向却是一致的：为了组织的生存和发展。所以，虽然领导者不一定都是管理者，但所有的管理者都应该努力让自己成为好的领导者。西蒙认为，领导艺术是处理模糊性、随机性问题的领导方法，不是程序化的按章操作，需要的是想象、直觉和创造力。

三、领导的作用

领导在组织中的一般职能，包括科学决策、制定战略、知人善任、建立科学的制度与合理的规则、对下属进行思想教育、对工作任务进行检查、对组织的运行经验进行反思总结等。表8-1为凯拉·珐仁和贝菲里·卡耶的领导者角色观点。

大量的调查证明，领导者应对企业的过早夭折负责。企业像人一样，是一个生命体，有自己的生命周期。据调查，世界500强的企业平均寿命约为40年，大量的企业生存时间不足5年，所以，领导的作用不容小觑。领导者在承担领导角色、行使领导职能的过程中，在组织中还发挥着指导、协调、激励等作用。

表 8-1　凯拉·珐仁和贝菲里·卡耶的领导者角色观点

角色	主要职责
促进者	1. 帮助人们明确自己的职业价值、工作兴趣和技术能力； 2. 帮助人们认识长期工作计划的重要性； 3. 营造一种有助于人们讨论各种工作问题的公开坦诚的气氛； 4. 帮助人们理解并弄清楚工作的需要是什么
评估者	1. 把个人成绩和荣誉真实的反馈给每一名员工； 2. 指出其业绩与工作目标间的关系； 3. 使每个员工清楚评估的标准和期望值； 4. 向员工提供提高他们工作业绩的具体建议
预测者	1. 帮助人们发现并使用有关组织、职业和产业的相关信息； 2. 指出可能影响人们职业前景的变化趋势； 3. 帮助人们理解组织文化现状； 4. 将组织战略传递给每个员工
指导者	1. 帮助人们识别各类工作目标； 2. 帮助每个人选择实际的工作目标； 3. 指出员工在实现工作目标的过程中，可能遇到的有利和不利条件； 4. 设法将员工的个人工作目标与组织的战略意图联系起来
最终帮助者	1. 通过安排组织成员同其他行业或组织的人进行有益的交流，来实现各自的目标； 2. 帮助员工开发详细的行动计划，去实现各自的目标； 3. 同能够提供潜在机遇的人，讨论员工能力和工作目标； 4. 帮助员工同实现工作计划所需的资源建立联系

（一）指导作用，使个人认知与组织认知保持一致

在组织中，成员的技能有高下，水平有高低，对目标的理解、文化的感受各有不同。因此在具体工作中，领导者需要帮助能力较弱的下属发现问题，制定行动计划，包括怎样去做、去哪里找到资源、谁可以提供帮助等，协助能力较强的下属制定职业生涯规划和能力提升策略；在大局和方向上，领导需要帮助组织成员明确企业愿景，贯彻企业文化，认清外部形势，带领组织迎接变化，积极创新。

动画：领导的作用

（二）协调作用，使个人目标与组织目标保持一致

我们必须承认，人都有欲望，组织成员对某件事情的态度，只有当组织目标和个人目标达到有效统一，才会体现出更高的积极性；其次，在同一个组织中，成员立场不同，认知不同，处理事情的方式也会不一样，难免会产生摩擦。这种情况下，领导者需要发挥高超的协调能力，不但要关心成员思想变化，及时帮助他们调整认知，纠正偏离的目标，保证组织的运行效率，也要适当考虑成员的合理需求，构建良好的工作氛围，以保障高昂的士气和对组织工作持续的热情。

（三）激励作用，激发员工积极性

每个人都有努力工作的动机，而高明的领导者，在于挖掘出下属的动机，从而激发员

工的表现力和创造力，这个过程也是领导者充分发挥领导艺术的过程。领导者要认识到，物质奖惩固然有效，但有其边界性；过于依赖精神激励，容易让员工对领导产生不信任感；构建竞争环境可以激发员工斗志，但过度竞争容易引起内耗，反而挫伤员工的积极性，领导者必须根据管理情境、下属状况的不同来调整领导方式。此外，经常和下属沟通，关心员工生活，了解员工需要，才能充分提升员工的事业心，为组织目标不断努力。

> **管理故事：诸葛亮的领导魅力**
>
> 自刘备三顾茅庐之后，诸葛亮对刘备一直忠心耿耿，以兴复汉室为己任，用个人的领导魅力影响着每一位部下，让他们团结起来为国效力。从最初的弹丸之地扩张到后来三国中的一霸，诸葛亮高超的领导力功不可没。
>
> 协调作用：诸葛亮病逝五丈原之前，最后一次北伐出战失利。期间，军事参谋杨仪与前锋魏延不但存在个人恩怨，而且军事立场存在分歧。杨仪主张大军撤退，而魏延主张继续北伐。诸葛亮经过深思熟虑后决定撤退，但安排魏延断后，姜维次之，大军由杨仪带领循序撤退，目的就是将两人恩怨调和，因为魏延在当时是蜀国最有能力的军事将帅，而杨仪是除诸葛亮以外最了解蜀国政事的人才，只有将两人矛盾解开，才对国家有利。
>
> 指导作用：刘备入川投靠刘璋，初来乍到，刘璋部下的法正、李严等人心有抵触，诸葛亮便亲自与法正、李严等人促膝长谈，分析了二刘联手的必要性，这才逐渐消除了双方之间隔阂。
>
> 激励作用：刘备去世后，军中一片灰暗，军心溃涣，战力不足。诸葛亮及时上书《出师表》，其中指出"今南方已定，兵甲已足，当奖率三军，北定中原，庶竭驽钝，攘除奸凶，兴复汉室，还于旧都"，这篇脍炙人口的表文，阐述了北伐的必要性以及对后主刘禅治国寄予的期望，言辞恳切，激昂恢宏的话语犹如一股清泉激励了将士干涸的心，让他们满血回归，全力北伐，以完成先帝的遗业。
>
> 资料来源：杨益，赵嫣.诸葛亮全传[M].武汉：华中科技大学出版社，2017.

第二节 领导理论

一直以来，人们充分意识到领导者和其领导行为对于整个组织系统的重要性。学者们不断思索：卓有成就的领导身上有没有什么共性？存在最佳的领导风格和领导方式吗？当外部环境和领导固有风格不一致的时候，该怎么办呢？在中国传统文化中，儒家提出君子之德为"温、良、恭、俭、让、惠、信、敏、宽"，孙子提出"智、信、仁、勇、严"，这是中国古代人们心中领导应该具备的品质。在西方，哲学家卡莱尔在十九世纪提出了"伟人理论"，认为"有些人拥有一种天生的优势，这使他们能够对同伴产生支配性影响，这种优势使他们注定成为领导者"。虽然对领导思想和领导行为的研究源远流长，但直到二十世纪初，领导理论才拥有相对独立的研究体系和研究范式。

贯穿整个二十世纪的西方领导思想有三种主流理论：旨在发掘归纳优秀领导者品性、

素质、修养的领导特质理论；旨在找出最佳领导行为和风格，分析它们对组织成员影响的领导行为理论；旨在研究领导行为和环境因素关系的领导权变理论。

一、领导特质理论

领导特质理论是整个领导研究领域的开端，该理论认为，成功的领导基于领导身上的个体特征，所以，探讨领导者不同于其他人的特质，以及这些特质对领导力有效性的影响是非常有价值的。二十世纪初，研究者运用心理学方法，分析归纳了大量领导者的人格画像，寻找他们身上能与非领导者区分开来的、与众不同的特质，学者们希望通过这些研究，来寻找或培养各个领域合适的领导者。

管理案例：苏梅的困惑

关于领导特质理论的论述有两种观点，一种认为，领导特质是先天遗传，而非后天造就的，这种理论被称为传统领导特质理论，其代表人物斯托格迪尔在考察了124项研究之后，他把领导者特质分成精力、外貌、身高、年龄、体重等五种身体特征；社会经济地位、学历等两种社会性特征；知识广博、判断分析能力、说话流利、果断性四种智力特征；适应性、进取心、热心、自信、独立性等十六种个性特征；责任感、事业心、毅力、首创性、坚持、对人的关心等六种与工作有关的特征；能力、合作、声誉、人际关系、与人共事的技巧等九种社交特征。

动画：领导特质理论

二十世纪中后期，人们更关注是否可以通过后天学习，来培养一个成功的领导者，这也被称为现代领导品质理论。它认为领导者的大部分特质，如技术能力、个人魅力等，都是后天在学习和实践中形成的，先天素质只是人心理发展的生理条件。美国普林斯顿大学教授鲍莫尔提出了企业领导人的十大条件论：合作精神、决策才能、组织能力、精于授权、善于应变、勇于负责、敢于创新、敢担风险、尊重他人、品德高尚。

还有一些研究试图找出领导者在领导行为中体现出的高度相关的特质，这些研究相对更为成功。研究者柯克帕特里克和洛克基于对领导力过程的关注，提出与领导力有关的六项特质，如表8-2所示。

表 8-2　柯克帕特里克和洛克提出的六种领导特质

内在驱动力（Drive）	成功的欲望 进取心 积极主动 永不放弃
领导愿望（Desire to lead）	乐于影响和领导别人，承担责任
诚实与正直（Honesty and integrity）	诚实可靠 言行一致
自信（Self-confidence）	下属认为领导者不应该怀疑自己的能力，因此领导者需要表现出强烈自信
智慧（Intelligence）	领导者有足够的智慧，搜集大量信息，做出分析判断，为公司提出愿景，解决问题
工作相关知识（Job-relevant knowledge）	领导者熟悉本公司、本行业及其相关的技术事项，以便能够睿智的决策

在很长一段时间内，领导特质理论都是解释领导行为的理论来源。早期领导特质理论为领导者原本复杂的心理和人格特征提供了简单的解释，随着对领导行为研究的逐渐深入，人们发现，"一个人不能凭借一些特质的组合，就成为领导者"，众多想要区分领导者和追随者、确保一个人能够成为有效领导者的特质研究均以失败而告终。事实证明，没有一套普遍的特质理论适用于所有场景和所有领导者，这些研究中所取得的成果后来大部分用于领导力和个人潜能的开发。于是，人们把研究的热点逐渐转移到领导行为理论和领导权变理论。

二、领导行为理论

领导行为理论主要研究领导者在领导过程中不同的领导行为，以及这些行为对组织成员的影响，进而找到能提高领导有效性的领导行为和领导风格。该理论注重领导者现实中的行为风格，有更高的实践性，比特质理论更容易模拟。比较有代表性的领导行为理论有以下3种。

动画：领导行为理论

（一）领导作风类型理论

美国心理学家勒温（K. Lewin）根据对不同场景下领导风格的观察，以权力行为为基础，把领导者表现出来的工作作风分为以下3种。

1. 专制式作风（权威型）：权力定位于领导者个人

领导全权决策，几乎不听取别人意见；和员工主要的沟通方式是发号施令，并要求绝对服从，很少和员工有感情交流。

微课：领导作风理论

2. 民主式作风（参与合作性）：权力定位于组织中的群体

领导者善于考虑员工的利益，鼓励下属参与集体讨论，集思广益；组织能上下融洽、合作一致地工作，下属自由度较高；领导经常参与集体活动，与员工们打成一片。

3. 放任式作风（放任自流型）：权力定位于组织每一个成员

领导者给团队成员充分的自由，无政府式管理；下属可以按照自己的想法完全自由的进行决策，领导不参与意见，对工作效果也不加评论，他的职责仅仅是为下属提供信息，并与企业外部进行联系，以便下属开展工作。

管理测试：你可能是哪种风格的领导者

勒温通过研究认为，民主式管理的效率最高，这种方式能促进团队合作，激发员工的创造力；放任式管理效率最低，只能达到社交目标，达不到工作目标；专制式管理虽然可以达到快速决策的目的，但长久实施会导致员工不满，情绪消极，降低他们的责任感和自主性。

（二）四分图理论

1945年，美国俄亥俄州立大学的研究者们为了开发一套测量领导行为的工具，用多种问卷进行了上万次的测量，对领导效能进行大量的研究后，他们识别到领导行为中两个有代表性的维度：对人的关心和对组织的关心。对人的关心指领导者对团队和下属个人的友善、信任和支持程度，以及与员工关系是否密切；对组织的关心指的是具体的工作任务，必须完成的工作目标，工作方式的安排，需要遵循的规章制度等。研究者们认为，对人的关心和对组织的关心不一定此消彼长，所以采取双层面交叉划分，提出了著名的"领导行为四分图"，如图8-1所示。

管理思想：《资治通鉴》中的领导行为理论

图8-1 领导行为四分图

领导行为四分图中包含了四种可能的领导行为的组合：低关心组织—高关心人，高关心组织—低关心人，高关心组织—高关心人，低关心组织—低关心人。很多研究者认为，高关心组织—高关心人最有效率，因为这种模式既关心工作任务，又关心员工，可以带来高绩效和高满意度，但越来越多的研究对这一结论产生怀疑。后面即将介绍的权变理论认为，多关心员工还是多关心工作任务，和员工状态、环境因素息息相关。例如，当任务单调，难以激发员工工作满意度时，关心员工最有效，而当完成任务本身能让员工产生成就感，员工内心偏好接受"做什么"与"怎么做"时，关心组织最有效。

（三）管理方格理论

在俄亥俄州大学提出领导行为四分图理论之后，美国得克萨斯大学的布莱克和穆顿在此基础上继续发展，提出了领导方格理论。这对当时学界中的"非此即彼"，即要么以工作为主要关注对象，要么以人为主要关注对象提出了纠正：对人和对任务的关心可以进行不同程度的相互结合。布莱克和穆顿把四分图理论中对组织的关心表达为对生产的关心，他们把关心人和关心生产两个维度划九等分，形成81个方格，从而形成了领导风格的不同组合方式，如图8-2所示。

图8-2中，1表示关心程度最小，5表示处于平均程度的关心，9表示最为关心，每个小方格代表两个维度的不同组合方式，其中有5种组合比较典型。

（1）放任型管理（坐标1.1）。领导只用最低限度的努力来完成工作，不关心员工，也不关心任务，只求保住工作，"熬"资历，避免麻烦。

（2）维稳型管理（坐标5.5）。领导无论对人还是对任务都是适度关心，希望稳定业绩，保持现状，表面看起来，这种类型的领导者既能保证正常效率，也能维持士气，但从长远看，他们无法真正开发员工潜力和完成技术革新，可能会使企业落伍。

（3）团队型管理（坐标9.9）。领导者无论对人还是对事都很重视，促使员工理解目标、开发潜力、提高团队合作能力，最终让员工满意度和任务的完成情况都达到最优。

微课：管理方格理论

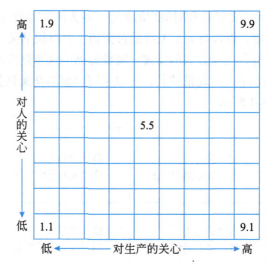

图8-2 管理方格图

（4）任务型管理（坐标9.1）。领导者非常关心工作，但忽视了人际关系，忽略了对员工状态的关注。在这个位置的领导者认为，员工只要获取报酬就应该全力工作，他们倾向于用严格的奖惩和规章制度来进行管理，这种管理方式更适合危机管理。

（5）俱乐部型管理（坐标1.9）。领导者非常关注员工，但对生产任务的完成却没有那么重视，他们期待员工能在舒适的环境与和谐的人际关系中提高生产率，但不一定能起到作用。

布莱克和穆顿认为，对人的关心和对生产的关心都达到最高值的团队型管理（坐标9.9）是最优方式，通过制定合适的管理发展计划，可以让领导者趋近于这种类型。具体做法是，领导者首先按照管理方格，对自己的风格进行评估，再由同部门小组进行讨论，确定领导风格要达到的标准。然后，分析达到标准的有利和不利因素，找到对策，制定目标和计划，并付诸实施。

三、领导权变理论

动画：领导权变理论

领导行为理论可以帮助人们了解领导者对于下属和工作效率之间的权衡和考量，但它没有考虑到环境和下属特质的多样性，所以对于实践的指导依然有诸多不足。面对不同情境，领导行为的有效性会有何不同。于是，领导理论研究发展到下一个阶段，就是领导权变理论。这种理论认为，领导行为应该随着被领导者的特点和环境的变化而变化，不能一成不变。领导者特质（用字母 L 表示，Leader）、被领导者特质（用字母 F 表示，Follower）与环境（用字母 S 表示，Situation）是影响领导有效性（用字母 E 表示，Effectiveness）的三个变量。用函数表示为：

$$E=f(L, F, S)$$

其中，领导者特质是指领导的性格、品质、技能等；被领导者特质是工作能力、对管理的接受程度、工作是否负责等；环境是指外部竞争、企业文化等。在领导权变理论中，费德勒权变模型、情境领导理论、途径—目标理论等较有代表性。

（一）费德勒权变模型

心理学家费德勒在 1962 年提出了"有效领导的权变模式"，即费德勒权变模型（Fiedler contingency model）。他指出，领导的有效性取决于两点：第一是领导者的个人风格，第二是情境的有利性。费德勒希望权变模型能够帮助领导者们发现自己的领导风格，以及知道在什么样的领导情境下最有效。

费德勒把领导风格分为两种，一种是任务导向型，一种是人际关系导向型。为了让领导者了解自己的风格，费德勒设计了"最难共事者问卷"（least preferred coworker scale）如图 8-3 所示，该问卷包含 18 组对照形容词，领导者们描述自己最不愿意合作的同事，从最不愿意到最愿意，按照 1 至 8 分来描述，最后看综合得分。当然，这份问卷并不是要测出一个最难共事的员工形象，而是测量参与测试的领导者的情感偏向和领导风格。得分较高的领导者，也就是高 LPC 型，属于人际关系导向型，而得分较低的领导者，也就是低 LPC 型，属于任务导向型领导。

```
          8 7 6 5 4 3 2 1
舒适的  ………………………  不舒服的
友好的  ………………………  不友善的
抵制的  ………………………  接受的
有益的  ………………………  挫败的
不热心的  ……………………  热心的
严格的  ………………………  不严格的
疏远的  ………………………  紧密的
冷淡的  ………………………  温暖的
合作的  ………………………  不合作的
支持的  ………………………  敌对的
厌烦的  ………………………  有趣的
好争论的  ……………………  和谐的
自我承认的  …………………  犹犹豫豫的
有效的  ………………………  无效的
沮丧的  ………………………  高兴的
开放的  ………………………  警戒的
```

图8-3　费德勒的LPC模式测量表

测出领导风格之后，费德勒权变模型再根据领导者所在的场景，把它分为 3 个权变维度。

（1）领导者与下属的关系，即是否互相信任，是否是积极的关系。

（2）任务结构，即工作任务是否内容清晰，要求明确。如果工作任务的要求很模糊，那么员工高质量完成任务的难度也会变大。

（3）职位权力，即领导者本身所处职位权力大小，能掌握资源的多少。

显然，领导者职位越高，领导者与下属关系越融洽，任务结构越清晰，领导者面临的情境因素就越好。

如图 8-4 所示，我们可以发现，把领导者风格和情境相匹配，任务导向型（低 LPC 型）的领导在情境非常有利，或者非常不利的时候表现最好（图示情境类型的 1、2、3、8）。

这是因为，在有利情境下，员工非常尊敬领导者，领导者的指令能够顺利得到贯彻执行，这时只需要关注任务是否完成即可。而当情境非常不利的时候，此时的组织很有可能处于某种变革或者危机之中，领导者显然没有精力再去顾及人际关系的协调，只能专注于任务。

上下级关系	好				差			
任务结构	明确		不明确		明确		不明确	
职位权力	强	弱	强	弱	强	弱	强	弱
情境类型	1	2	3	4	5	6	7	8
情境特征	有 利				适 中			不 利
有效的领导方式	任 务 型				关 系 型			任 务 型

图8-4 费德勒情境领导模型图

除去这两种情况，在其他的非极端情况下（图示情境类型的4、5、6、7），费德勒都认为，人际关系导向型的领导者（高LPC型）效果更好。当领导者注重关系维护之后，整个工作环境会更为和谐，能帮助任务更好地完成。

管理故事：李广和程不识的不同领导风格

虽然费德勒权变模型对管理学界产生了很大的影响，但不少研究者对此提出质疑，因为费德勒认为，个体领导风格很难改变，所以要提高组织绩效，只能更换领导者或者改变情境，但事实上，领导者的风格是会随着情境的变化随之调整的。费德勒忽略了领导者本身可能具有的发展和改变，没有提出具有可操作性的领导力培训，不够灵活有效。

（二）赫塞和布兰查德的情境领导理论

赫塞（Paul Hersey）和布兰查德（Kenneth Blanchard）于20世纪60年代末70年代初提出的情境领导理论，这是一个着眼于下属成熟度和领导风格匹配的权变理论。该理论模型沿用了费德勒权变模型把领导风格分为目标导向型和人际关系导向型的说法，认为下属的成熟水平有高有低，不存在最好的领导方式，只有相匹配的才是有效领导。

下属的成熟程度主要从两方面来考量：一个方面是知识、技能和经验，也就是会不会做；另外一方面是信心和动机，也就是想不想做。根据下属成熟程度的不同，情境领导理论把它归纳为4种不同的状态。

（1）D1阶段：当员工刚投入工作时，一般会存在工作热情高，但经验不足，工作能力偏低的情况。

（2）D2阶段：当员工工作一段时间后，对环境开始有所认识，逐步适应，工作能力也有所提高，但早先的工作热情也已降温。

（3）D3阶段：当员工在工作中积累了相当的经验，工作能力高于一般水准，但因为对环境习以为常，有时会出现职业倦怠，工作意愿时强时弱。

（4）D4阶段：当员工步入稳定发展时期，认识到工作与自身的价值，工作态度转为积极，能够全力工作，再加上丰富的经验，往往会有不错的表现。

从D1到D4，员工的成熟度在不断增加。对于成熟度低的员工，领导者可以给予更加明确的工作框架和指导，随着员工成熟度的升高，领导者慢慢向人际关系型导向转变，减少对员工工作的参与，转而关心员工的福利。

赫塞和布兰查德把领导风格从两个维度扩展到如图8-5所示的四个象限。

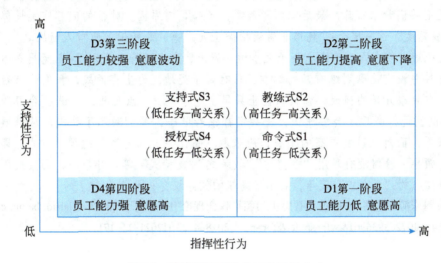

图8-5 情境领导理论的四种领导方式

S1 命令式（高任务—低关系）：领导者支持性的行为少，指挥性行为多；领导者来制定决策，员工多按照领导的命令去做事情；交流主要是自上而下，领导说下属听；领导者注重对员工执行的监督；当下属成熟程度为D1阶段时较为匹配，因为此时员工需要得到具体而明确的指导。

S2 教练式（高任务—高关系）：领导者指挥与支持并重，给予大量的指令，也倾听下属的想法；决策权掌握在领导者手里；领导者随时会向员工提供工作好坏的反馈；当下属成熟程度为D2阶段时较为匹配，因为领导的高任务行为能够弥补下属能力的欠缺，而高关系行为则试图让下属从心理上领会领导者的意图。

S3 支持式（低任务—高关系）：领导者多给予支持，指挥行为较少；决策时会请下属参与其中，营造宽松的气氛鼓励下属提出意见，与下属共同做决定；帮助下属制定职业生涯发展计划，并提供解决问题的便利条件。当下属成熟程度为D3阶段时较为匹配，因为激励对于这一阶段的员工非常重要，领导者运用支持性、非任务性的参与风格可获最佳解决效果。

S4 授权式（低任务—低关系）：领导方式是少支持，少指导；领导者委托下属进行决策，允许下属承担风险，进行变革；希望下属自己发现并纠正工作中的错误。当下属成熟程度为D4阶段时较为匹配，此时的下属既有意愿，又有能力担负责任，领导者不需要做太多额外的工作。

虽然员工的成熟度和情境的多元化有时很难界定清晰，从学术的严谨性上看依然需要完善，但因为情境领导模型对员工的意愿、技能、领导行为等进行了动态的关注，非常贴近现实，所以在领导力提升课程中一直得到广泛的运用。

管理故事：韩信的"背水一战"

公元前204年，韩信利用"背水一战"的奇谋击败了赵国的大军，让众将领百思不得其解的是，兵法中强调排兵布阵要"右倍山陵，前左水泽"，而这次韩信却力排众议让士兵们背水布阵，最后竟然取胜了，不知是何原因。韩信的回答完美地体现了"下属成熟度"这一概念："且信非得素拊循士大夫也，此所谓'驱市人而战之'，其势非置之死地，使人人自为战。今予之生地，皆走，宁尚可得而用之乎。"意思是本次参战的士兵并没有达到训练有素的标准，只有置于死地，为生存而战，我们才有获胜的可能。在战事开始的当天，韩信只让士兵早上吃了很少一点食物，并说："今日破赵会食"，也就是打赢后才会餐吃饭，士兵们都饿着肚子，更加激起了斗志。从情境领导理论来看，面对成熟度不高的下属，应采取"高任务、低关系"的领导方式，即"命令式"领导。韩信没有采用"授权式""教练式""支持式"等领导风格，而直接用最坚决、最彻底的"命令式"领导，展示了高超的领导权变艺术。

资料来源：佚名. 中国古代智慧中的领导权变理论 [EB/OL]. https://baijiahao.baidu.com/s?id=1598496407268936961&wfr=spider&for=pc.（2018-4-23）[2021-11-17].

管理实践：无领导小组讨论

- 任务目标

（1）引导学生重新思考、梳理对于领导思想的感悟。
（2）培养学生的领导能力和团队协作能力。
（3）培养学生的抗压能力和表达能力。

- 任务要求

进行无领导小组讨论：成功的领导者是什么样的？

做一名成功的领导者，可能取决于很多因素，比如善于鼓励他人、能够发挥下属优势、有亲和力、善于沟通、有威信、幽默、学识渊博、办事能力强、业务能力突出、有明确的目标、善于化解冲突、举止得体、公正、能纵观全局、既能坚持原则又不失灵活性、聪明、表达能力强等。

（1）以小组为单位开展任务。
（2）请从上面的因素中找出一个你认为最重要和最不重要的因素，每位同学用纸写下来。
（3）用二十分钟进行小组讨论，结束时拿出一致性意见，即得出你们认为最重要和最不重要的因素，超时未得出一致意见的小组扣分。

管理游戏：七巧板

（4）每个小组在讨论问题之前，推选一名领导者、一名观察者、两名参与者和一名计时者。领导者的任务是鼓励团队成员一起讨论，有效控制讨论流程，围绕总体思路一步步向目标进行；计时者任务是时间管理，根据讨论内容合理把时间段分块，严格按讨论好的时间规划来管理时间，适当打断发言超时的同学；参与者要积极投入讨论；观察者要观察领导者、参与者和计时者的表现，并得出评价。

　　（5）讨论结束后，各组派两位同学上台：一位代表上来汇报小组意见，阐述做出这种选择的原因；另外一位代表应为组内的观察者，阐述组内领导行为、领导力评价、组内参与度、团队表现等。

　　资料来源：郑雪玲.管理学基础[M].2版.厦门：厦门大学出版社，2019.

案例分析

公司来了位新老总

　　嘉华技术开发有限公司是一家高科技企业，由于选准了人工智能赛道，公司以超常规的速度迅速发展，但同时也面临着激烈的市场竞争。公司创立之初，因为董事长的管理自由，公司处于一种松散的管理状态，高层管理人员穿着T恤、牛仔裤来上班，气氛轻松随意。但是，因为产品开发和市场开拓等问题，公司财务出现了困难，董事会新聘任了一位总经理杨帆。虽然原董事长留任，但所有经营和管理事务都由总经理全权负责。杨帆原来就职于一家风格古板的老牌企业，可能受此影响，杨帆的工作作风据说十分传统，这与一直以来以"自由"著称的嘉华公司风格截然不同。员工们议论纷纷，特别是一些高管，他们都想看看这个"传统、刻板"的家伙，究竟有什么能耐，究竟能待多久。

　　变化很快就发生了，就任第三天，杨帆召开高层管理会议，按照会议通知要求，开会时间为上午8点半开始，可一位高管在会议召开后的9点钟，才急急忙忙冲进了会场。杨帆严肃地对大家说："我再重申一次，本公司今后所有的日常公事包括会议都将会准时开始，如果你们谁做不到或者不喜欢这样做，可以在今天下午5点之前向我递交辞职报告。如果我们一起干，就要忘掉过去的那一套，一切按照规则要求执行。"杨帆的批评很不留情面，当天下午5点，10名高层管理人员有2名辞职了。

　　在此后1个月里，杨帆亲自制定并颁布了几项新规定，这使公司原来的工作程序有了较大的改变。杨帆三番五次对公司副总经理沈瑞强调，一切重大事务向下传达之前，都必须经过他审批同意，同时他也批评了研究、设计、生产和销售等部门缺乏合作，没能形成统一的战略，希望能认真加以整改。

　　杨帆还对高层管理人员的福利"开刀"，他要求对公司的福利待遇制度进行全面复审，随后宣布将全体高层管理人员的工资削减15%，加大年终奖励性绩效。采购部总监对杨总的行为牢骚满腹："杨帆以年终奖引诱我，要求我把今年原料成本削减15%，完不成他就要另请高明，但完成这个目标几乎不可能，我得好好想想办法，不然就得去找猎头了。"但也有人对此有不同的看法，研发部总监公开对他的同事说："上次我们研发部有了一些进展，杨总亲自过来感谢了我们，我很喜欢这个行业，也在这份工作中找到了成就感。"生产部总监虽然也不满工资被降低，不过他说："杨总给我们设立的目标能够达到。也许当我们圆满完成任务时，他会嘉奖我们干得棒的人。"

杨帆对销售部的态度也令人费解。陈维是负责销售的副经理，以前他喜欢每天到总经理办公室，指责和抱怨其他部门，员工都有点怕他。对于陈维，杨帆的态度和办法是让他在门外静等，冷静思考一下，同时对于他的抱怨不理会，只是直接谈公司销售业务上的问题。后来，陈维不再跑总经理办公室，而是把更多时间放在了跑业务上。

一年后，在杨帆的领导下，嘉华公司恢复了元气，营业额逐步攀升。公司管理人员都暗地里夸赞杨帆对人工智能领域熟悉，在各项业务的决策上也无懈可击。后来，杨帆也没有那么"独断专行"，渐渐地在某些方面放松了控制，如开始放手让设计和研发部门自主工作，但是，对于生产和采购部门的事情，他依然管得很严。嘉华公司这样评价杨帆：他不是那种对这里情况很了解的人，但他确实领导大家走上轨道，使公司取得了更大的发展。

资料来源：佚名.领导学案例分析[EB/OL]. https://wenku.baidu.com/view/97b27d01856a561253d36f7b.html.（2019-7-13）[2021-11-17].

根据案例回答下列问题。
1. 杨帆进入嘉华公司时是何种领导风格？与留任董事长之前的领导风格有何不同？
2. 杨帆对采购部门、研发部门和生产部门各自采取了何种领导方式？为什么？
3. 都说"会哭的孩子有奶吃"，为什么陈维频频跑老总办公室的办法没奏效，后来连他的行为方式都改变了？这和杨帆的领导方式有什么关系？
4. 当嘉华公司各方面的工作走向正轨后，杨帆的领导方式作何改变？为什么？
5. 杨帆最后得到了嘉华公司上下一致的认可和尊重，它是来源于哪一种影响力？

课后测验

一、单项选择题
1. 领导者要确保有成效的实施领导行为，必须要有（　　）。
   A. 职权　　　　　　B. 威信　　　　　　C. 职权与威信　　　　D. 其他权力
2. 在菲德勒模型中，下列哪种情况属于好的领导环境（　　）。
   A. 人际关系差，任务结构明确，职位权力强
   B. 人际关系差，工作结构不明确，职位权力强
   C. 人际关系好，任务结构明确，职位权力弱
   D. 人际关系好，工作结构不明确，职位权力弱
3. 按照勒温的领导作风类型理论，领导方式可以分成专制、民主、放任三种，其中民主型领导方式的主要优点是（　　）。
   A. 纪律严格，管理规范，赏罚分明
   B. 组织成员具有高度的独立自主性
   C. 按规章管理，领导者不运用权力

D. 员工关系融洽，工作积极主动，富有创造性

4. 王教授到某旅游企业进行考察，该企业总经理热情地接待了他，并介绍公司的具体情况，才说了 15 分钟，就被人叫了出去，10 分钟后回来继续，不到 15 分钟，又被叫出去。这样，整个下午 3 个小时总经理一共被叫出去 10 次之多，使得企业情况介绍时断时续。这说明（   ）。

  A. 总经理不重视本次考察　　　　　　B. 该企业可能这几天遇到了紧急情况
  C. 总经理可能过度集权　　　　　　　D. 总经理重视民主管理

5. 某旅游企业的销售部经理被批评"控制得太多，而领导得太少"，你认为该经理在工作中存在的主要问题可能是（   ）。

  A. 对下属销售人员没有给予足够的关心
  B. 对销售任务的完成没有给予充分的关注
  C. 事无巨细，过分亲力亲为
  D. 没有为下属销售人员制定明确的奋斗目标

二、判断题

1. 领导可以没有追随者。（   ）
2. 领导者拥有影响力就是组织赋予的职权。（   ）
3. 领导特质理论认为，领导者的特质是天生的。（   ）
4. 领导者的作用主要表现为指挥作用、协调作用和激励作用。（   ）
5. 费德勒将领导环境具体化为三个方面：任务结构、职位权力、上下级关系。（   ）
6. 情境领导理论认为有效的领导方式与任务和环境有关，与下属的成熟度无关。（   ）

三、简答题

1. 简述领导影响力的构成。
2. 简述领导方格理论中的典型领导方式。
3. 简述领导权变理论的核心思想。

第九章

激　励

📝 课前案例

智联招聘发布《员工激励机制调研报告》

2021年11月，智联招聘发布《员工激励机制调研报告》，反映职场人对激励机制是否满意等情况，揭示企业激励机制的现状和存在的问题，以及激励机制与职场人求职、留任的关系。

超1/3的职场人表示所在企业无任何激励措施，员工持股制度覆盖面小。智联招聘数据显示，36.2%的职场人表示，所在企业没有任何激励措施；32.9%的职场人所在企业推行目标责任制，即为每个部门、每个员工制定业绩目标，在所有激励方式中占比最高；仅7.7%的职场人表示所在企业建立了员工持股制度，可见以这种"现代化"企业制度调动员工积极性的企业并不多。

超6成职场人期待物质激励，Z世代比"前辈"更看重"被尊重"。智联招聘数据显示，62.6%的职场人期待企业给予奖金、住房补贴等物质层面奖励，占比最高；其次是"尊重员工的价值取向、不同个性，鼓励员工发表不同意见，提供表达机会"，占比达38.2%；28.7%的职场人希望建立员工持股制度、合伙人制度，让员工参与管理、提出合理化建议。从不同年龄来看，Z世代职场人比"前辈"更看重"被尊重"。分别有43.8%的95后、40.3%的00后选择"尊重员工价值"，而70后、80后和90后选择该选项的受访者分别占比35.6%、36.7%和37.4%。企业若能充分尊重Z世代的意见，将更好地调动其积极性和主动性。

近80%员工不满企业激励机制及措施，其中超3成表示"非常不满意"。根据智联招聘数据显示，45.8%受访的职场人对企业的员工激励机制"不太满意"，32.1%的职场人则表示"非常不满意"；只有19.4%和2.7%的职场人对企业激励机制表示"比较满意"和"非常满意"。可见，企业激励机制的建立普遍不够理想，还有较大提升空间。

约1/3的员工认为企业表彰"形式大于意义"，年轻人更抗拒"强制社交"。在被问及哪些激励措施"形式大于意义"时，42.8%的职场人认为是跳操、喊口号等激励方式，占比最高；31.2%的职场人认为，年会、邮件、内网等公开表彰是在做"表面文章"；28.9%的职场人表示，通过公司"荣誉墙"等进行员工照片展示华而不实。

值得一提的是，对于团建、生日Party等具有物质与精神双重属性的激励机制，年轻人并不"感冒"。21.1%的95后和24.3%的00后认为，团建、旅游等激励方式"形式大于内容"，占比高于70后（19.0%）、80后（14.4%）、90后（20.7%）。同时，17.5%的95后和19.3%的00后"不待见"生日Party等庆祝活动，占比也高于总体占比的14.3%。

对于激励机制的作用，38.4%的职场人认为，企业建立激励机制"有利于提高员工的工作热情、工作动力，进而提高企业生产力"；其次35.7%的职场人认为，激励机制有助于"令员工感受到被尊重，获得价值感，和企业一起创造更大价值"；仅12.3%的职场人认为，激励机制可以"提高员工的忠诚度，增强企业的人员稳定性"。

"被认同、被尊重"位居职场人留任原因之首，年龄越小越热爱"不打卡"办公。在被问到"哪一项最有可能成为你选择该企业或者长期留在该企业的原因"时，36.0%的职场人选择"被认同、被尊重、有归属感"，占比排在第一位，高于"薪水高、项目奖金丰厚"的32.6%；22.5%的职场人基于行业发展稳定等大环境优越而留任。可见，企业留住人才的关键是给予充分尊重，让其有归属感，其次才是"钱给足"。

从不同年龄来看，年龄越小的职场人，越热爱灵活办公、不打卡，即自由与自我驱动结合的工作体验。其中，崇尚不打卡的00后职场人占比12.7%，随着年龄增长，对"不打卡"的热衷度依次递减：95后占比9.1%，90后占比7.3%，80后占比6.5%，70后占比4.5%。这意味着，具有灵活自由特点的"液态组织"，得到了更多年轻人的青睐。

公平合理的激励机制能够激发员工的主观能动性，促进企业生产经营效率提高。广大雇主应该对激励机制予以更多重视，与时俱进地调整激励机制，为职场人创造贡献与收获相匹配，有利于激发主观能动性的工作环境。尤为重要的是，企业应该重视年轻人的需求和感受，给予充分的认同和尊重，让其更有归属感。行之有效的激励机制将促进企业与员工形成双向奔赴的液态互动，一同创造更大价值。

资料来源：佚名. 最新报告：近八成员工不满企业激励机制，超6成职场人期待物质激励[EB/OL]. https://sichuan.scol.com.cn/ggxw/202111/58354724.html.（2021-11-30）[2021-12-30].

> **问题思考**
>
> 1. 激励措施对企业经营有何作用？
> 2. 激励的效果优劣通常与哪些因素有关？
> 3. 上述资料提及了哪些激励方式？你还了解哪些其他激励方式？
> 4. 在用人方式更加灵活、工作环境更加自由、价值取向更加多元的当下，企业应如何进行精准高效的进行员工激励？

第一节 激励概述

组织目标的实现是通过每一个组织成员的个人工作行为共同成就的，而组织成员的工作行为又受到其个人精神风貌、心理动态的影响。管理的激励职能就是要研究如何保持和提高组织成员工作的积极性，进而提高其工作成效，保证组织的有效运行和目标的顺利实现。

一、激励的含义

组织成员在日常工作中所秉承的态度、士气、热情等精神风貌与组织的工作绩效之间有着一致性的关系，积极的、热情的态度有益于组织目标的实现；消极的、懈怠的态度则会导致组织运行出现障碍，不利于组织目标的实现。

从管理学的角度来看，激励是管理者提高员工积极工作的动机水平的过程。管理的激励职能是人力资源管理的重要内容，目的是通过适当的激励措施，来激发、引导、保持和规范组织及其个人的行为，调动员工的积极性和创造性，进而有效地实现组织及个人目标。

动画：激励的含义

有效的激励可以使组织成员持续保持良好的工作态度并转化为积极的工作行为，成为组织发展的动力保证，进而实现组织的目标。中国古代有诸多关于通过激发士气而高效实现组织目标的故事，这一点在古代战争中表现得尤为突出。

由于各种内外部因素的影响，组织成员不可能永远保持组织所期望的最佳精神状态，现实中管理者常常要面临的难题是，组织成员会频繁出现的懈怠、消极甚至抵触的工作态度，最终表现在工作行为上，进而对工作绩效产生负面影响。如何在工作中调动组织成员的积极性，激发全体成员的创造力，是组织充分开发和有效利用人力资源的最高层次目标。

管理思想：杀敌者，怒也

二、激励的过程

人类内在的心理动向对外在的行为指向具有主导作用，这已经在历史发展过程中的各种人类活动中得到了实践和理论的证实，心理学家的相关研究，从人的行为入手追溯了引发行为的动机以及激发动机的需要，并对此做出了系统而全面的解释。

心理学认为，出于自然和社会的原因，人的内心会产生各种需要，当需要达到一定的强度就会转化为某种动机，而动机经过发展最终可能会引发特定行为。三者之间的关系如图 9-1 所示，即"未满足的需要→心里紧张→动机→目标行为→需要满足→新的需要"。

人类有目的、有意识的行为都是源自于对某种需要的追求。未得到满足的需要是产生激励的起点，进而形成动机、导致行为。行为的结果可能是需要得到满足，之后再发生对新需要的追求；行为的结果也可能是需求未得到满足，在遭受了挫折后，使人产生消极的或积极的行为。

管理案例：涨薪效果不理想，格力通过员工持股计划留住人才

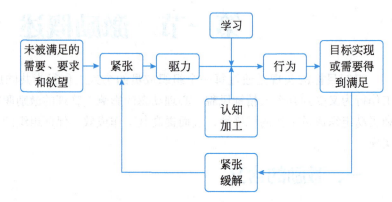

图9-1 激励的过程

激励的过程正是从人的某种需要出发，加强、激发、推动人的希望、欲望、动力等内心奋发状态，最终引发特定行为的过程。然而需要、动机、行为三者之间有着复杂的关系——需要是动机产生的基础，但是需要并不必然产生动机；动机是引发行为的直接原因，但是动机也并不必然引发行为。因此在现实中，人的个体差异悬殊，心理过程受到各种因素影响，激励的目标往往并不会必然实现，而有效的激励措施，其效果也不会持续存在。

管理者应该研究组织成员的需要，将组织目标与组织成员的个人需要结合起来，制定出持续不断、形式多样、相互关联的循环的激励过程和机制，以满足员工的需要，激发员工的工作动机，引导员工的行为，最终实现组织目标。

三、激励的作用

任何一个组织的目标都需要通过组织成员的行为去实现。有效的激励对于组织的高效运行和长远发展具有重要的作用。

动画：激励的作用

1. 有效的激励能使组织成员保持良好的工作态度

在组织的各项生产要素中，人是最活跃、最根本的因素。组织的运行需要所有部门和岗位的每一个成员的共同参与和协作，任何一个环节的低效和差错都可能会影响组织运行的效率，进而导致组织目标无法如期完成。在组织中人的行为是由其工作的积极性推动的，激励能够保证组织成员对组织产生认同感和归属感，进而持续不断地保持良好的工作态度和积极的工作行为。

2. 激励可以有效地激发和提高员工的潜能

管理学家的研究表明，个人的工作绩效是其能力和受激励程度的函数，即绩效 =F（能力 × 激励）。通过激励措施，能够激发组织成员的开拓创新精神和冒险精神，通过不断的学习提高自身能力，能充分发掘自身潜能。而员工个人潜能的发掘，最终将会体现为组织整体绩效的综合提升。

管理案例：长城汽车揽获多项雇主品牌类殊荣

3. 造就良性的竞争环境和组织文化

科学的激励制度包含着竞争精神，建立正确的评价和激励机

制，有利于组织中形成良性竞争机制。在具有竞争性的环境中，组织成员就会受到环境的压力，这种压力将转变为员工努力工作的动力，进而成为长期、稳定、共同认可的组织文化。

第二节　激励理论

激励理论是指通过特定的方法与管理体系，将员工对组织及工作的承诺最大化的过程。激励理论是关于如何满足人的各种需要、调动人的积极性的原则和方法的概括总结，研究重点和内容大多围绕人的需要及其特点的识别、如何根据需要类型和特点来影响其行为而展开。

一、内容型激励理论

内容型激励理论是指针对激励的原因与引起激励作用的因素的具体内容进行研究的理论，持这一观点的研究者将重点放在激发动机的诱因上，即探求人需要什么，进而就去满足什么，最终激起人的动机，引发特定行为，其重点着眼于满足人们需要的内容。内容型激励理论的代表有马斯洛的"需要层次理论"、赫茨伯格的"双因素论"、麦克利兰的"成就需要激励理论"以及奥尔德弗的"ERG 理论"等。

动画：内容型激励理论

1. 需要层次理论

1943 年，美国著名社会心理学家亚伯拉罕·哈罗德·马斯洛初次提出了"需要层次理论"，他把人类纷繁复杂的需要从低到高分为 5 个层次，即生理的需要、安全的需要、社交的需要、尊重的需要和自我实现的需要。每个层次的需要包含不同的具体内容。

微课：马斯洛需要层次理论

（1）生理的需要：维持人类生存所必需的身体需要，例如呼吸、水、食物、睡眠、生理平衡、分泌、性等。

（2）安全的需要：保证身心免受伤害的需要，例如人身安全、健康保障、资源所有性、财产所有性、道德保障、工作职位保障、家庭安全等。

（3）社交的需要：包括感情、归属、被接纳、友谊等需要。

（4）尊重的需要：包括内在的尊重如自尊心、自主权、成就感等需要，外在的尊重如地位、认同、受重视等需要。

（5）自我实现的需要：包括个人成长、发挥个人潜能、实现个人理想的需要。

马斯洛认为，人的需要是从低到高逐级实现的，只有低层次的需要得到部分满足以后，更高层次的需要才有可能成为行为的重要决定因素。某一级需要获得基本满足以后，追求上一级的需要就成了驱动行为的动力。

马斯洛将五类基本需要分为高、低级，其中生理需要、安全需要、社交需要属于低级的需要，这些需要通过外部条件使人得到满足，如借助工资收入满足生理需要，借助法律制度满足安全需要等。尊重需要、自我实现的需要是高级的需要，它们从内心让人得到满足，而且一个人对尊重和自我实现的需要，是永远不会感到完全满足的。

相对而言，高层次的需要比低层次需要更有价值，人的需要结构是动态的、发展变化的。因此，通过满足职工的高级需要来调动其生产积极性，具有更稳定，更持久的力量。

1954年，马斯洛在《激励与个性》一书中又把人的需要层次拓展为七个，由低到高分别为生理需求，安全需求，社交需求，尊重需求，求知需求，审美需求和自我实现，如图9-2所示。

图9-2 马斯洛需要层次理论示意图

管理思想：仓廪实则知礼节，衣食足则知荣辱

微课：双因素理论

2. 双因素理论

20世纪50年代末期，美国的行为科学家弗雷德里克·赫茨伯格和助手们在美国匹兹堡地区对200名工程师、会计师进行了调查访问。访问主要围绕两个问题展开，即在工作中哪些事项是让他们感到满意的，并估计这种积极情绪能够持续多长时间；又有哪些事项是让他们感到不满意的，并估计这种消极情绪能够持续多长时间。

赫茨伯格以对这些问题的回答为依据，着手去研究哪些事情使人在工作中感到快乐和满足，哪些事情造成人在工作中的不愉快和不满足。结果他发现，使员工感到满意的原因，都是属于工作本身或工作内容方面的；使员工感到不满意的原因，都是属于工作环境或工作关系方面的。赫茨伯格将前者称为"激励因素"，将后者称为"保健因素"，"双因素论"由此得名。

"保健因素"的满足对职工产生的效果类似于卫生保健对身体健康所起的作用。保健从人的环境中消除有害于健康的事物,它不能直接提高健康水平,但有预防疾病的效果;它不是治疗性的,而是预防性的。

"保健因素"包括公司政策、管理措施、监督、人际关系、物质工作条件、工资、福利等。当这些因素恶化到人们认为可以不接受的水平时,就会产生对工作的不满意。但是,当人们认为这些因素很好时,它只是消除了不满意,并不会导致积极的工作态度,这就形成了某种既不是满意、又不是不满意的中性状态。

"激励因素"的满足能给员工带来积极态度、满意和激励作用,包括成就、赏识、挑战性的工作、工作责任、成长和发展的机会等能满足个人自我实现需要的因素。如果这些因素具备了,就能对人们产生更大的激励。

赫茨伯格认为传统的激励假设,如工资刺激、人际关系的改善、提供良好的工作条件等能消除不满意,防止产生问题,但是即使达到最佳程度也不能产生激励。按照赫茨伯格的意见,管理者应该认识到保健因素是必需的,不过它一旦使不满意中和以后,就不能产生更积极的效果。只有"激励因素"才能使人们有更好的工作成绩。

赫茨伯格及其同事又对各种专业性和非专业性的工业组织进行了多次调查,他们发现,由于调查对象和条件的不同,各种因素的归属有些差别,但总的来看,激励因素基本上都是属于工作本身或工作内容的,保健因素基本都是属于工作环境和工作关系的。在缺乏保健因素的情况下,激励因素的作用也不大。

双因素理论同需要层次理论有相似之处。保健因素相当于马斯洛提出的生理需要、安全需要、社交需要等较低等级的需要;激励因素则相当于尊重的需要、自我实现的需要等较高等级的需要。

基于此理论,在管理中,要调动人的积极性,不仅要注意物质利益和工作条件等外部因素,更重要的是要注意工作的安排,量才录用,各得其所,注意对人进行精神鼓励,给予表扬和认可,以及给人以成长、发展、晋升的机会。

管理故事:大厂的激励,年轻人不买账了

3. 成就需要激励理论

成就需要理论也称激励需要理论,是20世纪50年代初期美国哈佛大学的心理学家戴维·麦克利兰集中研究了人在生理和安全需要得到满足后的需要状况,特别对人的成就需要进行了大量的研究后从而提出的一种新的内容型激励理论——成就需要激励理论。

麦克利兰认为,在人的生存需要基本得到满足的前提下,成就需要、权利需要和合群需要是人的最主要的三种需要。成就需要的高低对一个人、一个企业发展起着特别重要的作用。该理论将成就需要定义为根据适当的目标追求卓越、争取成功的一种内驱力。

该理论认为,有成就需要的人,对胜任和成功有强烈的要求,热衷于接受挑战、敢于冒险,能发挥其独立解决问题能力的环境,愿意承担所做工作的个人责任,希望得到明确而又迅速的反馈。权利需要较强的人有责任感,愿意承担需要的竞争,并且能够取得较高的社会地位的工作,喜欢追求和影响别人。具有归属和社交需要的人,通常从友爱、情谊、人际交往中得到欢乐和满足,因此高度服从群体规范,忠实可靠。

成就需要激励理论的主要特点是,它更侧重于对高层次管理中被管理者的研究。由于成就需要激励理论的这一特点，它对于企业管理以外的科研管理、干部管理等具有较大的实际意义。

现代管理实践突出了员工参与对员工绩效的激励意义，员工参与计划已经成为企业的普遍形式。管理者鼓励员工通过员工持股制度、员工投资基金制度、质量管理圈等参与企业的管理工作，可以增加员工自主性、提高员工的责任感、加强员工之间和员工与管理者之间的联系，从而使得他们的成就需要、归属需要和权力需要得到满足，员工积极性会更高，对组织更忠诚，对工作更满意。

管理案例：周鸿祎鼓励员工创业

4. ERG 理论

美国耶鲁大学的克雷顿·奥尔德弗在马斯洛的需要层次理论的基础上，进行了更接近实际经验的研究，提出了一种新的人本主义需要理论。奥尔德弗认为，人们共存有 3 种核心的需要，即生存（Existence）的需要、相互关系（Relatedness）的需要和成长发展（Growth）的需要，因而这一理论被称为 ERG 理论，这一理论阐述了一个需要类型的新模式，发展了马斯洛、赫茨伯格的需要理论。

（1）生存需要指的是全部的生理需要和物质需要，如衣食住行等。组织中的报酬、对工作环境和条件的基本要求等，也可以包括在生存的需要中。这一类需要大体上和马斯洛的需要层次中生理和部分安全的需要相对应。

微课：ERG 理论

（2）相互关系需要指人与人之间的相互关系、联系（或称为社会关系）的需要。这一类需要类似马斯洛需要层次中部分安全的需要，全部社交的需要，以及部分尊重的需要。

（3）成长需要指一种要求得到提高和发展的内在欲望，它指人不仅要求充分发挥个人潜能、有所作为和成就，而且还有开发新能力的需要。这一类需要可与马斯洛需要层次中部分尊重的需要及整个自我实现的需要相对应。

ERG 理论对需要的归类和马斯洛、赫茨伯格的方式是相似的，不同之处在于 ERG 理论认为人的各种需要没有明显和绝对的界限和层次等级差异，可以同时具有激励作用。在一定时间内人可以接受一种或多种需要，也可以接受一级或多级需要的作用，这些需要可以是出自本能的，也可以是后天形成的，或经过学习而获得的。

此外，当较高层次需要不能得到满足的时候，满足较低层次需要的欲望就会加强，这就是所谓的"挫折退化"规则，也就是说当个人被剥夺了更高层次需要的时候，或现在没有资源来满足更高层次的需要时，他们会反过来寻求低级层次的需要，并且从需要层次中逐步地往后退。某种需要在得到基本满足后，其强烈程度不一定就会减弱，还有可能会增强。

管理故事：受挫就"躺平"算什么正义

ERG 理论在解释人们需要满足的时候更具有灵活性。管理者应当将满足员工需要所设置的目标与企业的目标密切结合起来，同时应特别注重员工较高层次需要的满足，以防止"挫折退化"现象的发生。

二、过程型激励理论

过程型激励理论是指着重研究人从动机产生到采取行动的心理过程。它的主要任务是找出对行为起决定作用的某些关键因素，弄清它们之间的相互关系，以预测和控制人的行为。这类理论表明，要使员工出现企业期望的行为，需在员工的行为与员工需要的满足之间建立起必要的联系。

过程型激励理论的代表主要有弗鲁姆的期望理论、亚当斯的公平理论。

1. 期望理论

期望理论是由北美著名心理学家和行为科学家维克托·弗鲁姆于1964年在《工作与激励》中提出来的，又称为"效价-手段-期望理论"，是管理心理学与行为科学结合发展的一种理论。

期望理论可以用公式表示为：激发力量 = 期望值 × 效价。在这个公式中，激发力量指调动个人积极性，激发人内部潜力的强度；期望值是根据个人的经验判断达到目标的把握程度；效价则是所能达到的目标对满足个人需要的价值。

这一理论的公式说明，人的积极性被调动的大小取决于期望值与效价的乘积。也就是说，一个人对目标的把握越大，估计达到目标的概率越高，激发起的动力越强烈，积极性也就越大，在领导与管理工作中，运用期望理论调动下属的积极性是有一定意义的。

弗鲁姆认为，人之所以采取某种行为，是因为他觉得这种行为可以有把握地达到某种结果，并且这种结果对他有足够的价值。换言之，动机激励水平取决于人们认为在多大程度上人们可以期望达到预计的结果，以及人们判断自己的努力对于个人需要的满足是否有意义。

期望理论表明，当某人对某项活动及其结果的效用评价很高，而且估计自己获得这种结果的可能性很大时，那么领导者用这种活动和结果来激励他就可以收到很好的效果。

📖 管理故事：望梅止渴

东汉末年，曹操率领部队去讨伐盘踞在宛城的张绣。当时已经到了中午，烈日当空，天气十分炎热。将士们携带着沉重的武器，全身都被汗水浸湿，又热又渴，非常难受，给行军带来了严重影响。

曹操见将士们一个个舔着干燥的嘴唇，勉强行走，心里非常焦急。下令队伍原地休息，派人分头到各处去找水。过了好一会，派去的人全都提着空桶回来。原来，这里是一片荒原，没有河流，也没有山泉，根本找不到水。曹操又下令就地挖井，士兵们挥汗挖土，但过了好长时间，也挖不出一滴水。

曹操心想，情况很严重，如果在这里久留，会有更多的人无法坚持下去。曹操略微思索了一下，猛地用马鞭指着前边的山坡，大声对手下的将士说："这个地方我熟悉，翻过前边的山坡，就会有一大片茂盛的杨梅林，到了那里，你们每个人都可以尽情地享用杨梅。"

将士们一听说梅子及梅子的酸汁，就自然而然地想象起酸味，从而流出口水，顿时不觉得那么渴了。曹操立即指挥队伍行进，经过一段时间，终于带领队伍成功找到了水源，大家痛痛快快地喝了水，精神焕发的继续行军。

资料来源:《国学典藏》丛书编委会编著. 文字上的中国：成语 [M]. 北京：中国铁道出版社，2018.

2. 公平理论

公平理论又称社会比较理论，它是美国行为科学家约翰·斯塔希·亚当斯在《工人关于工资不公平的内心冲突同其生产率的关系》《工资不公平对工作质量的影响》《社会交换中的不公平》等著作中提出来的一种激励理论。该理论侧重于研究工资报酬分配的合理性、公平性及其对职工生产积极性的影响。

管理故事：公平不等于一视同仁

公平理论认为，人的工作积极性不仅与个人实际报酬多少有关，而且与人们对报酬的分配是否感到公平更为密切。每个人都追求公平的倾向，而公平与否则是从自己得到的报酬与自己所做的贡献进行比较中得出的。如果有客观标准，则被激励者会以客观标准来比较。如果没有客观标准，则被激励者就会与类似的情况相比较，如与他人进行横向比较（也称为社会比较），或与自己的过去进行纵向比较（也称为历史比较）等。

公平理论还认为，动机的激发过程实际上是人在横向和纵向比较后，做出公平与否的判断，并据以指导行为的过程。人们的工作积极性不仅取决于其所得到的报酬的绝对值，而且取决于其所得到报酬的相对值。相对报酬是通过比较而做出评判的，如果比较的结果是自己的收支比与他人的收支比不相等，自己的收支与过去的收支不相等，那么人们就会产生心理的不平衡，从而产生追求公平的动机。

用公平关系式来表示。

在横向比较后，则当感觉到公平时有下式成立：

$$\frac{Q_p}{I_p} = \frac{Q_x}{I_x}$$

式中：Q_p 为自己对所获报酬的感觉；Q_x 为自己对他人所获报酬的感觉；I_p 为自己对个人投入的感觉；I_x 为自己对他人投入的感觉。

当上式为不等式时，也可能出现以下两种情况。

情况一：

$$\frac{Q_p}{I_p} < \frac{Q_x}{I_x}$$

在这种情况下，他可能要求增加自己的收入或降低自己今后的努力程度，以便使左方增大，趋于相等；第二种办法是他可能要求组织减少比较对象的收入或者让其今后增大努力程度以便使右方减小，趋于相等。此外，他还可能另外找人作为比较对象，以便达到心理上的平衡。

情况二：
$$\frac{Q_p}{I_p} > \frac{Q_x}{I_x}$$

在这种情况下，他可能要求减少自己的报酬或在开始时主动多做些工作，但久而久之，他会重新估计自己的技术和工作情况，终于觉得他确实应当得到那么高的待遇，于是产量便又会回到过去的水平了。

除了横向比较之外，人们也经常做纵向比较，只有相等时才认为公平，如下式所示：

$$\frac{Q_{pp}}{I_{pp}} = \frac{Q_{pl}}{I_{pl}}$$

式中：Q_{pp}为对自己报酬的感觉；I_{pp}为对自己投入的感觉；Q_{pl}为对自己过去报酬的感觉；I_{pl}为对自己过去投入的感觉。

当上式为不等式时，也可能出现以下两种情况。

情况一：
$$\frac{Q_{pp}}{I_{pp}} < \frac{Q_{pl}}{I_{pl}}$$

当出现这种情况时，人也会有不公平的感觉，这可能导致工作积极性下降。

情况二：
$$\frac{Q_{pp}}{I_{pp}} > \frac{Q_{pl}}{I_{pl}}$$

当出现这种情况时，人不会因此产生不公平的感觉，但也不会觉得多拿了报酬，从而主动多做些工作。调查和试验的结果表明，不公平感的产生，绝大多数是由于经过比较认为自己报酬过低而产生的。

三、行为改造理论

组织的外部环境对人的行为塑造具有重要的影响，充分认识环境对塑造人的行为的关键作用，将有助于提高组织管理的水平。行为改造理论以行为后果为研究对象，探讨如何对行为进行后续激励。通过激励可以改造和修正人的行为方式，从而引发和保持人的积极行为、改造和转化人的消极行为。代表理论有以行为主义为基础的强化理论，以人本主义为基础的归因理论等。

动画：行为改造理论

（一）强化理论

强化理论是美国心理学家和行为科学家斯金纳等提出的一种理论。强化理论是以学习的强化原则为基础的关于理解和修正人的行为的一种学说。所谓强化，从其最基本的形式来讲，指的是对一种行为的肯定或否定的后果（报酬或惩罚），它至少在一定程度上会决定这种行为在今后是否会重复发生。

根据强化的性质和目的，可以把强化分为正强化和负强化。在管理上，正强化就是提倡和奖励那些组织上需要的行为，从而加强这种行为；负强化则是抵制或惩罚那些组织上不需要或反对的行为，从而削弱这种行为。

斯金纳认为，通过正强化，员工因原有行为受到鼓励和肯定而自觉地加强该行为；通过负强化，可以使员工感受到物质利益的损失和精神的痛苦，从而自动放弃不良行为。而且正强化或负强化必须紧随行为之后才最具有相应效果。

管理思想：赏罚分明

在组织的管理中，强化理论普遍表现为"胡萝卜加大棒"的管理方式。管理者可以通过强化他们认为有利的行为来影响员工。斯金纳主张强化的重点应该多采用奖励等正强化而少采用惩罚等负强化。尽管惩罚措施对于消除不良行为的效果很快，但是它的效果经常只是暂时的，并且可能会导致矛盾冲突、缺勤或辞职等。

此外，还要依照强化对象的不同采用不同的强化措施。因为人们的年龄、性别、职业、学历、经历不同，需要就不同，强化方式也应不一样，例如有的人更重视物质奖励，有的人更重视精神奖励，就应区分情况，采用不同的强化措施，以达到有效激励员工行为的目的。

（二）归因理论

归因理论是美国心理学家弗里茨·海德在有关社会认识和人际关系理念的基础上发展起来的，侧重于研究个人用以解释其行为原因的认知过程，亦即研究人的行为受到激励是"因为什么"的问题。不同的归因会直接影响人们的工作态度和积极性，进而影响随之而来的行为和工作绩效；对过去成功或失败的归因，会影响将来的期望和坚持努力的行为。

归因理论所研究的基本问题有下列三个方面：一是关于人心理活动发生的因果关系，包括内部和外部的原因；二是社会推论问题，即根据行为及其结果对行为者的稳定心理特征和素质或个性差异做出合理的推论；三是期望与预测，即从一定的过去的行为和其结果预计在某种情况下会产生什么行为。

不同的归因会直接影响人们的工作态度和积极性，进而影响随之而来的行为和工作绩效；对过去成功或失败的归因，会影响将来的期望和坚持努力的行为。一般人可做出四种归因，即努力程度、能力大小、任务难度、运气与机会。显然，把失败归咎于不稳定因素，有利于对前途充满希望，鼓舞干劲，在失败时保持旺盛的热情和信心，克服自暴自弃而奋发向上。

人们认为，失败与是否努力、与今后能否坚持行为有着密切的联系。所以，将失败归于内、外因中的稳定性因素还是不稳定因素，是影响今后工作和学习的成功期望和坚持努力行为的关键。也就是说，如果失败被认为是由于能力低、任务难等稳定因素所致，就会降低随后的成功期望，会失去信心，并不再坚持努力行为；反之，如果把失败的原因归于自己努力不够或粗枝大叶等不稳定因素，就会保持甚至增强能取得成功的动机，会进一步增强信心，坚持努力行为。

运用归因论原理来增强人们行为的持续性，对取得成就行为有一定作用，这实际上说明通过改变人的思想认识可以达到改变人的行为的目的。

管理实践：制定模拟企业的激励制度

- 任务目标

  （1）培养学生利用管理知识设置企业激励措施的能力。

  （2）培养学生的人际沟通能力和领导力。

（3）培养学生的团队协作能力。

• **任务要求**
（1）学生为模拟企业设计激励措施。
（2）通过小组讨论的方式分享自我激励的方法。
（3）初步设计模拟企业的奖惩制度和激励机制。

案例分析

海信的激励措施

2021年，海信举办了国际化与海外战略的开放日活动。三年内，海信将实现海外收入超越国内的目标。海信依然能够坚持海外战略，可见其长远主义非常坚定。走向国际化，海信的底气就是创新，不论是人才队伍还是产品创新，海信一直在默默努力。

一、投入保障机制

为真正实现规模的研发投入，提高高层管理人员对研发工作的重视，该集团对子公司经营者的评价指标中，把研发投入作为单独的考核指标，同时规定了相应的处罚措施。海信在与直属公司签订的年薪制合同中有明确规定，如果有技术投入不足的部分，就会有惩罚机制。

二、人才保障

1. 引进高学历人才

海信的产业扩展模式采取的是"科技孵化产业"的发展模式，即每涉足一个新领域的企业，都必须首先在技术中心设立研究所，用于本领域的技术研发和人才储备，当技术、人才成熟后，研究所分裂为公司。为此，关键技术带头人和高级人才的引进成为海信自主创新活动的重要内容。

通过多年的努力与积累，海信已形成一支高水平、多层次、稳定的研发团队。现有专任技术开发人员1500余人，其中半数以上人员具有高、中级职称，高级专家、博士近50名，硕士300余名。

2. 提供人才发展的平台

为提升研发人员发挥能力创造奇迹的平台，海信集团采取"因人设事"的做法。到2001年，软件公司营业收入超过1亿元，成为海信集团最有发展潜力的企业之一。

3. 综合性、多层次培训发展体系

集团一直非常重视研发人才的培养，建立起创新育人机制，以及集团、子公司、部门三级培训管理体系。集团拥有国家高新技术企业技术中心，拥有一流的国家级 Nt 博士后科研工作站，每年承担十多个国家级项目。集团技术中心也成为海信的重要培训中心。该技术中心每年参加国内外培训约四百余人次，与国内外先进技术企业进行技术交流300余次。每名技术中心员工平均每年有2~3次学习机会。1998年成立的海信培训学院通过对海信员工的定期培训，大大提高了海信人才的素质。

另外，海信集团通过建立教育培训基地、完善内部培训机制、加强外部合作等途径，建立全方位、多层次的培训体系，为集团培养了大量的科研人才。其自主创新活动能够满足人才需求和并受到智力资本支持。

4. 储备人才

公司内部努力形成"尊重人才"的企业氛围，在企业和员工之间实现最大的交流。在员工个人成长与企业发展的同时，建立关系型心理契约，从而形成"利益共同体"。在研究和开发过程中给予研发人员很大的自主权，尤其是在技术决策方面。在海信高级管理层的帮助下，让技术专家和领导者做出决策。对研发人员给予充分的信任，鼓励创新，使研发人员无后顾之忧。

技术型人才的薪酬是其具有人力资本价值和自我价值的直接体现。提供具有外部竞争力的研发人员薪酬也是海信留住核心人才的重要措施。自1992年起，海信向研究与开发人员发放工资额超过普通员工的2倍，并特别设立研发专才及专才津贴专区。

三、激励保障机制

1. 股权激励

海信早在海信网络科技公司孵化时，就开始关注技术人员的激励问题，并开始探索和实施员工持股。股票期权激励在海信内部取得预期效果。

2. 倡导创新的企业文化

在日常运作和创新活动中，海信逐渐形成了"尊重人才，鼓励创新"的企业文化。一个公司允许技术人员有30%的技术开发失败率，即使失败也要给予拨款。为鼓励研发人员在日常研究和开发中大胆尝试，海信将允许创新中的失败，直接写入企业的创新体系文件。

鼓励各研发人员积极参与海信研发计划的提出，许多项目由技术人员自己提出。这种鼓励创新的企业文化，极大地激发了科技人员的研发热情，提高了研发积极性。

3. 科研与开发管理

海信在研究与开发分配中实行"课题招标制"和"项目承包制"，建立"能者上，庸者下"的管理岗位竞争机制，根据员工、岗位、业绩三位一体的激励原则，建立全面的综合评价体系。该系统分为入门评价、绩效评价、晋升调岗评价、培训评价四个方面，其中包括"八大素质"，即沟通能力、进取精神、系统思维能力、团队建设、资源利用、风险预测、质量管理等。

海信对各类评价结果信息记录在个人绩效档案中，并纳入人力资源评价信息系统。在此基础上，海信还推行了一系列激励政策，如"能者多劳，多劳多得""个人收入与产品利益挂钩"。实行全员竞争上岗，使一大批具有创新意识的青年走上重要管理岗位。

资料来源：佚名. 打造"百年海信"，海信成为2022世界杯官方赞助商. [EB/OL]https: //baijiahao.baidu. com/s?id=1717455004236072194&wfr=spider&for=pc.（2021-11-26）[2021-12-27].

根据案例回答下列问题。

1. 海信集团在企业经营管理中具体采用了哪些激励措施？
2. 这些激励措施分别源自于哪种激励理论？
3. 以小组为单位综合评价一下海信集团在激励方面的成效。

 课后测验

一、单项选择题

1. 某企业规定，员工上班迟到一次，扣发当月50%的奖金，自此规定出台之后，员工迟到现象基本消除，这是（   ）强化方式。
   A. 正强化   B. 负强化   C. 惩罚   D. 忽视
2. 根据马斯洛的观点，处于需要最高层次的是（   ）。
   A. 生理的需要   B. 安全的需要   C. 社交的需要
   D. 尊重的需要   E. 自我实现的需要
3. 下列关于强化理论的说法正确的是（   ）。
   A. 强化理论是美国心理学家马斯洛首先提出的
   B. 所谓正强化就是惩罚那些不符合组织目标的行为，以使这些行为削弱直至消失
   C. 连续的、固定的正强化能够使每一次强化都起到较大的效果
   D. 实施负强化，应以连续负强化为主
4. 高级工程师老王在一家研究所工作，该所拥有一流的研究设备，根据双因素理论，你认为（   ）措施最能对老王的工作起到激励作用。
   A. 调整设计工作流程，使老王可以完成完整的产品设计而不是总重复做局部的设计
   B. 调整工资水平和福利措施
   C. 给老王配备性能更为先进的个人计算机
   D. 以上各条都起不到激励作用
5. 从期望理论中，我们得到的最重要的启示是（   ）。
   A. 目标效价的高低是激励是否有效的关键
   B. 期望概率的高低是激励是否有效的关键
   C. 存在负效价，应引起领导者注意
   D. 应把目标效价和期望概率进行优化组合
6. 中国企业引入奖金机制的目的是发挥奖金的激励作用，但到目前为止，许多企业的奖金已经成为工资的一部分，奖金变成了保健因素。这说明（   ）。
   A. 双因素理论在中国不怎么适用
   B. 保健和激励因素的具体内容在不同国家是不一样的
   C. 防止激励因素向保健因素转化是管理者的重要责任
   D. 将奖金设计成为激励因素本身就是错误的

二、判断题

1. 行为改造理论认为组织的外部环境对人的行为塑造具有重要的影响。（   ）
2. 马斯洛认为，已经得到满足的需要不再发挥激励作用。（   ）
3. "士为知己者死"是指这些人将自我实现需要放在首位，并不违背需要层次理论。（   ）
4. 马斯洛将五类基本需要分为高、低，其中生理需要、安全需要、社交需要属于低级的需要，尊重需要、自我实现的需要是高级的需要。（   ）
5. 当员工意识到通过努力很难达到绩效时，便不会受到激励；因此，领导者在设置任务时，应避免难度过高。（   ）
6. 根据期望理论，管理者应设置足够丰富的奖赏以激励员工完成富有挑战性的工作。（   ）

7. 根据公平理论，最合理的分配方式为平均分配。 （   ）
8. 公平理论强调个人主观判断，较难把握，因此企业在考虑公平性时主要以领导的推断为依据。 （   ）
9. 正强化或负强化必须紧随行为之后才最具有相应效果。 （   ）
10. "杀鸡儆猴"不符合强化理论的要求。 （   ）
11. 正强化一定要建立在员工的绩效基础上。 （   ）
12. 提升绩效工资比重会导致员工收入差距拉大，不符合公平理论。 （   ）

三、简答题

1. 简述马斯洛的需要层次理论。
2. 人类的需要有何特征？
3. 简要说明期望理论的主要内容。
4. 简要说明公平理论的主要内容。
5. 简述强化理论的主要内容。
6. 领导者根据激励理论处理激励实务时，有哪些方法？
7. 在对员工进行激励的时候，要注意哪几点？
8. 如何进行有效的批评？

四、论述题

1. 结合现实中的实例说明激励的过程及动因。
2. 如何运用好工作激励、成果激励和培训教育激励这3种常用的激励方法？

第十章

沟 通

采购程序的变更

戴思曼公司是一个为美国军方制造多种装备的大企业。它拥有 20 多个工厂，坐落在美国的中部地区，而这些工厂之间的采购过程从未进行过全面协调。事实上，公司的董事会过去在大多数情况下都是鼓励每个工厂的经理独立经营。1940 年底，公司逐渐开始面临某些必需原材料的采购困难，为此，总经理曼森先生专门任命富有经验的副总经理波斯特先生来负责采购部门的工作。曼森总经理还给了波斯特较多的工作自主权，并委派拉松先生作为他的助手。拉松在公司的许多部门工作过多年，他认识大多数工厂的经理。公司对波斯特先生的任命是按照惯例和正式渠道公布的，包括在本公司简报上刊登通告。

波斯特先生的首要决策之一，就是立即对公司的采购活动实行集中统一管理。第一步，他要求每个工厂分管采购的负责人，向董事会汇报所有数额超过 1 万美元的采购合同。他认为如果董事会想要做些协调工作，从而对每个工厂和整个公司有所帮助的话，那么，就必须至少在合同签订之前的一个星期得到信息。他与曼森总经理商讨了这一建议，并由总经理将建议提交给董事会。这个建议得到了董事会的批准。

在波斯特建议被采纳后的三个星期，公司进入了采购高峰期。于是波斯特准备了一封信，下发给本公司的 20 多位采购部门负责人。信的内容如下。

本公司董事会最近做了一项有关采购程序变动的决定。从今日起，凡是商谈数额超过1万美元的合同，都需要至少在合同签订之前一个星期由各厂的采购负责人汇报给总部负责采购的副总经理。

我相信诸位能充分认识到在目前这种供应量越来越难保证的情况下，这一步骤对协调整个公司采购活动是非常必要的。这个措施可以使总部得到必要的信息，从而保证每个工厂所需材料的最佳供应。通过这个措施，将使每个工厂和整个公司获得最大的利益。

波斯特先生将信给助手拉松看了，并征求他的意见。拉松先生认为信写得很好，同时又建议：因为波斯特本人所认识的采购部门负责人寥寥无几，所以他应该对所有工厂的采购负责人进行一次拜访并建立友好的个人关系。可波斯特马上否定了这一建议，他说，目前他在总部有许许多多的事情要处理，哪里能抽身出去做这么一趟旅行？结果，他将信逐一签了名后就让邮发出去了。

以后的两周里，大部分工厂都写了回信。来信大致内容如下。

尊敬的波斯特先生：

您最近关于要求我们在合同签订之前1个星期把情况汇报给公司总部的信函已经收到。这一建议看起来是切实可行的。我们将保证给予充分的合作。

但是，在以后的六个星期里，公司总部没有收到任何一个工厂有关采购合同正在谈判中的报告。而与这些工厂来往频繁的其他部门经理反映说，各个厂现在都很忙，正按照一贯采用的购买方式工作着呢！

资料来源：周三多. 管理学 [M]. 2版. 北京：高等教育出版社，2015.

问题思考

1. 在给20多位分厂采购部门负责人的信函里，波斯特先生有什么失误？
2. 为什么工厂的采购部门不遵照波斯特先生的要求？
3. 为了与各工厂采购部门有效地沟通，波斯特先生还应该做些什么工作？

第一节　沟通概述

一、沟通的重要性

沟通是人与人之间、人与群体之间思想与情感的传递和反馈的过程，以求思想达到一致或是情感通畅。组织与外部的交流，组织内部的信息传递，都是沟通的过程。

沟通是人类行为的基础，而良好的沟通则是管理工作的灵魂。沟通是完成各项工作任务，提高企业工作效率，实现管理目标的重要工具。在管理工作中，不论沟通是否有效，沟通都构成了日常工作的主要部分。据有关统计资料显示，管理工作中70%的错

动画：沟通的含义

误是由于不善于沟通造成的,而成功的公司管理者通常将 90% 以上的工作时间用于各种良性沟通之中。由此可见沟通在管理工作中的重要性。

> **管理故事:朱元璋往事**
>
> 公元 1368 年,出身贫寒的朱元璋登基,建立明朝。他早年的那些穷朋友听说后都想找他讨些钱过日子。
>
> 一天,一位穷朋友从乡下来到皇宫门前求见朱元璋。朱元璋听说是以前的老朋友,非常高兴,马上传他进殿。谁知这位穷朋友看见朱元璋端坐在宝座上,昔日的容颜似乎没有多大变化,便忘乎所以地说:"我主万岁!您还记得我吗?从前你我都替人家放牛,有一天我们在芦花荡里把偷来的豆子放在瓦罐里煮,还没等煮熟,大家就抢着吃,甚至把罐子都打破了,撒了一地的豆子,汤也都洒在泥地上了。你只顾满地抓豆子吃,不小心连红草叶子也送进嘴里,叶子梗在喉咙里,还是我出的主意,让你食用青菜叶子,才把红草叶子带下肚里去……"还没等他说完,朱元璋就嫌这个朋友太失体面,大怒道:"推出去斩了!"
>
> 后来,这件事让另外一个穷朋友知道了,心想这个老兄也太莽撞了,于是他心生一计,信心十足地去见朱元璋。
>
> 这个穷朋友来到京城求见朱元璋,行过大礼后便说:"我皇万岁万万岁!当年,微臣随驾扫荡芦州府,打破罐州城,汤元帅在逃,拿住了豆将军,红孩儿挡关,多亏了菜将军。"朱元璋一听,不禁大笑,他认出了眼前的这个朋友,心中更为此人巧妙地暗示他们小时候在一起玩耍的事而高兴,于是让他做了御林军总管,留在了自己的身边。
>
> 这两个人描述的其实是同一件事,然而第一个因为过于直白的语言,让朱元璋失了面子,也让自己丢了性命;第二个人则用巧妙的语言既让朱元璋回忆起往事,又保住了朱元璋的面子,进而得到了官职,这也充分体现了沟通的重要性。
>
> 资料来源:佚名.穷朋友巧讥朱元璋,还做了御林军总管,笑话.[EB/OL]. https://www.163.com/dy/article/F6HSC6T70528KGRG.html.(2020-02-29)[2022-11-8].

1. 沟通是使企业成为一个整体的凝聚剂

每个企业都由不同的个体组成,企业的活动也由许多的具体工作所构成,由于每个人的职位、利益和能力不同,他们对企业目标的理解和所掌握的信息也不同,这就使得个体的目标有可能偏离企业的总体目标,甚至背道而驰。如何保证上下一心,保证企业总目标的完成呢?这就需要不同的个体进行互相交流,统一认知,自觉地协调工作活动,以保证个人目标与组织目标的和谐统一。

2. 沟通是实现领导职能的途径

一个领导者不管他有多高超的领导艺术,有多么灵验的管理方法,他都必须将自己的意图和想法告诉下属,并且了解下属的想法。只有在下属理解了上级意愿的情况下,才能按照正确的方向来完成工作目标;而领导者只有在了解了下属想法时,才能及时给出正确对待的指令。

3. 沟通也是企业与外部环境建立联系的桥梁

企业身处各种环境之下，必然要跟外部发生联系，这使得企业不得不和外部环境进行有效的沟通。而且由于外部环境永远处于变化之中，企业为了生存必须适应这种变化，这就要求企业不断地与外界保持持久的沟通，以便把握住成功的机会和规避风险。

二、沟通的过程

沟通的过程是一个信息传递的过程。信息被发送者转化成信号形式（编码），然后通过媒介或通道传送至接收者，接收者将收到的信号再转译过来（解码），这就是信息的传递过程，如图10-1所示。

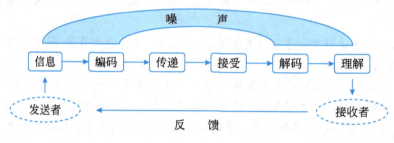

图10-1　沟通的过程

信息传递的过程可以分解为以下几个步骤。

（1）发送者发出信息。信息发送者出于某种原因，希望接收者了解某个信息，发送者明确了自己要沟通的内容。

（2）编码。发送者将这些信息译成接收者能够理解的一系列符号，如语言、文字、图表、照片、手势等。

（3）传递信息。通过某种通道将信息传递给接收者，由于选择编码的方式不同，传递的方式也不同。传递的方式可以是书面的，也可以是口头的，甚至还可以通过形体动作来表示。

（4）接收者接受信息。接收者根据信息符号的传递方式，采用不同的方式接收信息。这些方式可能是听，可能是读，也可能是看等。

（5）解码。接收者将接收到的符号翻译成他能够理解的形式。

（6）理解。接收者对翻译过的信息进行处理，形成自己的认知。

（7）反馈。接收者将其理解的信息再反馈给发送者，发送者对反馈信息加以核实并做出必要的订正。反馈的过程是信息沟通的逆过程，它也包括信息沟通过程的几个步骤。反馈构成了信息的双向沟通。

三、沟通的类型

根据划分标准的不同，沟通可以分为不同的种类，一般有以下几种划分。

动画：沟通的类型

（一）口头沟通和书面沟通

根据沟通形式区分，可将沟通分为口头沟通和书面沟通。

口头沟通是面对面的口头信息交流，如会谈、讨论、会议、演说以及电话联系等。其优点是快速传递、快速反馈和信息量大，可以用表情、语调等增加沟通的效果，还可以马上获得对方的反应，具有双向沟通的好处。其缺点是信息容易失真，核实起来困难。如传达者口齿不清或不能掌握要点做简洁的意见表达，则无法使接受者得到其真实意思。沟通时如果接收者不专心或心里有困扰，则因口头沟通一过即逝，无法获得信息。据统计，口头沟通中最终原汁原味的保留下来的内容不超过原信息内容的20%。

书面沟通即指通过布告、通知、文件、刊物、书信、电报、调查报告等方式进行的信息交流。其优点是具有持久性，可以复核，不容易在传达中被歪曲；它可以作为档案材料和参考资料，以及正式交换文件长期保存；它比口头表达更详细地供接收者慢慢阅读，细细领会。其弱点是传递效率低，缺乏沟通的及时反馈。但是在大型组织机构中，书面沟通可能是最有效的沟通方式。

（二）单向沟通和双向沟通

按照是否反馈，可将沟通分为单向沟通和双向沟通。

单向沟通指没有反馈的信息传递。只是一方向另一方发出信息，发送者与接收者的方向位置不变，双方无论在语言上还是在表情动作上都不存在反馈信息，发指示、下命令、演讲、报告等都带有单向沟通的性质。

管理故事：选择自己的上司

双向沟通指有反馈的信息传递。即指发送者和接收者的位置不断变化，发送者以协商、讨论或征求意见的方式面对接信者，信息发出后，又立即得到反馈。有时需要双方位置互换多次，直到双方共同明确为止。招聘会、座谈会等都属于双向沟通。

单向沟通和双向沟有以下区别。

（1）从速度看，单向沟通比双向沟通信息传递速度快。

（2）从内容正确性看，双向沟通比单向沟通信息内容传递准确、可靠。

管理游戏：你说我画

（3）从沟通程序上看，单向沟通安静、规矩，双向沟通比较混乱、无秩序、易受干扰。

（4）双向沟通中，接收信息者对自己的判断有信心、有把握，但对发出信息者有较大的心理压力，因为随时会受到接收者的发问。

（5）单向沟通需要较多的计划性，双向沟通无法事先计划，需要当场判断与决策能力。

由此可见，单向、双向沟通各有所长，沟通方式的选择，要视具体情况而定。如果需要迅速传达信息，应采取单向沟通方式；如果需要准确地传达信息，以采取双向沟通为宜。

（三）正式沟通和非正式沟通

微课：正式沟通和非正式沟通

从组织系统区分，将沟通分为正式沟通和非正式沟通。信息通过组织明文规定的渠道进行的传递和交流是正式沟通。组织内部的文件传达、通知发布、工作布置、工作汇报、各种会议以及组织与其他组织之间的公函往来都属于正式沟通。其优点是信息通路规范、准确度较高。

在正式沟通渠道之外进行的信息传递和交流称为非正式沟通，俗话称为"小道消息"，如员工间的私人交谈及流传的"流言"等。因为非正式沟通能够表露或反映人们的真实动机，同时也能提供正式沟通中不能涉及的信息，所以管理者应重视非正式沟通。比如经常组织非正式的娱乐活动，让员工在放松的状态下吐露心声，从中获取有利于改善管理的信息。在使用非正式沟通时要注意它的特点，非正式沟通既具有沟通形式灵活、信息传播速度快、准确性高等优点，又具有随意性和片面性等致命的弱点。对于非正式沟通中的错误信息，应采用"以其人之道还治其人之身"的方式，通过非正式沟通把正确信息传递回去。

第二节 有效沟通

某著名杂志曾对《财富》500强企业的管理者进行调查，发现导致管理失败的一个重要原因是沟通失败，即与员工之间缺乏有效沟通。因此，有效沟通是实现管理目标的重要保障。可是在沟通的过程中，由于外界噪声和内部沟通要素的原因，信息可能丢失或失真，达不到沟通的目的。

一、沟通的障碍

动画：沟通障碍

沟通障碍是指信息在传递和交换过程中，由于信息意图受到干扰或误解，而导致沟通失真的现象。在人们沟通信息的过程中，常常会受到各种因素的影响和干扰，使沟通受到阻碍。

在管理实践中，沟通障碍是普遍存在的。这些障碍有来自于信息沟通过程中内部方面的因素，也有来自于信息沟通过程中所遇到的各种外部因素。主要体现在人际障碍、组织障碍和文化障碍几个方面。

> **管理故事：侯宝林理发**
>
> 相声大师侯宝林先生早年间去上海的一家理发店，理发剪过头发后，老师傅问："侯大师，侬要不要'打一打'？"
>
> 侯大师吓了一跳，说："我又不是不给钱，为啥还要动手？"
>
> 在朋友的解释下，他才明白上海的"打头"原来指的是洗头。

文化背景的不同，会造成人们认知上的差异。同时文化背景也常常决定了我们看待事物的视角。

资料来源：365天沟通力训练营专家组. 场景化沟通：360度无障碍沟通的艺术 [M]. 北方文艺出版社. 2020.

（一）人际障碍

人际障碍可能来源于信息发送者，也可能来源于信息接收者，通常是由个体认知、能力、性格等方面的差异所造成的。人际障碍主要表现为以下几种。

1. 表达能力

有的沟通者表达能力欠佳，如用词不当、口齿不清、逻辑混乱、模棱两可等，这些都会使信息接收者难以准确理解信息发送者的真实意图。

2. 知识和经验差异

当信息发送者将自己的观点编译成信息码时，他只是在自己的知识和经验范围内进行编码。同样，信息接收者也只是在他们自己的知识和经验基础上解码对方传送的信息。如果沟通双方的知识和经验差异较大，沟通会面临很大困难，在信息发送者看来很简单的问题，信息接收者可能也无法理解，从而导致沟通失败。

> **管理故事：秀才买柴**
>
> 有一个秀才去买柴，他对卖柴的人说："荷薪者过来！"卖柴的人听不懂"荷薪者"（担柴的人）三个字，但是听得懂"过来"两个字，于是把柴担到秀才前面。秀才问他"其价如何？"卖柴的人听不太懂这句话，但是听得懂"价"这个字，于是就告诉秀才价钱。秀才接着说"外实而内虚，烟多而焰少，请损之。（木柴外表是干的，里头却是湿的，燃烧起来，会浓烟多而火焰小，请减些价钱吧。）"卖柴的人因为听不懂秀才的话，于是担着柴就走了。
>
> 用对方听得懂的语言进行沟通，是沟通成功的保障。
>
> 资料来源：佚名. 秀才买柴 [EB/OL]. https://www.chazidian.com/gushi11393/.（2012–11–22）[2021–12–30].

3. 个性和关系

一个给大家印象是诚实的、正直的、人际关系好的人，发出的信息容易使人相信；反之，一个虚伪的、狡诈的、人际关系差的人，发出的信息即便属实，大家也不一定会相信。

4. 情绪

在收发信息时，信息发送者和接收者的情绪会影响他们对信息的传递。不同的情绪状态会使同一信息的传递产生截然不同的结果。极端情绪很可能阻碍有效沟通，因为在极端情绪状态下，

管理思想：诚信为本的沟通价值

人的理性和客观因素几乎不发挥作用,情绪的好坏成了影响沟通最关键的因素。

5. 选择性

在沟通过程中,信息接收者会根据自己的需要、动机、经验、背景及其他个性特征有选择地去接收信息。解码和理解信息时,还会把自己的兴趣和期望带到所接收的信息中。符合自己观点和需要的,就容易听进去;不符合自己观点和需要的,就不大容易听进去。

6. 信息过滤

信息过滤是指信息发送者故意操纵信息传递,造成信息歪曲。例如,员工常因害怕传达坏消息或想取悦上级而向上级"报喜不报忧",这就是在过滤信息。过滤的主要决定因素是组织结构中的层级数目,组织纵向层级越多,过滤的机会也就越多。

7. 信息过载

信息不足会影响沟通的效果,但是信息过量同样也会阻碍有效沟通。当大量的信息涌向接收者时,加工和消化全部的信息变得不可能,人们就会忽视、不注意或者忘记信息,这经常会导致信息流失,降低沟通的效率。

(二)组织障碍

组织结构的等级构成也会影响沟通的有效性。具体体现在以下两个方面。

1. 组织结构

组织层级过多,信息在层层传递的过程中不仅容易失真,而且会浪费大量时间,影响沟通的效果与效率。另外,如果组织结构臃肿或各部门之间分工不明,就会给沟通双方造成一定的心理压力,引起传递信息的歪曲,从而降低信息沟通的有效性。

2. 组织氛围不和谐

组织氛围也会对信息接收的程度产生影响。信息发自一个成员相互高度信赖和开诚布公的组织,它将容易被接受。反之,信息如果发自一个气氛不正、缺乏信赖的组织,被接受的可能性将低得多。

动画:文化障碍

(三)文化障碍

任何沟通行为都是在一定的文化背景下开展的,因此文化差异成为影响沟通有效性的又一个重要因素。不同文化背景成长起来的个体,对一些事物或事件会保持固定的认知,当接触到与此事物有关的不一样的信息时,会不自主的抵触,从而影响沟通的效果。

微课:沟通中的语言障碍

(四)语言障碍

同样的词汇,对不同的人意味着不同的含义。年龄、教育和文化背景是影响一个人所采用的语言风格和对词汇的定义最为明显的三个变量。在一个组织中,员工的背景和言谈举止通常各不相同。即使是在同一组织不同部门的员工通常也有不同的行话,即某个群体的成员在内部沟通时使用的专业术语或技术语言。

很多情况下,沟通失败不仅仅是一种因素造成的,往往是多种不利于沟通的因素的综合结果。

二、沟通技巧

> **管理故事：对牛弹琴**
>
> 东汉末年有位叫牟融的学者，对佛学很有研究，善于讲解佛义。但他在向儒家的读书人解释佛义的时候，并不是直接依据佛经来讲解，而总是引用儒家的《书经》和《诗经》等经典著作。
>
> 听讲的儒家的读书人都很不理解，问他为什么要这样，于是牟融向大家讲了一个对牛弹琴的故事："从前，有一个叫公明仪的音乐家，能弹得一手好琴。一天，他对着一头正在吃草的牛弹了一首高深的曲子，但牛毫不理会，只顾低头吃草。公明仪对着牛观察了一会儿发现，并不是牛听不见琴声，而是牛听不懂这种曲调。于是公明仪就改弹了一首像蚊子、牛蝇和小牛叫唤的乐曲，果然，牛马上就停止了吃草，摇着尾巴，竖起耳朵听起来。"
>
> 牟融讲完这个故事后接着说："同样的道理，你们没有读过佛经，如果我用佛经的话来给你们讲解，那诸位不是仍然无法理解吗？所以我才会引用你们熟悉的儒家经典来给你们讲解。"大家听了，都心服口服。
>
> 资料来源：郭志伟. 成语故事 1（全四册）[M]. 郑州：文心出版社，2017.

为了克服人际障碍、组织障碍、文化障碍和语言障碍，管理者必须掌握或培养一定的沟通技巧。鉴于上面提到的沟通障碍，管理者应该如何做才能成为更有效的沟通者？

1. 充分利用反馈

很多沟通上的问题都直接源于误解和表达不准确。如果管理者能够在沟通过程中获得反馈，包括语言反馈和非语言反馈，出现这些问题的可能性则会有所降低。

针对所传递的信息，管理者可以通过询问一些问题以确定信息是否如预期那样得到正确的理解和接收。或者管理者也可以要求接收者复述这一信息。如果管理者能够听到预期的结果，那么理解和准确性则有所保证。反馈也可以提供一些更为微妙的信息，因为接收者的总体评论能够使管理者了解到其对所传递信息的反应。

反馈也不一定非得是语言上的反馈。如果一位销售经理将最新月度销售报告的相关信息以电子邮件的形式发送给所有的销售代表并要求他们完成该报告，而其中的一些销售代表并没有如期上交，销售经理也就获得了反馈。这一反馈表明销售经理应该在最开始的沟通中阐明一些信息。与此类似，管理者可以通过寻找一些非语言线索来辨别员工是否已经获得了正确信息。

2. 有效的使用语言

由于语言也可能是一种障碍，因此管理者应该考虑那些直接接收信息的听众，并通过调整自身的言语措辞以满足他们的需求。只有在信息被接收和理解的情况下，才能实现有效沟通。例如，一位医院院长应该以清晰易懂的言辞进行沟通，并且根据不同的员工群体有针对性地调整自己的措辞。针对外科医务人员的言辞应该与针对办公室员工的有所区分。行话的使用只有在该群体了解其具体意思时才能促进理解，如果在该群体之外使用则可能会产生各种问题。

> **📖 管理故事：巧妙的批评**
>
> 　　一次，张思先立下大功，宋太祖赵匡胤高兴到极致的时候随口许下了承诺："你这次为君为国做出如此重大贡献，我决意让你官拜司徒。"由于宋太祖只是兴起夸谈，所以很快就忘掉了这件事情，而张思先却深深地记在心中，正所谓"君无戏言"。
>
> 　　张思先左等右等，时间如流水般飞逝而过，可就是不见宋太祖的任命。皇上不主动提出来，做臣子的怎么好意思开口呢？张思先知道，即使宋太祖忘了这件事，自己也不能轻举妄动。
>
> 　　这天，张思先故意骑着一只奇瘦无比的马从宋太祖必经之地经过。当看到赵匡胤过来的时候，张思先装作非常紧张的样子，赶快下马向其请安。赵匡胤转眼看到了张思先的马，很不解地问道："这匹马怎么这么瘦啊，是不是你没有好好地喂养它啊？"张思先回答："一天三斗。"赵匡胤更加疑惑了："吃得这么多，为何会这么瘦呢？"张思先认真而委婉地说："我答应给它一天三斗粮，但是，我没有给它吃那么多啊！"话毕，赵匡胤心领神会，大笑起来。第二天，就按照许诺将张思先封为司徒长史。
>
> 　　资料来源：姜得祺，马德，杨百平.中国式应酬+饭局+场面话套装[M].海口：南海出版公司.2017.

3. 积极倾听

我们经常听别人说话，但我们通常没有在认真倾听。倾听是一种积极获取信息的方式，而单纯的听只是一种被动的行为。在倾听过程中，接收者也在努力地参与沟通。

微课：倾听的技巧

我们当中很多人都不是称职的倾听者。为什么？因为当一名称职的倾听者非常难，大多数人宁愿当一名说话者。实际上，倾听往往要比说话更让人感到疲劳。与单纯的听有所不同，积极倾听要求全身心地集中注意力，聆听说话者的完整意思而不作出先入为主的判断或解读。正常情况下，一个人讲话的平均速度大约为一分钟125～200个单词。然而，一个倾听者平均一分钟能够理解接近400个单词，这种差异留给我们大量的空闲时间和机会使我们心不在焉。

管理故事：好主意来自倾听

4. 控制情绪

如果认为管理者始终能以理性的方式与员工进行沟通，那真是不可能的。我们知道，情绪可能会扰乱和扭曲沟通的过程。一位对某一问题感到心烦意乱的管理者很有可能误解接收到的信息，并且无法清楚准确地表达自己的意思。这种情况下，最简单的方法就是在沟通之前冷静下来，使自己的情绪保持在可控状态下。

管理实践：销售模拟

- **任务目标**
  （1）理解沟通的重要性。
  （2）运用沟通的技巧。
- **任务要求**
  （1）三个小组扮演销售人员，三个小组扮演顾客。
  （2）每个销售小组经过讨论确定要销售的一件商品，分析有此商品需要的顾客小组。
  （3）小组成员独自面向顾客推销自己的商品，并尽量达成交易。
  （4）一轮销售结束后，销售人员和顾客角色互换再进行第二轮销售。
  （5）规定时间内销售数量最多者被评为最佳销售人员。

案例分析

追求效率的梁经理

研发部梁经理虽然进公司不到一年，但工作表现颇受主管赞赏，专业能力及管理绩效都获得大家的肯定。在他的缜密规划之下，研发部一些延宕已久的项目，都在积极推进中。

主管研发部的李副总发现，梁经理到研发部以来，几乎天天加班。他经常在第二天看到梁经理电子邮件的发送时间是前一天晚上10点多，接着甚至又看到当天早上7点多发送的另一封邮件。但是，即使在工作最忙的时候，其他同事也都准时下班，很少与梁经理一起加班，平常也难得见到梁经理和他的部属或是同级主管进行沟通。

李副总对梁经理怎么和其他同事、部属沟通工作感到好奇，开始观察他的沟通方式。原来，梁经理是以电子邮件交代部署工作。他的属下也都是以电子邮件回复工作进度及提出问题，很少找他当面报告或讨论。电子邮件似乎被梁经理当作和同事们合作的最佳沟通工具。

但是，最近大家似乎开始对梁经理这样的沟通方式反应不佳。李副总发觉，梁经理的部门逐渐失去了向心力，下属除了不配合加班，还只执行交办的工作，不会主动提出企划或问题。而其他各位主管，也不会像梁经理刚到研发部时，主动到他房间聊聊，大家见了面，只是客气地点个头。开会时的讨论也都是公事公办的情况居多。

李副总在楼梯间碰到另一部门的陈经理时，以闲聊的方式了解情况，陈经理表示梁经理工作相当认真，可能对工作以外的事就没有多花心思，李副总没再多问。这天，李副总刚好经过梁经理房间门口，听到梁经理打电话，讨论内容似乎和陈经理的业务范围有关。他到陈经理办公室，刚好陈经理也在打电话。李副总听谈话内容，确定是两位经理在谈话。之后，他找到陈经理，问他怎么回事，明明两个主管的办公房间就在隔壁，为什么不直接走过去讨论，而是用电话交谈。陈经理笑答，这个电话是梁经理打来的，梁经理似乎比较希望通过电话讨论工作，而不是当面沟通。陈经理曾试着要在梁经理房间谈，梁经理要么以最短的时间结束谈话，要么就是一边谈话一边盯着计算机屏幕，让他不得不赶紧离开。陈经理说，几次以后，他也宁愿用电话的方式沟通，免得让别人觉得自己过于热情。

了解到这些情形后，李副总跟梁经理进行了沟通。梁经理觉得，效率应该是最需要追求的目标，所以他希望用最节省时间的方式，达到工作要求。李副总以过来人的经验告诉梁经理，工作效率重要，但良好的沟通会让工作进展更加顺畅。

资料来源：佚名.研发部的梁经理[EB/OL]. https: //wenku.baidu.com/view/9d36d1fe14fc700abb68a98271fe910ef02dae58.html.（2021–08–30）[2022–02–20].

根据案例回答下列问题。
1. 你认为梁经理的沟通方式适合部门管理工作吗？
2. 梁经理与陈经理的沟通存在什么问题？应如何改善？

 ## 课后测验

一、单项选择题

1. 下列情况下，适合使用单向沟通的是（　　）。
   A. 时间比较充裕，但问题比较棘手
   B. 下属对解决方案的接受程度至关重要
   C. 需要迅速传达信息
   D. 下属能对解决问题提供有价值的信息和建议
2. 下列说法不正确的是（　　）。
   A. 单向沟通比双向沟通信息传递速度快
   B. 双向沟通比单向沟通信息内容传递准确、可靠
   C. 双向沟通的噪音比单向沟通要大得多
   D. 单向沟通无法事先计划，需要当场判断与决策能力
3. 下列关于非正式沟通的说法不正确的是（　　）。
   A. 非正式沟通的沟通形式灵活
   B. 非正式沟通信息传播速度快，但准确性低
   C. 非正式沟通存在随意性和片面性等致命的弱点
   D. 非正式沟通能够表露或反映人们的真实动机
4. 情绪不佳属于沟通当中（　　）方面的障碍。
   A. 人际　　　　B. 组织　　　　C. 文化　　　　D. 语言
5. 口头沟通的优点不包括（　　）。
   A. 快速传递、快速反馈和信息量大
   B. 可以用表情、语调等增加沟通的效果
   C. 可以马上获得对方的反应，具有双向沟通的好处
   D. 具有持久性，可以复核，不容易在传达中被歪曲

二、判断题

1. 信息通过组织明文规定的渠道进行的传递和交流是正式沟通。（　　）
2. 组织层级过多,信息在层层传递的过程中不仅容易失真,而且会浪费大量时间,影响沟通的效果与效率。（　　）
3. 行话的使用只有在该群体了解其具体意思时才能促进理解,如果在该群体之外使用则可能会产生各种问题。（　　）
4. 发指示、下命令、演讲、报告等都带有单向沟通的性质。（　　）
5. 根据沟通形式区分,可将沟通分为口头沟通和书面沟通。（　　）

三、简答题

1. 沟通的过程有哪几步?
2. 什么情况下适合使用双向沟通?
3. 非正式沟通有何特点?
4. 管理者应如何对待非正式沟通?
5. 有效沟通的技巧有哪些?

第十一章 控 制

检出致癌物苯！潘婷等四个品牌产品被召回

当地时间2021年12月17日，全球日化巨头——美国宝洁公司发布公告称，由于检测出致癌物苯，该公司正在主动召回在美国生产的潘婷等四个品牌的多款喷雾式洗护产品。

这些召回的产品包括潘婷、植感哲学、澳丝袋鼠和Waterless的部分干发喷雾类产品。

宝洁公司在公告中表示，苯不是任何一款喷雾式产品中的成分，但他们近期在产品从包装瓶中被喷出后检测到了"意想不到含量的苯"。

宝洁公司称，到目前为止，尚未收到任何与此次召回相关的不良事件报告。每天接触产品中检测到的苯的含量预计不会对健康造成负面影响。但出于谨慎考虑，正在进行此次召回。

苯是一种有机化合物，人和动物通过呼吸、口服和皮肤接触到苯，会导致癌症，被世界卫生组织国际癌症研究机构列为一类致癌物。

另据路透社报道，这些被召回的产品也在加拿大销售，将同步进行召回。11月23日，因产品中检测出苯，宝洁公司宣布召回在美出售的部分止汗喷雾。

宝洁中国回应：召回产品不涉及中国市场。

资料来源：佚名.检出致癌物苯！潘婷等四个品牌产品被召回[N].环球时报.2021-12-18.

> **问题思考**
> 1. 产品因质量问题而被召回对于企业会产生哪些危害？
> 2. 你认为宝洁公司应如何应对该次产品召回事件？
> 3. 产品因质量问题而被召回属于哪种控制方式？

第一节　控制概述

一、控制的含义

组织制定并执行计划是为了实现特定的组织目标。任何组织在计划实施的过程中都不可避免地会遭遇由于内外部环境变化而引发的现实与计划相偏离的状况；而决策和计划本身也可能存在着不足，只能在实施的过程中逐步暴露出瑕疵甚至重大漏洞。

管理者的日常管理工作正是为了确保组织的各个部门和成员按照计划规定的期限，以经济、有效的方式去实现目标。在组织运营过程中，需要一些管理措施来保证计划与实际作业的动态适应，并在这一动态过程中发现偏差并加以纠正。这一职能就是管理的控制职能。

在管理学中，控制是指为了确保组织内各项计划按照预期去完成而进行的监督、发现、分析和纠正偏差的过程。控制的目的是要通过确立标准、衡量绩效和纠正偏差等过程来监测、衡量和纠正决策、计划、组织、领导、创新等管理活动的实际效果，保证组织目标的实现。

控制的"动态适应"有两方面的含义，既包括按照既定的计划标准来衡量和纠正计划执行中的偏差，还包括在必要时修改计划标准，以使计划更加适合实际情况这一层含义。

动画：控制的含义

管理工具：常见行使控制职能的岗位

二、控制的原则

控制职能的行使应贯穿于组织管理中所有可能出现偏差的环节，决策失误、计划不周、组织不力、分工不明、用人不当、领导不力、士气不足、产品缺陷等都是组织经常要面临的问题。控制的过程就是发现、衡量、分析和纠正偏差的过程。要真正发挥控制职能的作用，需要建立一个有效的控制系统，须遵循以下基本原则。

微课：控制的原则

1. 控制的关键点原则

在控制过程中不仅要注意偏差，而且要找出引发偏差的关键节点，控制工作无法覆盖到组织日常运营中所有的事项，而只能针对关键的事项，抓住活动过程中的关键点进行局部的和重点的控制。

控制作为一种管理职能，它为组织目标服务，有效的控制必须有明确的目的，不能为控制而控制。无论什么性质的工作往往都有多个目标，但总有一两个是最关键的，管理者要在这众多目标中，选择出关键的、反映工作本质和需要控制的目标加以控制。

2. 控制的及时性原则

通过组织的控制机制，管理者应及时发现问题并在第一时间采取纠正偏差的措施，一方面要求及时获取相关的信息，避免时过境迁，使控制措施失去应有的效果；另一方面要估计内外部环境可能发生的变化，所采取的措施应与环境变化相适应，从而保证纠正偏差的措施应具有一定的预见性。组织活动中产生的偏差只有及时加以纠正，才能避免偏差继续扩大，进而产生更为严重的损失。"千里之堤，溃于蚁穴"正是对细微偏差漠视、拖延所引发的严重后果的写照。在瞬息万变的内外部环境中，管理者应及时发现并纠正偏差，防微杜渐。

管理思想：擒贼先擒王

3. 控制的灵活性原则

任何控制对象和控制的过程都是受到众多未知因素的影响的，而对内外部环境变化所作出的预测总会不可避免地存在着一定的不准确性，因此所控制的对象和过程也不可能完全按照所设计的控制目标发展。控制的灵活性原则就是要求制订多种应付变化的备选方案，留有一定的变通空间，采用多种灵活的控制方式和方法来达到控制的目的。控制应保证在出现环境突变、计划疏忽、计划失败等情况下，控制仍然有效，因此要有弹性和替代方案。

管理思想：将在外，君命有所不受

4. 控制的可行性原则

由于控制职能的实施需要组织投入大量的人力、物力、财力资源，这也是许多组织控制不利的重要原因。在设计控制机制、实施控制措施的过程中，必须坚持经济上的可行性，保证在技术上、方法上具有可操作性，即这些措施必须是在组织能力允许的

管理案例：本田公司三年来净利润首次下滑，被产品质量拖后腿

范围内能够实际运作的，而控制的结果是纠正偏差措施的实际贯彻，并使控制职能真正发挥出应有的效果。

三、控制的过程

控制工作的过程包括确立标准、衡量绩效、分析差异和纠正偏差四个环节。

（一）确立标准

控制工作是建立在对计划和实施进行客观的、科学的比较基础上的，这就需要有一个检查和衡量工作及其结果的规范——标准作为前提。因此，制定标准是进行控制的基础，没有一套科学的标准，衡量绩效或纠正偏差就失去了客观依据。

标准是在一个完整的计划程序中选出的且对工作成果进行计量的一些关键点。以目标

动画：控制工作的过程

为标准是最明确的，如以实物表示的产品数量、工作时间、顾客数量等，如用货币数量来表示的销售额、成本和利润等。当然，组织的管理事务千头万绪，任何单一指标都无法全面体现某项工作的成效。因此，某一计划的目标通常需要一系列、多样性的控制标准才能客观衡量。企业常用的控制标准包括定量标准和定性标准，前者是控制标准的主要形式，后者主要是有关服务质量、组织形象等难以量化的标准。

1. 确立控制对象

确立控制对象是决定控制标准的前提。控制的对象一般有组织人员、财务活动、生产作业、信息及组织绩效等。组织活动的成果应该成为控制的重点对象。例如，当企业的产量目标或产品质量目标有所偏离时，其重点关注的对象就是生产作业、生产人员、生产技术等对象。

2. 选择控制关键点

控制点应当选择影响目标的关键性因素，如经营活动中的限制因素，或者是对计划的有效实施影响更大的因素。以生产作业活动为例，管理者可以近似或准确地找出数量、质量、时间及成本之间的内在联系，例如生产控制往往注重质量和时间控制，而销售控制更多侧重于成本和数量控制。

3. 制定标准的方法

常用的制定标准的方法有三种，一是利用统计方法来确定预期结果，例如通过历年统计数据制定预期目标；二是根据经验和判断来估计预期结果，例如通过高层管理者的经验和智慧预判未来趋势；三是在客观的定量发现的基础上建立工程（工作）标准，例如通过实施标准的作业流程以实现统一的产品质量。

管理思想：中国古代产品生产标准制度

在工业企业中，最常用的定量控制标准有四种，即时间标准（如工时、交货期）、数量标准（如产品数量、废品数量）、质量标准（如产品等级、合格率）和成本标准（如单位产品成本），几乎所有的生产作业活动都可依据这四种标准进行控制。

（二）衡量绩效

各级管理者的职责之一，是在日常管理中依据标准跟踪工作进展，及时发现和搜集那些预示偏离正常进度的信息并进行反馈，进而根据既定标准衡量绩效、确定偏差。信息的准确性、及时性、可靠性、适用性是衡量绩效的依据和参考。组织可以通过多种方式获取信息，例如亲自观察、分析报告与报表资料、抽样调查、召开会议、听取口头报告等。

1. 衡量绩效，并检验标准的客观性和有效性

利用预先制定的标准去检查各部门、各阶段和每个人工作的过程，一方面可以对组织的运营状况进行及时的反馈，另一方面也是对标准进行检验的过程。控制标准是否客观、有效，管理者是否能够正确使用和执行标准，也是获取准确控制信息的前提。有效地使用绩效衡量方法才能为组织的改进方向提供切实的依据。

2. 确定适宜的衡量额度

有效的控制要求确定适宜的衡量额度，既要体现在控制对象的数量上，也要体现在对同一标准的测量的次数或频度上。适宜的衡量额度取决于被控制活动的性质、控制活动的要求。对那些长期的较高水平的标准，适用于年度控制；而对产量、出勤率等短期、基础性的标准，则需要比较频繁的控制。

3. 建立信息反馈系统

为纠正偏差，应该建立有效的信息反馈网络，使反映实际情况的信息既能迅速收集，又能适时传递给管理人员，并能迅速将纠偏指令下达给相关人员，使之能与预定标准相比较，及时发现问题，并迅速地进行处置。

管理思想：古代灾情奏报制度

（三）分析差异

对实际绩效与控制标准进行比较后若出现差异，首先要了解偏差是否在标准允许的范围之内，在分析偏差原因的基础上进行改进；若差异在允许范围之外，则应深入分析产生偏差的原因。

1. 找出偏差产生的主要原因

产生偏差的原因可能是由计划本身引发的，也可能是执行过程中各环节出现的问题，还可能是外部环境变化的影响。在采取纠正措施以前，必须对反映偏差的信息进行评估和分析，一方面判断偏差可能引发的问题的严重程度，及时应对；另一方面要找出偏差产生的真正原因，寻找问题的本质。管理者必须将精力集中于查清问题的原因上，既要调查内部的因素，也要调查外部环境的影响。

2. 确定纠偏措施的实施对象

偏差的原因确定后，纠偏的实施对象也就确定了。纠偏对象不仅可能是组织的各项活动、活动执行的人员和方法，也可能是指导活动的计划或衡量活动的标准本身。纠偏对象可以回溯到计划和目标的初始阶段，例如当组织最初制定的计划或标准不科学，或者因客观环境发生重大变化引发不可控制因素时，都有必要重新调整原有的计划或标准。

📖 管理故事：南京明城墙城砖铭文背后的故事（一）

漫步南京明城墙，很容易发现刻有铭文的城墙砖。南京明城墙是明太祖朱元璋精心谋划建设的一项"国家级重点工程"。1368年，朱元璋在应天府（今南京）登基，建立大明，年号洪武。而早在两年前，朱元璋就已经决定在南京建立"新城"和"新宫"。从1366年至1393年，历时28年，朱元璋动用各类筑城人员达百万之众，大规模建造了南京四重城墙，即宫城、皇城、京城和外郭。其中京城城墙如今被简称为"南京城墙"，其他三重城墙大都已成遗址或遗迹。南京明城墙蜿蜒盘桓35.3km，是我国目前留存规模最大的京城城墙，也是世界第一大城墙。1988年，南京明城墙被列为全国重点文物保护单位。栉风沐雨六百多年，南京明城墙至今依然雄伟坚固，与城砖铭文背后严格的责任制有着密切关系。

南京城墙砖来源于长江中下游水系的广袤地区。在南京城墙的营造过程中，朝廷建立了一套质量保证体系和奖惩制度，其中包括资金管理、施工管理、现场管理、工程质量管理、安全生产管理、工程验收、征派制度等。朝廷通过实施这套体系和制度，对先后参建南京城墙的百万之众进行有效管理，也为确保这项宏伟工程的质量提供了重要制度保障。

在城砖烧制环节，实施"物勒工名"制度，即把名字刻在砖上，目的是保障城砖的烧制质量，杜绝粗制滥造。如果出现质量问题，就可以轻而易举地追根溯源，找到当事人，无论是提调官、烧窑匠，还是造砖人，都要承担责任。

在城砖验收环节，要达到"敲之有声，断之无孔"的验收标准。"敲之有声"是对"窑匠"提的要求，窑匠烧制时不得偷工减料，砖未烧透则敲之声哑；"断之无孔"是对"人夫"提的要求，人夫制砖时要严格按照工艺标准来做，砖泥若未踩踏均匀，制成砖后则砖内有气泡。检验时如未能达标，则视为废砖。小甲、甲首、总甲及各级官、吏，均按照这个标准，逐级验收城砖，层层负责、层层把关。据说，不合格的城砖一旦超过规定的数量，则这批城砖即被定为不合格产品，必须退回。如两度检验不合格，铭文中记录的有关官员及各个环节的具体责任人，都会受到严惩。

在运送城砖时，实行"砖票"制度，即在长江往返的船只必须顺带城砖运往南京，并发放砖票。一旦查获没有砖票的船只，即刻治罪。

资料来源：曹方卿等.南京明城墙城砖铭文背后的故事（一）[N].中央纪委国家监委机关报.2019-8-9.

（四）纠正偏差

1. 纠偏的主要方法

依据产生偏差的主要原因及所产生后果的严重程度等，在纠偏工作中采取不同的方法应对。通常对由于工作失误而造成的问题，主要是加强管理、监督，确保工作向目标归正；对于计划或目标不切合实际的情况，主要是按照实际情况修改计划或调整目标；对于组织运行环境发生重大变化的情况，则主要采取启动备用计划或重新制订新计划等方法。

在管理实践中，运用组织职能重新分派任务来纠正偏差是较为普遍的做法，例如，通过人事变动、选拔、培训、解雇、重新配备员工等办法来纠正偏差。当然，管理人员也可以采用更为有效的沟通、激励等领导方法来纠正偏差。

2. 纠偏措施的类型

纠正偏差的措施也应视具体情况选择。既可以采取临时性应急措施，也可以采取永久性的根治措施。例如，当生产性企业面临交货期紧迫、可能造成重大违约责任的情况时，首先考虑的不是该追究什么人的责任，而要采取措施确保按期完成任务。管理者可以使用管理权力采取最有效行动——要求工人加班加点，短期突击；增添工人和设备；派专人负责指导完成等。待危机缓解以后，则可转向永久性的根治措施，如更换管理人员、改革生产技术和方法、更新生产设备、整顿生产纪律、增加激励等方式。

总之，在控制工作中，管理者既要在问题产生时充当"救火员"的角色，也要深入探究"失火"原因，并采取根治措施消除偏差产生的根源和隐患。

第十一章 | 控制

> **管理故事：南京明城墙城砖铭文背后的故事（二）**

一、南人官北，北人官南

在南京城墙建造中，为了防范官员利用本籍亲族关系徇私舞弊，朱元璋采取了"南人官北，北人官南"的任职地域回避政策，实行异地就职。由于南京城砖征调的地区分别为江西、湖广、直隶，所以督造官员大多来自北平、山西、陕西、河南、四川。

一名官员因为能力突出，在两年时间里连升六级，他就是山东即墨人隋赟。隋赟原先为元朝旧官，明朝建立以后，被授予六安州英山县（今湖北省英山县）的正九品主簿，后升为正七品的知县。后又因消除了当地的虎患，1377年被升调至江西袁州府（今江西省宜春市）任正六品通判，以"提调官"之名，负责南京城墙砖的烧制。他在袁州两年的时间内，推广并实行以"甲"为建制的基层组织形式，采用当地所产的高岭土烧制城砖。这种色泽洁白的城砖俗称"瓷砖"。

按照当时城砖的验收标准，这批城砖完全符合"敲之有声，断之无孔"的要求，而且声音清脆，砖泥细腻，是城砖中的佳品。这批城砖运到京城以后，一时轰动朝野。由于这种砖具有不吸水、质地坚硬的特性，能增强墙体内部的排水性能，所以被广泛运用于南京城墙"肚子"里。如在"龙脖子"段、"神策门"段等地段城墙内，均发现了这批城砖。对于"性果敢有才略"的隋赟，朱元璋颇为满意，嗣后对其重用。

二、惩贪治腐，毫不手软

在建造南京城墙过程中，也有一批偷工减料、贪赃枉法、欺下瞒上、营私舞弊的官吏受到惩处。这其中，有的是位高权重的朝官，有的是地方上府、州、县各级官吏，还有的是一些并无官职的差使。

为了遏制明初官场的腐败之风，1385年至1387年，也就是洪武十八年至洪武二十年间，朱元璋先后将自己亲自审理的案件加以汇总，再加上就案而发的言论，合成一种训诫天下臣民必须严格遵守的刑事特别法，即《明大诰》。同时，大量印刷《明大诰》，并分发到每家每户，让天下百姓知晓。在南京城墙营造过程中的许多真实案例也被编入其中。

1372年，朝廷为加快建造南京城墙，开始大规模向长江中下游征集民夫参役。应天府吏任毅、丹徒县丞李荣中等六人，竟然按每人2.2两白银的价格，放掉人夫1265人。按明初的法律当处斩，朱元璋考虑这六人认罪态度较好，且全部退还了赃款，改用其他刑罚以示警诫。让朱元璋没想到的是，十年后这些人仍然不思悔改，我行我素，还用过去的手法敛财，同时逼迫应该免役的周善等数百家前来服役。由于周善等人告发，朱元璋获知真相，雷霆震怒，任毅等人被处以极刑。朱元璋还亲自撰文，昭示天下。

1385年，工部侍郎正三品官员韩铎等14人贪赃案发。尽管韩铎很有能力，也曾得到朱元璋的重用，但经过朝廷审查核实，数罪中仅与具体监管官员勾结，并在受贿后将人夫、工匠放掉一项，韩铎就得赃款30350两白银，木炭81万斤。朱元璋立即下令将韩铎逮捕交"三法司"惩办，并撰文昭告天下。

在南京城墙大规模建造后期，朝廷停止了向全国征派民夫参建的办法，改由军人和罪犯参与筑城，各地窑厂也改由南京官窑厂承办。同时，由于《明大诰》等相关法规的颁布，筑城中的腐败问题有所遏制，工程质量也有了进一步提高。聚宝门、通济门、石城门和正阳门正是在这样的背景下于1386年即洪武十九年得以重建。

资料来源：曹方卿等.南京明城墙城砖铭文背后的故事（二）[N].中央纪委国家监委机关报.2019-8-9.

四、控制的类型

微课：控制的类型

动画：事前控制的含义

微课：事中控制的优点与不足

根据不同的标准，可以将控制分为不同的类型。按照时点分类是较为实用的分类方法。时点是指控制措施与偏差产生的时间先后关系。根据时点，控制可分为事前控制、事中控制和事后控制3类。

1. 事前控制

事前控制也叫前馈控制、事先控制，是一种防患于未然的预防机制，即在工作开始前对工作中可能产生的偏差进行预测和估计，并采取防范措施，将可能的偏差消除于其产生之前。

事前控制要求管理人员具备良好的前瞻性，一方面需要掌握及时和准确的信息，做出趋势的预判，另一方面需要充分认识控制因素与计划工作之间相互影响的关系。事前控制可以大大降低因偏差造成损失的可能性，且事前控制的措施不针对具体人员，因而不易造成面对面的冲突，易于被员工接受并付诸实施。

事前控制在管理实践中应用广泛，例如新员工的岗前培训、特定岗位的作业规范、制定规章制度、市场调查与预测、财务中的预算制定、某些行业的保证金制度和资格准入制度等，这些做法都属于事前控制。

2. 事中控制

事中控制，也叫现场控制或同期控制，是指在计划执行的过程中同步实施控制。事中控制通常由基层管理者实施，具有监督和指导两项职能。监督是按照预定的标准检查正在进行的工作，以保证目标的实现；指导是管理者针对工作中的问题，根据自己的经验现场指导下属改进，或与下属共同商讨矫正偏差的措施。

事中控制的优势是在计划执行的过程中能够及时、准确、客观地发现偏差、纠正偏差，起到立竿见影的效果，将损失降到最低的程度。并且在偏差产生的现场即时进行指导，也有助于提高工作人员的工作能力和自我控制能力。

但是事中控制实施的效果依赖于管理者的个人素质、作风、指导方式以及下属对指导的理解程度，时间和人力成本较高，且容易在控制者与被控制者之间形成对立情绪，伤害被控制者的工作积极性。随着计算机和网络技术的发展，远程技术指导、即时技术问询等形式的远程控制在一定程度上突破了事中控制的时空限制。

事中控制在简单劳动或是标准化程度很高的生产领域应用最为普遍,严格的现场控制、监督可能会取得显著的效果;但对于非标准化的创造性劳动,管理者则应该更侧重于营造出一种良好的工作环境和氛围,这样才有利于工作的顺利进行和目标实现。

3. 事后控制

事后控制也叫反馈控制,是在工作结束或行为发生之后进行的控制,其关注的重点在工作的结果上,通过对已形成的结果进行测量、比较和分析,发现偏差情况,依此采取措施,从而对今后的活动进行纠正。例如,企业在发现不合格产品或接收到顾客投诉后,追究当事人的责任。

动画:事后控制的含义

事后控制是在事后进行的,往往损失已经产生,无可挽回;且从衡量绩效、分析偏差到制定和实施纠偏措施的过程都需要时间,容易贻误时机,增加控制的难度,相对具有滞后性的缺点。

但事后控制为管理者提供了关于计划执行的效果究竟如何的真实信息,往往具有最为客观准确的依据。其主要作用是通过总结过去的经验和教训,为未来计划的制订和活动安排提供借鉴,对反复性操作的业务具有积极意义。正如成语"亡羊补牢"所寓示的,补好羊圈对于丢失的羊已经失去意义,而对羊圈中还留存的羊却意义重大,所谓"吃一堑,长一智"。

> **📖 管理故事:扁鹊的医术**
>
> 中国古代历史上出现过很多与管理控制有关的典故,蕴含着丰富的管理智慧。
>
> 扁鹊是中国历史传说中的名医,民间流传着一个关于扁鹊医术的小故事,能够体现出控制职能的作用。
>
> 据说扁鹊三兄弟都是医生,以扁鹊的医术最为闻名。魏文王曾问扁鹊:"你们家兄弟三人中谁的医术最高?"扁鹊回答说:"我大哥医术最高,二哥次之,我的医术在两位兄长之下。"文王非常疑惑:"为何你的医术名扬天下,他们的声望却远不及你?"扁鹊说:"我大哥能够在病人的病情发作之前,预防、治疗铲除病因,所以他的名气根本无法传播出去;我二哥治病于病情初起之时,一般人认为他只能医治一些轻微的小病,名声只及附近乡里;至于我,没有二位兄长的超前判断能力,只能医治于病情严重之时,但一般人却认为我医术最高明,因此,我的名气最大。"

此外,按控制的来源不同,可将控制分为正式组织控制、群体控制和自我控制;按控制手段不同,可以把控制分为直接控制和间接控制。

管理思想:危机管理思想和意识

第二节 控制的方法

一、预算控制

动画：预算控制的含义

预算控制是企业根据预算规定的收入与支出标准检查和监督各个部门的生产经营活动的控制。其作用是保证各种活动或各个部门在充分达成既定目标、实现利润的过程中对经营资源的合理利用，使费用支出受到严格有效的约束。

预算控制清楚地表明了计划与控制的紧密联系。预算是计划的数量表现，是作为计划过程的一部分开始的，而预算本身又是计划过程的终点，是转化为控制标准的计划。预算在形式上是一整套预计的财务报表和其他附表。按照不同的内容可以将预算分为经营预算、投资预算和财务预算三大类。

1. 经营预算

经营预算是指企业日常发生的各项本活动的预算。它主要包括销售预算、生产预算、直接材料采购预算、直接人工预算、制造费用预算、单位生产成本预算、推销及管理费用预算等。

2. 投资预算

投资预算是对企业的固定资产的购置扩建、改造、更新等，在可行性研究的基础上编制的预算。它具体反映在何时进行投资、投资多少、资金从何处获得、何时可获得收益、每年的现金流量为多少、需要多少时间回收全部投资等。由于投资的资金来源往往是企业的限定因素之一，而对厂房和设备等固定资产的投资又往往需要很长时间才能回收，

管理案例：巴黎2024奥运会预算66亿欧元，超支在所难免

因此，投资预算应当力求和企业的战略以及长期计划紧密联系在一起。

3. 财务预算

财务预算是指企业在计划期内反映有预计现金收支、经营成果和财务状况的预算。它主要包括"现金预算""预算收益表"和"预计资产负债表"。

各种经营预算、投资预算中的资料，都可以折算成金额反映在财务预算内。这样，财务预算就成为各项经营业务和投资的整体计划，故亦称"总预算"。

二、非预算控制

随着组织规模的扩大、分权管理的发展，对管理工作的综合控制显得日益重要。仅从有关组织经营管理工作成效的绝对数量的度量中是很难得出正确的结论的，因此除了指标相对单一的预算控制方法以外，对于组织经营活动中的各种不同度量之间的比率分析，也是非常有效的和必需的控制技术或方法。

例如，仅从一个企业年利润1000万元这个数字上很难得出什么明确的概念，因为我们不知道这个企业的销售额是多少，不知道它资金总数是多少，不知道它所处的行业的平均利润水平是多少，也不知道企业上年和历年实现利润是多少。所以，在我们得出有关一个组织经营活动是否有显著成效的结论之前，必须首先明确比较的标准。

企业经营活动分析中常用的比率可以分为两大类，即财务比率和经营比率。前者主要用于说明企业的财务状况，后者主要用于说明企业经营活动状况。

1. 财务比率

企业的财务状况综合反映了企业的生产经营情况。通过财务状况的分析可以迅速地、全面地了解一个企业资金来源和资金运营的情况，了解企业资金利用的效果以及企业的支付能力和清偿债务的能力。常用的财务分析比率有资本金利润率、收入利润率、成本费用利润率、资产负债率、流动比率、速动比率、应收账款周转率、存货周转率等。

2. 经营比率

除了用以衡量一个企业生产经营状况和财务状况的综合性财务比率指标外，还有一些直接用来说明企业的经营情况的比率，这些比率称为经营比率，常用的有市场占有率、相对市场占有率、投入-产出比率等。

管理案例：苹果的iPhone利润率有多高，听听华为高管的见解

三、成本控制

成本是为取得可为某组织带来当期或未来利益的某种产品和服务而付出的现金或现金等价物。对于成本的控制涉及生产的全过程，包括生产过程前的控制和生产过程中的控制。

生产过程前的成本控制，主要是在产品设计和研制过程中，对产品的设计、工艺、工艺装备、材料选用等进行技术经济分析和价值分析，以及对各类消耗定额的审核，以求用最低的成本生产出符合质量要求的产品。

生产过程中的成本控制，主要是对日常生产费用的控制。其中包括材料费、各类库存品占用费、人工费和各类间接费用等。实际上，成本控制是从价值量上对其他各项控制活动的综合反映。因此，成本控制，尤其是对生产过程中的成本控制，必须与其他各项控制活动结合进行。

在生产者主导的市场中，成本核算以"保证生产者收回生产费用"为基本职能，完全成本的概念受到高度重视，企业在向客户提供的成本资料中，详细列出所有成本事项。20世纪50年代后，随着物质不断丰富、市场竞争日益激烈，许多商品市场由卖方市场转向买方市场，成本核算中的直接成本、平均变动成本、边际成本等概念日益重要。在经济全球化背景下，市场竞争日趋激烈，而各大企业价格上的竞争，本质上就是成本的竞争。企业要想提高经济效益，必须通过降低成本的方法来进行控制，这也正是加强成本控制的重要性所在。

管理案例：福耀集团优异的成本控制能力

管理实践：利用控制职能解决企业运行中的问题

- 任务目标
  （1）培养学生运用控制相关理论和知识解决实际问题的能力。
  （2）培养学生的自我管理和控制能力。
- 任务要求
  （1）举例说明企业日常经营中常见偏差的表现形式。
  （2）分析和讨论在遇到上述问题时应如何运用控制职能解决问题。
  （3）课堂分享一些自己在时间和支出的使用方面有哪些控制方法和技巧。

案例分析

3年召回超35万件商品，宜家难过质量关

闲暇时间逛逛宜家，曾是很多人喜欢做的事儿。

进入中国市场多年，宜家输出的自助式购物体验，宽松的购物环境吸引了大批消费者，甚至还有不少人是奔着宜家里的烤肠、冰淇淋等餐食去的。

"逛宜家不一定买东西，里面的氛围和环境让人很放松。"而近年来不时冒出来的商品质量问题，叠加疫情对实体购物场所客流的影响，消费者的购物热度正在逐渐被消磨。

近日，因商品质量问题，宜家将召回近两万件商品，这已是今年第二次召回。

近年来，宜家商品质量问题不时曝光，有质检不合格，有消费者投诉，也有主动或者被动召回。这些对宜家的商誉伤害不小，从宜家业绩增速放缓就可以看出。

数据显示，截至今年8月末，宜家净利润下降至7.1亿欧元。而在一年前同一个财年里，净利润为14.3亿欧元，净利润减半。

1. 三年累计召回35万件商品

日前，宜家宣布召回2021年5月1日至2022年9月21日期间生产的HOPPVALS霍普沃六边形百叶窗帘、TRIPPEVALS普弗斯蜂窝状遮光卷帘，共19849件。召回原因为商品底部管件两端封口的塑料部件在90牛顿拉力以上可能会产生脱落，脱落的塑料部件可能引起误吞，存在窒息的风险。具体召回措施为2021年5月1日之后购买商品的顾客可以联系宜家取得维修配件。如果顾客不想保留商品，也可以联系宜家门店退款。

这已是宜家今年第二次召回。今年6月，宜家曾召回METALLISK梅塔里斯克意式咖啡壶，涉及1491件。召回原因为在商品使用过程中有可能发生胀裂，造成底座和壶体分解，可能会产生烫伤等受伤风险。

事实上，近年来宜家曾多次召回商品。数据显示，2019年至2021年的三年间，宜家召回的商品数量分别为2.2万件、13.42万件、17.36万件，加上今年的2万余件，近4年召回问题商品超过35万件。

召回是宜家主动降低风险的举措，但其中也能反映出宜家商品质量在投入市场后使用隐患较大。其实，近年来因商品质量问题，宜家多次遭到消费者投诉。

黑猫投诉显示，宜家累计投诉量达到842条，已回复821条，已完成682条，投诉多

集中在商品质量、售后服务等方面。

编号为17363438651的消费者在黑猫投诉表示,"2021年5月15日购买的宜家沙发,送货到家后,味道刺鼻。即使在家中放了一年多,味道依然很大,现在完全无法使用。2022年11月14日宜家安排师傅上门检测,师傅也确认有味道。宜家不同意原价退货,表示可以6折退货。"

无独有偶,编号为17363008389的消费者在黑猫投诉表示,"10月29日在成都成华宜家购买的帕克斯衣柜,当时询问销售可以自行安装,只需要支付30元上墙费,11月10日在家按照说明书自行安装时,衣柜垮塌,螺丝已压弯,木板的孔眼爆开,联系了宜家售后,工人上门查看后给出解决办法,要不将就使用,或者可以再支付350元换新,只能二选一。"

2.净利润"腰斩"

靠商品吸引消费者增加收入,商品质量屡遭质疑,宜家的盈利也会受到波及。

对此,宜家表示,由于急剧增加的成本抵消了创纪录的销售额,该公司年度利润大幅下降。

而反观宜家在中国的业绩表现,在更早便出现了增长乏力的现象。数据显示,2021财年,宜家中国区的线下访客数量为6.57亿,而在2020财年线下访客为7.06亿。

事实上,从2016年开始,宜家在中国的业绩增速明显放缓。数据显示,2015财年,宜家在中国的销售额增速达到27.9%,在此之后,增速逐渐下降。数据显示,从2016年到2018年,宜家中国的销售额分别为117亿元、132亿元、147亿元。

2018财年(截至2018年8月10日),宜家中国销售额比上年同期增长9.3%。不过,这一增长率与2017财年相比下滑了4.7%,与2016财年相比下滑超10%。

前段时间,宜家在中国关闭了两家线下门店。今年4月1日,宜家关闭贵阳商场;7月初又关闭了宜家上海杨浦商场。

对于闭店,宜家当时给出的解释是,对比线下,线上业务表现出更为强劲的增长态势,尤其是疫情后消费者的习惯和偏好带来更多的线上潜力。

2021财年,宜家中国线上销售额同比增长74%,宜家自有线上渠道在中国市场的访问量达2.3亿次。

目前,宜家正在加大线上业务,宜家中国母公司英格卡集团(INGKA GROUP)计划投资53亿元,用于进一步加快数字化转型、加快布局线下门店、推出更多新系列商品。

资料来源:付魁.3年召回超35万件商品,宜家难过质量关[EB/OL].https://finance.sina.com.cn/chanjing/gsnews/2022-12-08/doc-imqmmthc7482976.shtml.(2022-12-08)[2022-12-30].

根据案例回答下列问题:
结合案例资料,举例说明控制职能的类型、方法和作用。
从控制职能的角度,谈一谈宜家应如何保证商品质量的稳定性。

课后测验

一、单项选择题

1. "擒贼先擒王"是管理控制的（　　）的体现。
　　A.关键点原则　　　B.及时性原则　　　C.灵活性原则　　　D.可行性原则
2. 控制工作的过程不包括（　　）。
　　A.确立控制对象　　B.衡量绩效　　　　C.差异分析　　　　D.纠正偏差

3. 不针对具体人员，因而不易造成面对面的冲突，易于被员工接受并付诸实施的控制类型是（ ）。
   A. 事前控制　　　　B. 事中控制　　　　C. 事后控制
4. 在工作结束或行为发生之后进行的控制是（ ）。
   A. 事前控制　　　　B. 事中控制　　　　C. 事后控制
5. （ ）通常由基层管理者实施，具有监督和指导两项职能。
   A. 事前控制　　　　B. 事中控制　　　　C. 事后控制
6. 打预防针属于（ ）。
   A. 事前控制　　　　B. 事中控制　　　　C. 事后控制

二、判断题

1. 只要计划足够周密，就不需要进行额外的控制。（ ）
2. 外部环境的动态变化决定了控制是必要的。（ ）
3. 企业分权程度越高，控制就越有必要。（ ）
4. 虽然员工工作能力有差异，但是只要企业制定了全面完善的计划，经营环境在一定时期内也相对稳定，那么对员工的工作控制就是不必要的。（ ）
5. 根据时机、对象和目标的不同，可以将控制划分为三类：预先控制、现场控制、成果控制。（ ）
6. 为了保证经营过程的顺利进行，管理人员必须在经营开始以前就检查企业是否已经或能够筹措到在质和量上符合计划要求的各类经营资源。（ ）
7. 企业经营过程开始以后，对活动中的人和事进行指导和监督是现场控制的主要内容。（ ）
8. 虽然反映偏差的信息姗姗来迟，只要信息非常系统、绝对客观、完全正确，就会对纠正偏差带来指导作用。（ ）
9. 纠正偏差的最理想方法是偏差出现后，马上采取必要的纠偏措施。（ ）
10. 企业可以通过建立企业经营状况的预警系统来预测偏差的产生。（ ）
11. 企业经营过程中，过少的控制将不能使组织活动有序地进行，也不能保证各部门活动进度和比例的协调，将会造成资源的浪费，因此控制的越多越好。（ ）
12. 一项控制，只有当它带来的收益超出其所需成本时，才是值得的。（ ）
13. 只要衡量工作成效的标准是客观和恰当的，企业就可以实现对经营活动的客观控制。（ ）
14. 企业制定弹性的计划和弹性的衡量标准不利于企业对经营活动进行控制。（ ）

三、简答题

1. 控制的必要性。
2. 各种类型控制的概念。
3. 预先控制、现场控制和成果控制的内涵及其各自的优缺点。
4. 控制过程的基本内容。
5. 制定控制标准的方法。
6. 控制的方法有哪些？

第十二章

创　　新

课前案例

浙江健康码的诞生与推广

　　2020年初，新冠疫情在武汉爆发，由于具有传播形式多样、潜伏期长等特点，短短几个月疫情就蔓延至我国的大部分地区，对各行各业正常的生产生活造成巨大冲击，带来了极大的国民经济损失。在本次新冠疫情中，智慧城市系统无论是在上报信息还是管理流动人员和保障社会生产上普遍表现不佳。传统手工填表的形式极大地加重了基层负担，治理创新的愿望变得十分的迫切。为了有效应对新冠疫情，实现复工复产，破解"流动治理"难题，政府、社会组织、企业和公民迅速行动起来，积极投入到新冠疫情防控的战役之中来。2020年2月4日，中央网络安全和信息化委员会办公室颁发了《关于做好个人信息保护利用大数据支撑联防联控工作》的通知，鼓励企业在政府部门的指导下，做好信息安全保护的同时，利用大数据分析疑似者、密切接触者等重点人群的流动情况，为新冠疫情防控提供数字技术支持。随后，浙江省建立研究专班，研发出了浙江健康码。2月16日，在国务院办公厅的政策指导下，阿里、腾讯等互联网龙头企业受命参与到全国一体化政务服务平台疫情防控健康信息码的建设中来，参照浙江健康码，协助各地区开发健康码，为精准防控和有序复工复产做准备。2月17日，浙江省全省上线健康码，随后其他省份也开始采用。健康码以信息技术为基础，通过整合和对比个人的居住地信息、行程信息以及各地卫生健康部门上报的新冠肺炎确诊病例、疑似病例及密切接触者等人员信息，给个人发放证明其高、中、低风险的红、黄、绿三色码。持有绿码的低风险者可以以规定的方式在规定的范围内流动，而持有黄码的中风险者被限制流动，持有红码的高风险者则被禁止流动。为促进复工复产，2月29日，国家政务服务平台启用防疫健康信息码。3月23日，西藏上线健康码，标志着全国31个省级政府（除港澳台）已全部上线健康码。随后在应用过程中经过不断升级改造，健康码上陆续增加核酸检测查询、疫苗接种查询、14天行程查询等链接入口。

浙江健康码的成功与全国推广，是数字技术在社会治理中的一次创新实践，不仅为高效管控道路和人员出行提供了行之有效的策略，而且为恢复民众日常生活和工作、阻断疫情传播途径提供了有效手段。

问题思考

1. 创新有什么重要的意义？
2. 浙江健康码的诞生与推广是哪方面的创新？
3. 你还知道哪些创新案例？

第一节　创新概述

从原始人学会打制石器、制作弓箭、制作骨针、钻木取火到今天人类发明各种现代化的设施设备，无一不是创新的结果。可以说，创新推动了人类社会的发展。在当代，创新已经成为国家竞争优势的来源和企业持续发展的关键。

一、创新的含义

在英语里"创新"这个词起源于拉丁语的"innovare"，意思是更新、制造新事物或者改变。在汉语中"创新"首次出现是在《南史·后妃传上·宋世祖殷淑仪》中，"今贵妃盖天秩之崇班，理应创新"，意思是创造新的。显然创新这个词已经有很久的历史了，但直到20世纪才有学者对创新进行概念界定。

动画：创新的含义

目前公认最早对创新进行界定的是哈佛大学教授约瑟夫·熊彼特。1912年，熊彼特在其德文版的《经济发展理论》一书中提出：所谓创新，是指把一种从来没有过的关于"生产要素的新组合"引入生产体系。创新的目的在于获取潜在利润。熊彼特将创新概括为以下五种形式：引入新的产品或提高产品的质量；采用新的生产方法、新的工艺过程；开辟新的市场；开拓并利用新的原材料或半制成品的新供给来源；采用新的组织形式。

此后，许多研究者对创新进行了重新定义。美国学者曼斯菲尔德认为，当一项发明被首次应用时，可以称之为技术创新。英国科技政策研究专家克里斯托夫·弗里曼教授认为，创新是指在第一次引进某项新的产品、工艺过程中，所包含的技术、设计、生产、财政、管理和市场活动的诸多步骤。美国学者德鲁克认为，创新是企业家的特殊工具，通过应用创新，企业家把变化作为不同业务与服务的机遇。美国学者切萨布鲁夫则认为，创新意味着进行发明创造，然后将其市场化。

我国学者罗伟等人认为，创新是在经济活动中引入新产品或新工艺，从而实现生产要素的重新组合，并在市场上获得成功的过程。陈劲和郑刚认为，创新是从新思想（创意）的产生、研究、开发、试制、制造，到首次商业化的全过程，是将远见、知识和冒险精神转化为财富的能力，特别是将科技知识和商业知识有效结合并转化为价值。广义上说，一切创造新的商业价值或社会价值的活动都可以被称为创新。相对而言，陈劲和郑刚对创新的诠释较为全面，因此本书采纳陈劲和郑刚的创新含义。

管理思想：诡道制胜

二、创新与维持

对于一个组织来说，计划、组织、领导和控制四个职能是组织的维持职能，其任务是保证系统按预定的方向和规则运行。但组织是在动态的环境中生存和发展的，仅有维持是不够的，还必须不断调整组织活动的内容和目标，以适应环境变化的要求。创新职能就是出于这样一种目的而诞生的。只有借助管理的创新职能，才能将计划、组织、领导、控制等职能推进到一个新的管理的均衡状态，从而使组织在更高层次上实现目标、结构与功能的有机整合，以适应环境变化，赢得竞争优势。

维持与创新作为管理的两个基本职能，它们是相互联系、不可或缺的。创新是在维持基础上的发展，维持则是创新的逻辑延续；维持是为了实现和巩固创新的成果，创新则为更高层次的维持提供依托和框架。任何管理工作，都应围绕着组织运转的维持和创新而展开。

三、创新的类别

按照不同的分析角度，组织内部的创新有不同的划分方式。

动画：创新的类型

1. 局部创新和整体创新

从创新的规模以及创新对组织的影响程度来分析，可以将创新分为局部创新和整体创新。局部创新是指在组织整体性质和目标不变的前提下，部分活动内容、要素的性质和要素的相互组合方式等发生变动。整体创新则往往组织的目标和使命都发生了根本的改变。

2. 消极防御型创新与积极攻击型创新

从创新与环境的关系来分析，可将创新分为消极防御型创新与积极攻击型创新。防御型创新是指由于外部环境的变化对组织的运行造成了一定程度的威胁，为了避免由此造成的组织损失扩大，组织在内部展开局部或全局性的调整；积极攻击型创新则是通过对内外部环境的分析，预测到未来环境可能提供的有利机会，主动进行组织内部创新，以利用相应机会。

> **📖 管理故事：减灶与增灶**
>
> 东汉中期，羌族大举进攻，且有南下之势。汉朝将领虞诩率兵征讨。羌军在淆谷据险设防，阻挡汉军。汉军到淆谷后，虞诩发现羌军已有准备，兵力集中，不易取胜，下令就地扎营。次日，虞诩假装巡视部队，并四处宣扬：敌我兵力悬殊，等到援兵来后再进攻。羌军信以为真，放松戒备，分兵到各处大肆抢掠财物。虞诩见羌军兵力分散，趁机突破淆谷，并以每日百里速度行进。后又下令：官兵每人筑锅灶两个，逐日增加一倍。众将不解，兵书云：孙膑以逐日减灶而胜庞涓，且日行不过30里，以防不测。虞诩笑答："羌人多势众，我兵少势单。若行动缓慢，易被敌追上。今急速行之，敌则摸不准我方虚实。当初孙膑减灶是为诱敌深入，以强示弱；而今日，我需以弱示强，羌军见我锅灶大增，必以为援兵已至，断不敢贸然追击。待我处有利之时，便可以逸待劳，将其拿下。"不出所料，羌军见汉军锅灶逐日加倍，误认为援军已至，不敢贸然前行。虞诩率众顺利至成都，休养数日。待兵强马壮之时，羌军围攻成都，久攻不下且伤亡甚重。最后虞诩又设伏击溃羌兵，安定了武都郡。
>
> 用兵打仗就要因势利动、见机行事，所谓"兵不厌诈"。减灶与增灶完全相反，但都是根据对战争形势的分析，主动采取措施以谋取战争的胜利。
>
> 资料来源：佚名.战场上的逆向思维[J].思维与智慧.2018,（8）.

3. 初创期的创新和运行中的创新

从创新发生的时期来看，可将创新分为初创期的创新和运行中的创新。新组织的创建者从零开始创造一个全然不同于现有社会经济组织的新组织，寻找最满意的方案，取得最优秀的要素，并以最合理的方式组合使组织进行活动，这本身就要求有创新的思想和意识。而在创建之后，组织依然要根据环境变化和自身成长不断地创新。相对于组织初建期的创新，运行中的创新所占比例更高。

4. 自发创新与有组织的创新

从创新的组织程度上看，可将创新分为自发创新与有组织的创新。组织是在一定环境中运转的，外部环境的任何变化都会对组织产生影响。组织内部与外部直接联系的各部门接收到环境变化的信号以后，会在其工作目标、内容与方式等方面进行主动或被动的调整，进而会影响到那些与外部没有直接联系的部门，要求后者也相应作出调整，这就是自发创新。自发创新属于组织内自发行为，极有可能因遭到组织内保守势力的反对而失败，同时由于缺乏官方组织，自发创新的进程、程度和影响难以控制，创新结果充满不确定性。

与自发创新对应的是有组织的创新。有组织的创新包含两层意思。一层是组织的管理人员主动研究外部环境状况和内部工作，寻求和利用创新机会，计划并组织创新活动。另一层是组织的管理人员积极引导和利用各部门的自发创新，使之与组织有计划的创新活动相结合，使整个组织内的创新活动有计划、有组织地展开。有组织的创新容易得到其他部门及组织领导的支持与配合，进而变革过程中的阻力减小，更容易取得成功。然而，创新本身就意味着打破原本的平衡，并且环境本身存在很多不稳定因素，这就导致有组织的创新也有可能失败。但有计划、有组织的创新取得成功的机会远远大于自发创新。

第二节 创新的内容

创新涉及的面很广，从企业角度进行分析，创新的内容包括：技术创新、制度创新、组织创新、服务创新、环境创新、商业模式创新等。

一、技术创新

1999 年，中共中央、国务院颁发的《关于加强技术创新，发展高科技，实现产业化的决定》中提出了技术创新的定义："企业应用创新的知识和新技术、新工艺，采用新的生产方式和经营管理模式，提高产品质量，开发生产新的产品，提供新的服务，占据市场并实现市场价值。"技术创新是企业创新的主要内容，企业中出现的大部分创新活动是与技术革新有关的，因此很多人把技术创新视为企业创新的同义词。

动画：技术创新的含义

技术水平是反映企业实力的一个重要标志，企业要在激烈的市场竞争中处于主动地位，就必须不断地进行技术创新。目前，越来越多的企业重视自身的研发能力，国内外一些大的企业都有自己专门的研发机构，这是因为：企业难以从市场上购得所需的先进技术；企业即使可以购得一些技术，但由于技术的垄断性，投入的成本也会很高，并且一旦被限制购买就会导致企业步入窘境，2019 年起美国对华为的打压就是典型案例；引进的某些新技术需要通过企业内部的消化吸收，并与本企业的生产、管理融合之后，才能取得实效。显然，技术创新是企业核心能力的重要组成部分，企业只有重视研发，拥有先进的技术，才能使其他企业难以模仿和超越，保持持续的竞争优势。

由于技术都是通过一定的物质载体来体现的，因此企业的技术创新主要表现在要素的创新、要素组合方法的创新以及产品的创新 3 个方面。

（一）要素的创新

企业的生产过程是劳动者利用一定的劳动手段作用于劳动对象使之改变物理、化学形式或性质的过程。参与这个过程的要素包括材料、设备以及人事 3 种。

1. 材料创新

材料是构成产品的物质基础，材料费用在产品成本中占很大比重，材料的性能在很大程度上影响产品的质量。材料创新的内容包括：开辟新的材料来源，保证企业扩大再生产的需要；开发和利用更为廉价的普通材料或寻找普通材料的新用途，替代价格昂贵的稀缺材料，降低产品的生产成本；改造材料性能，提高产品的质量。现代材料科学的迅速发展，为企业的材料创新提供了更多可能。

2. 设备创新

现代企业在生产过程中广泛地利用各种机器设备，产品加工往往由机器设备直接完成，设备是现代企业进行生产的物质技术基础。马克思曾经说过："各种经济时代的区别，不在于生产什么，而在于怎样生产，用什么劳动资料生产。"设备的技术状况是企业生产力水平的重要标志。设备创新主要从以下 3 个方面进行。

（1）通过利用新的设备，减少手工劳动的比重，以提高企业生产过程的机械化和自动化程度。例如，青岛啤酒厂不仅仅啤酒制造和罐装流程运用大量的自动化设备，就连啤酒的搬运和码放工作都由机器完成。

（2）通过将先进的科学技术成果用于改造和革新原有设备，延长其技术寿命，提高其效能，节约生产成本。

（3）有计划地进行设备更新，以更先进、更经济的设备来取代陈旧的、过时的老设备，使企业生产建立在先进的设备基础上。

3. 人事创新

技术如何革新，机器设备也无法完全替代人在生产中的重要作用，因此企业在增加新设备、使用新材料的同时，还需不断提高人的素质，使之符合技术进步后的生产与管理要求。企业进行人事创新，包括根据企业发展和技术进步的要求，从外部招聘合格员工，也包括对企业现有员工的教育与培训，让他们通过掌握新技术、新知识，适应技术进步的要求。

（二）要素组合方法的创新

要素的组合方法包括生产工艺和生产过程的时空组织两个方面。

1. 生产工艺创新

生产工艺是劳动者利用生产工具和设施设备，对各种原材料和半成品进行加工或处理，使之成为成品的工作、方法和技术。生产工艺创新包括工艺过程、工艺配方、工艺参数等内容的创新。工艺创新包括根据新设备的要求，改变原材料和半成品的加工方法，也包括在不改变现有设备的前提下，不断研究和改进操作技术和生产方法，使现有设备得到更充分的利用，使现有材料得到更合理的加工。工艺创新与设备创新是相互促进的，设备的更新换代要求工艺方法作相应的调整，而工艺方法的不断完善又促使设备的升级改造。

管理案例：西菱动力的生产工艺创新

2. 生产过程的时空组织

生产过程的时空组织包括设备、工艺装备、在制品以及劳动者在空间上的布局和时间上的组合。空间布局不仅影响设备、工艺装备和空间的利用效率，而且影响工人与机器设备的配合，影响在制品、机器设备和工艺装备的占用数量，从而影响生产成本和产品的生产周期。因此，企业应不断研究和采用更合理的空间布局和时间组合方式，以提高劳动生产率，缩短生产周期，在不增加要素投入的前提下，提高要素的利用效率。20世纪伟大的生产过程时空组织创新，亨利·福特将泰勒的科学管理原理与汽车生产实践相结合而出现的汽车工业流水线。

（三）产品的创新

生产过程中各种要素组合的结果是形成企业向社会贡献的产品。传统意义上，将产品定义为有形的、物理的物品或原材料，如一袋奶、一辆汽车、一架钢琴等。但越来越多的产品制造商开始围绕产品向顾客提供服务。例如，汽车制造商为顾客提供路边紧急援助服务。但通常以产品为主的创新模式中，服务多以辅助的形式出现，通过提升顾客购买产品的附加价值，提升产品的市场竞争力。因此这里只分析有形的物质产品创新。物质产品创新主要包括品种和结构的创新。

1. 产品品种创新

品种创新是企业根据市场需求变化、消费者偏好的转移，及时调整企业的生产方向和生产结构，不断开发出受用户欢迎的产品。如新能源汽车的出现就是品种创新的例子。

2. 产品结构创新

产品结构的创新，在于不改变原有品种的基本性能，对现在生产的各种产品进行改进和改造（包括单个和多个零部件的升级），使其生产成本更低、性能更完善、使用更安全，从而更具有市场竞争力。新能源汽车出现之后不断提升续航能力以及其他性能，就是典型的产品结构创新。

二、制度创新

制度创新是从社会经济角度来分析企业中各成员间正式关系的调整和变革。制度创新主要包括产权制度、经营制度和管理制度等3个方面内容的创新。

管理思想：革故鼎新的创新理念

1. 产权制度

在经济学中，生产资料是企业生产的首要因素，因此，产权制度主要指企业生产资料的所有制。目前存在的相互对立的两大生产资料所有制——私有制和公有制在实践中都不是纯粹的。私有制正越来越多地渗入"共同所有"的成分，公有制则或多或少地添加"个人所有"的因素，我国目前国有企业的"股份制"形式以及国家参股等就是产权制度创新。

微课：制度创新

2. 经营制度

经营制度是经营权的归属及其行使的条件、范围、限制等方面的规定。谁向企业生产所有者负责等。经营制度创新的方向是不断探索企业生产资料最有效利用的方式。例如，青岛世园会将园区内部分物业进行改造，有的实行固定租金模式招租，有的实行流水分成模式招租，还有的自己招聘员工进行经营，通过多种方式充分发挥园区物业的经济价值。

3. 管理制度

管理制度是企业日常经营管理中各种具体规则的总称，包括对人力资源、资金、各种设备设施以及原材料等各种生产要素的取得和使用规定。合理的管理制度可以简化管理过程，提高管理

管理案例：青岛国际高尔夫俱乐部有限公司大型活动市场化服务与管理办法

效率。在管理制度的众多内容中，分配制度是最重要的内容之一。分配制度的优化创新可以让组织成员保持积极的工作状态，可以为组织节约大量人力资源。

企业制度创新的方向是不断调整和优化企业所有者、经营者及劳动者之间的关系，使各方面的权力和利益得到充分体现，充分发挥组织中各类成员的作用。

三、组织创新

为适应内外部环境的改变，企业在运行中也需适时对组织的结构进行创新。企业的组

织结构可以从横向和纵向两个不同层次进行考察。横向结构是指企业的管理部门划分，而纵向结构主要指组织中的集权和分权问题。不同的企业有不同的组织形式，同一企业在不同的时期，组织的结构也要随经营活动的变化进行调整。组织创新的目的在于更合理地组织管理人员，提高管理效率。

新型组织趋向于打破传统的组织结构，使组织更加适应市场需要和业务需求，组织结构呈现出扁平化、动态化、边界模糊化的特点。20世纪末出现了许多新型的组织模式和组织创新观点，例如企业再造、学习型组织、虚拟企业、扁平化组织、商业生态系统组织、网络组织等，其中企业再造、学习型组织和虚拟企业思想对当今组织创新影响最大。

1. 企业再造

1990年，美国麻省理工学院的迈克尔·哈默在《哈佛商业评论》上撰文，首次提出了公司工作的重新设计问题。1993年，哈默又与詹姆斯·钱皮共同出版了《再造企业——工商业革命宣言》一书，在该书中阐述了"企业再造"思想。

传统的企业组织形式注重企业的专业化和生产力水平，管理目标是提高企业的劳动生产率。企业再造则以顾客为中心，强调工作的最终结果是谋求企业的经济效益。传统企业常常采用金字塔型的组织结构，组织内部按照职能分工，并建立责任体系，强调管理者的命令与控制。企业再造则多采用扁平化组织，以流程小组为主，小组成员需要具备全面的知识、工作主动、善于合作。经过企业再造，员工需要负责多方面的工作，从单纯执行任务变为拥有一定权限、主动开拓业务，员工的业绩也以实际成果衡量。企业再造通过重新设计业务流程建立一种扁平化的新型组织，对信息化社会背景下的组织创新有重要意义。

2. 学习型组织

美国麻省理工学院斯隆管理学院教授彼得·圣吉是学习型组织的奠基人，他在1990年出版的《第五项修炼——学习型组织的艺术与实务》一书中提出了"学习型组织"理论，这一理论在企业界得到广泛传播，圣吉也因此被誉为当代杰出的管理大师。

学习型组织是指通过培养弥漫于整个组织的学习气氛而建立起来的一种符合人性的、有机的、扁平化的组织。这种组织具有持续学习的精神，可以通过不断的学习来改革组织。建立学习型组织，需要进行5项修炼，即自我超越、改进心智模式、建立共同愿景、团体学习和系统思考。学习型组织思想的重要意义在于阐明了学习和组织发展的联系。学习是发展动力最根本的源泉，在当今迅速变化的环境中，只有不断学习，组织才能不断改进以确保自身的持续发展。

3. 虚拟企业

1991年，美国利海大学的艾科卡研究所在《21世纪制造企业战略》中提出了以动态联盟为基础的灵捷制造模式，即虚拟企业。

虚拟企业是指某一企业经过市场的调查研究后完成某一产品的概念设计，然后组织其他具有某些设计制造优势的企业组成经营动态组织，快速完成产品的设计加工，抢占市场。虚拟企业是由一些独立的厂商、顾客，甚至竞争对手，利用计算机信息技术、网络技术及通信技术联盟形成的临时性网络组织。

虚拟企业与传统企业有很大的差别。

（1）虚拟企业建立在信息网络技术基础之上。

（2）虚拟企业通过整合各成员的核心能力和资源来达到增强竞争力的目的。没有核心能力的企业既不能控制其他企业，也无法成为虚拟企业的成员。

（3）虚拟企业的成员通过协作，共享资源、共担风险。

（4）虚拟企业通过协作和契约关系将非核心业务外包，削减了中间层次，因此组织结构呈现扁平化。

（5）虚拟企业是一个由不同企业构成的共同利益联盟，与传统企业相比，企业界限变得模糊。

（6）虚拟企业没有传统企业的内部组织制度，成员可以保持各自的风格，但成员之间必须相互信任、相互依赖，这样才能使虚拟企业顺利运行。

（7）通过协作，实现成员的共同目标之后，虚拟企业便随之解散，因此其存续期限是不确定的。

管理案例：海尔的人单合一尝试

四、服务创新

服务创新是企业为了提高服务质量和创造新的市场价值而发生的服务要素变化，是对服务系统进行有目的、有组织地改变的动态过程。过去，企业更注重技术创新，对服务创新的重视程度相对不足。近几年来，随着社会经济的快速发展，消费者的物质生活水平逐渐提高，对精神层面的需求也日渐凸显，更加追求深度的、个性化的、多元化的消费体验。在这样的大背景下，体验经济应运而生，越来越多的企业开始进行服务创新，以更好地满足顾客体验需求，降低企业的成本率。服务创新可以分为服务内容创新与服务流程创新。

微课：服务创新

> **管理故事：王永庆卖米**
>
> 王永庆15岁时到一家米店做学徒，出徒后，他向父亲借了200元钱，开起了自己的米店。
>
> 当时大米的加工技术还很落后，商店出售的米里经常夹杂有不少米糠、小石子等，人们也都见怪不怪了。王永庆心想："如果我能把米中的杂物筛选干净，大家肯定会喜欢我卖的米。"果然，他的这一做法得到许多顾客的好评。
>
> 但王永庆并不满足于此，不久他又琢磨出一项"上门卖米"的服务。他用一个专用的小本子，记下顾客的资料，比如一家几口人、一个月吃多少斤米、什么时候发工资等。
>
> 王永庆非常细心地计算着顾客家里的米什么时候吃完，然后送米上门，等到顾客发工资了，再上门收钱。而且，他给顾客送米的时候，总是先帮忙把剩下的旧米倒出来，并把米缸刷洗干净，再将新米倒进去，旧米则铺在最上面。这样，顾客就不必担心旧米因为放太久而生虫变质了。
>
> 这些举动虽小，却感动了不少人。因此他们都成为王永庆的忠实顾客，王永庆的生意越做越好。
>
> 资料来源：佚名.王永庆卖米 [J].快乐语文.2016(11).

1. 服务内容创新

服务内容创新是指对服务内容或者服务产品的变革，例如，青岛胶州紫薇广场生活服务中心丽园，因为道闸设有防砸保护系统，常有车辆尾随跟车入园的现象。面对随之而来的乱停车、占用停车位、占用主干道等情况，绿城物业青岛第三片区负责人和工程部负责人，从业主利益与安全出发，开始了道闸改造计划。他们在无可借鉴经验下，经过多次尝试、调试和改进，最终以两个道闸协作的创新方式，杜绝了车辆跟车现象，并创造了可复制性的改造案例。

2. 服务流程创新

服务流程创新就是对服务的创造和交易流程的更新。根据流程阶段的不同，服务流程创新可以分为两类：创造过程创新（即后台创新）和服务过程创新（即前台创新）。时下流行的各种打车软件，将路边招手打车变成通过手机预约等待的方式，把随机服务变成计划服务，提高了服务的精准性，也有利于资源的节约。有了打车软件，出租车司机不用漫无目的地扫街，降低了运营成本；客人不用等待，节约了时间成本，这种基于信息技术的服务流程创新给司乘双方都带来了好处。

管理案例：海底捞的服务创新

但服务内容创新和服务过程创新经常是难以区分的。如在海底捞点一份拉面，负责做拉面的帅气小伙子会在顾客面前现场表演花式拉面，这既属于服务内容创新，也属于服务过程创新。

五、环境创新

环境是企业生存和发展的土壤，同时也制约着企业的经营。环境创新是指通过企业积极的创新活动引导环境朝着有利于企业经营的方向变化。例如，企业可以通过公关活动，影响社区政府政策的制定；可以通过技术创新，影响社会技术的方向，影响消费者的消费偏好等。对企业来说，环境创新的主要内容是市场创新，即通过企业的活动去引导消费，创造需求。

新产品的开发往往被认为是企业创造市场需求的主要途径。其实，市场创新的更多内容是在产品的材料、结构、性能不变的前提下，通过企业的营销活动来进行的。这种市场创新的形式主要有以下两种：①通过开拓其他区域市场或者提出产品新的使用价值，寻求新用户。②通过广告宣传、提供特色赠品等促销工作，诱发和强化消费者的购买动机，增加产品的销售量。例如，2021年11月，麦当劳针对年轻人喜欢惊喜的特点，推出咖啡盲盒——买"麦咖啡"随机赠送7款萌宠蛋白霜中的一款。12月，麦当劳又瞄准铲屎官消费群体，推出"猫窝汉堡"，从麦乐送上购买指定限量套餐（共10万份）送猫窝，吸引了众多消费者的关注，预计持续14天的活动，仅1天就因猫窝全部送光而结束。

管理案例：小米网络营销模式创新

六、商业模式创新

管理学大师彼得·德鲁克曾经说过："当今企业之间的竞争，不是产品之间的竞争，而是商业模式之间的竞争。"商业模式是指企业价值创造的基本逻辑，即企业在一定的价值链或价值网络中如何向客户提供产品和服务，并获取利润的，通俗地讲，就是企业是如何赚钱的。例如，同样是做咖啡，可以开一家咖啡店，让客人到店里消费；可以做速溶咖啡，让客人买回家自己冲；可以做咖啡机，销售咖啡豆，让客人自己磨咖啡、煮咖啡等。

微课：商业模式创新

商业模式创新是指对"目前行业内通用的为顾客创造价值的方式"提出挑战，力求满足顾客不断变化的要求，为顾客提供更多的价值，为企业开拓新的市场，吸引新的客户群。商业模式创新的出发点，是如何为客户创造增加的价值。因此，它的逻辑思考起点是如何有效满足客户的需求。每一次商业模式的革新都能给企业带来一定时间内的竞争优势。但是随着时间流逝，企业必须不断地重新思考它的商业设计。

管理案例：丁香园的商业模式创新

第三节　创新的过程与组织

一、创新的过程

从企业的角度看，创新是从一种创新愿望的产生，到创新方案实现，再到创新目标实现的复杂过程。在这个过程中，一般要经过寻找机会、制定方案、迅速实施和忍耐坚持四个阶段。

动画：创新的过程

（一）寻找机会

创新是对旧秩序的破坏和对新秩序的建立。创新活动就是从发现旧秩序的不协调开始的，这些不协调中蕴藏着企业创新的机会。创新的机会可能来自组织外部，也可能来自组织内部。

从组织的外部来说，促使企业进行创新并能够为企业提供创新机遇的因素主要包括技术发展、人口变化、宏观经济环境变化、文化和价值观念的转变以及政府政策变化等。技术发展可能影响企业资源的获取、生产设备和产品的技术水平革新；人口的变化可能影响劳动力市场的供给以及产品销售市场的需求量；宏观经济环境的变化有经济增长和经济萎缩两种可能，经济增长可能给企业带来不断扩大的市场，而经济萎缩可能导致企业产品的需求者购买能力下降；文化和价值观念的转变可能改变消费者的消费偏好、消费方式以及劳动者对工作和报酬的态度；政府鼓励或者限制某个行业或领域的发展，会影响到企业的经营方向。例如，信息技术的发展与运用不仅改变了组织和个人储存文件与传递信息的方式，也提升了对产品的技术要求、改变了人们的消费方式，从产品更新换代、服务体验、营销手段、组织架构等方方面面对企业的创新提出了要求，也带来了机会。

从组织内部来说，促使企业创新的因素主要有经营中的瓶颈和意外的状况等。经营中的瓶颈会影响到劳动生产率的提高或员工劳动积极性的发挥。这种瓶颈有可能是某种原材料的质地不够理想,也可能是某种加工工艺的不完善、设备的老化、服务方式的滞后或是组织结构的不合理。组织在运营中可能会遇到意外状况。意外状况既包括预料之外的成功,也包括预料之外的失败。如企业本来并不重视的一个产品大受欢迎,重点发展的新产品却遇冷等,而无论成功与失败都会促使组织改变固化的思维和行为方式,从而推动组织的创新。

(二)制定方案

在发现组织内部或者外部的不协调现象后,需要透过现象分析其发生的根本原因,并预测其未来的变化趋势,估量它们可能给组织带来的积极或消极后果。在此基础上综合利用多种知识与多样化的方法形成创意,并制定创新方案。

管理工具:六顶思考帽

1. 提出创意

提出创新构想的第一步是以创新的机会为出发点,通过收集与分析资料,运用头脑风暴法、德尔菲法、TRIZ 理论、六项思考帽法、畅谈会等方法提出多种解决问题的创意。

2. 设计方案

提出创新构想的第二步是根据已知的创意,设计具体的创新方案,这是使创意落地的重要工作。方案设计方法应依据创新的内容进行调整。如新产品的开发过程通常包括产品规划、概念设计、方案设计、详细设计、工艺设计、试制、试验等阶段,产品开发成果表现为图纸、样品、配方、程序等阶段。

3. 评价方案

方案的评价与选择是创新实施前的重要环节。评价的重点是创新方案的应用效果、操作的可行性和方案的创新程度。

(三)迅速实施

创新机会和竞争因素都会影响到创新方案,因而方案一旦确定,必须迅速实施。一味追求创新方案的完美、延迟行动可能使创新方案的效益下降,甚至丧失实施的条件,或者可能把创新的机会白白地送给竞争对手。《志在成功》一书中有这样一个案例:20 世纪 70 年代,施乐公司为了把产品搞得十全十美,聘请了一群工商管理硕士(MBA),这些 MBA 们对每一件可能开发的产品都设计了拥有数百个变量的复杂模型,并且编写了一份又一份的市场调查报告,然而,当产品研制工作被搞得越来越复杂时,竞争者已经把施乐公司的市场抢走了 50% 以上。创新方案需要在不断尝试中逐步完善,企业只有迅速行动才能有效利用创新机会。

(四)忍耐坚持

创新是打破常规、探索未知的过程,不可能一帆风顺,会有失败,也有损失。创新的过程就是不断尝试、不断失败、不断提高的过程。因此,创新者在开始行动以后,为取得最终的成功,必须坚持下去,否则就会前功尽弃。创新者必须有足够的自信心和较强的忍耐力,正确对待尝试中出现的失败,并从失败中获取经验与教训,为下一次的尝试提供帮助。

二、创新过程的组织

创新是企业持续发展的动力,因此管理者应该鼓励下属创新,并为其创新活动提供条件、创造环境。成功的创新过程,要求管理人员做到以下几点。

动画:创新过程的组织

(一)营造鼓励创新的组织氛围

促进创新的最佳方式就是通过宣传与引导,树立以创新为荣的价值观念,创造一种无处不创新的组织氛围。例如 2014 年 9 月召开的夏季达沃斯论坛开幕式上,李克强总理首次提出,要借改革创新的"东风",在 960 万平方公里土地上掀起"大众创业""草根创业"的浪潮,形成"万众创新""人人创新"的新态势。据不完全统计,从 2013 年 5 月至 2015 年 8 月,仅一年多时间,中央层面已经出台至少 22 份相关文件促进创业创新。这些举措无不显示出中国政府对创新与创业的鼓励态度,在全中国营造出鼓励创新创业的组织氛围。

(二)正确理解和扮演"管理者"角色

管理者往往认为维持组织的运行才是自己的工作职责,因此他们会努力保证组织活动不偏离计划的要求。而创新活动会给组织的工作带来风险,所以管理者极易对创新活动产生排斥。然而在竞争日趋激烈的现代社会,管理者不仅需要维护组织的稳定发展,更要转变观念,带头创新,鼓励创新,为组织创新提供和营造良好的环境。

(三)制定有弹性的工作计划

创新意味着打破原有的组织规则,意味着时间和资源的计划外占用,因此,创新要求组织的计划工作必须具有弹性。创新需要充分的思考,如果员工每天疲于奔命,没有时间思考,创新就无从谈起。因此,制定有弹性的工作计划,可以给员工留出思考的时间,有利于组织创新。

(四)坦然面对失败

创新的过程是一个挑战的过程,是在无数次的失败中寻求一次成功的过程。管理者应该能够接受失败、允许失败,并鼓励员工从失败中获取经验教训。

(五)建立合理的评价和激励制度

组织的评价和激励制度不合理,会导致创新主体认为自己的努力没有得到组织的承认,其创新的动力会慢慢消失。因此建立合理的评价和激励制度是保证员工持续创新的动力。具体应该包括以下两方面。

(1)物质奖励与精神激励相结合。根据马斯洛需要层次理论,物质奖励可以满足员工较低层次的需要,而精神奖励可以满足员工较高层次的需要,二者结合使用有利于员工创新动力的激发。

(2)适当设置激励措施与范围,保证激励措施既能促进员工内部的竞争,又能促进成员间的合作。

管理实践：围绕模拟企业业务进行创新

- **任务目标**
  （1）深化学生对创新知识的理解。
  （2）培养学生的创新思维。
  （3）提高学生的创新能力。
- **任务要求**
  （1）以模拟企业为单位分析创新机会。
  （2）根据创新机会选择创新内容。
  （3）提出创意。
  （4）设计创新方案。
  （5）各模拟企业派代表阐述创新方案。

课后案例

绿水青山打开新篇章
崂山风景区以创新开启转型新发展

崂山风景区是全国文明风景旅游区、全国文明单位、国家文明旅游先进单位，是青岛市唯一的国家5A级旅游景区。进入冬季，寒冷的天气并没有让崂山冷清下来，白雪、雾凇、冰瀑等冬季独有的景观，吸引着游客纷纷上山拍照打卡。

近年来，青岛市崂山区文旅委大力发展全要素旅游产业，加快文化和旅游深度融合。2019年，崂山区成功创建首批国家全域旅游示范区，崂山风景区年接待游客462万人次，实现旅游收入8.98亿元，入选"中国优质服务景区100强"和"2019中国最受欢迎景区"。2020年受新冠肺炎疫情影响，崂山风景区接待游客265万人次，实现旅游收入5.06亿元。

1. 瞄准关键创新求变，景区综合治理实现新突破

"2016年崂山区入选首批国家全域旅游示范区创建单位，在全域旅游大潮中，崂山风景区迎来黄金期，发展进入快车道。"崂山风景区有关负责人介绍。近年来，崂山风景区从整顿旅游秩序入手，建强队伍、创新管理、苦练内功，以全新形象展示在游客和市民面前。景区旅游秩序整治取得历史性突破，在不到半年的时间里发生根本性好转。崂山的创新做法也作为典型案例，在全国文旅系统会议上予以推广。

针对景区长期存在的因职能交叉、多头管理导致的旅游治理难点和堵点，崂山风景区创新管理机制和执法监督方式，坚持以改革的思路和创新的办法破障碍、解难题。

景区通过先后组建旅游市场监管所、旅游巡回法庭、景区交管所、景区旅游执法大队等四个旅游执法机构，以及多个联合执法、假日投诉、重点景区整治办公室，实行统一指挥调度，通过组织开展旅游市场日常监管和联合执法等工作，形成"1+4+N"旅游综合管

理机制。

同时建立"黑名单"制度,对长期扰乱旅游秩序的人员、车辆、饭店等进行重点监管。针对非法拉客行为取证难问题,景区在主要游览区域设置了270余处视频监控抓拍系统,与公安、交警视频监控联网,并安排专人进驻崂山交警指挥中心,对重要区域、节点实时监控,及时查处非法拉客行为。

游客在崂山旅游遇到消费纠纷怎么办?旅游服务热线短号码"96616",24小时在线提供咨询、投诉、应急服务。景区建立旅游投诉回访制度、先行赔付制度,完善旅游纠纷快速处置联动机制,旅游、公安、交警、消防、市场等部门根据投诉内容,确保第一时间到达现场联合处置,提高了旅游投诉和突发事件的处置效率。

2. 全面统筹互促共享,景区社区融合发展形成新局面

崂山风景区作为崂山区经济社会发展的重要平台,进入新时代也承担着落实乡村振兴战略的重要任务。崂山核心游览区内共有35个社区、3万余名群众,其中票口以内共有15个社区、1万余名群众。崂山风景区着力完善政策机制、发展乡村旅游、促进居民增收,推动景区社区融合发展。

崂山风景区建立"三级帮联"工作机制,相继开通免费居民班车、开设农特产品销售市场,优先吸纳社区居民景区就业。每年从门票收入中拿出2000万元,设立生态资源保护奖补资金,让社区居民共享发展红利。通过成立景区旅游商会,开发"景区+农户"旅游产品,带动社区经营农户快速发展。广泛开展纳凉晚会、畅游崂山、走访慰问等"景社一家人"系列活动,创新建设"社区便民服务站",有效加深景社关系。

每年的旅游旺季,东麦窑社区的"仙居崂山"民宿都一房难求。景区集中租赁老百姓自家原有的旧房,通过统一规划设计、统一经营管理,打造富有传统渔家风情和崂山民俗文化的旅游民宿项目,在丰富崂山旅游内涵的同时,也增加了居民收入。

近年来,崂山区累计投入20多亿元,以3A级景区标准对景区内30个重点社区实施特色村打造,凉泉理想村、解家河国际艺术村等一批高品质乡村快速崛起,东麦窑社区、晓望社区获得"中国乡村旅游模范村"称号,崂山区当选北方唯一的"青年国际乡村双创优秀实践基地"。

景区与社区联合,大力发展农事采摘、农家体验、主题庄园等休闲农业,"北宅樱桃节""沙子口鲅鱼节""王哥庄茶文化节"等活动的人气逐年攀升。崂山大馒头、甜晒鲅鱼、崂山茶等特产相继亮相《舌尖上的中国》栏目。通过成立民宿协会,制定民宿管理办法,全力打造北方民宿标杆,涌现出仙居崂山、瑜上山间、乐活美宿等一批融合地域特征、人文风情与民俗文化为一体的精品民宿,成为崂山特色名片。

3. 以人为本品质为要,景区优质服务得到新提升

青岛地铁11号线是青岛市精心打造的"一站一景"高品质高架地铁线,游客在地铁上就可以看到崂山的优美风光。如今,青岛地铁11号线北九水站零换乘中心已正式投入使用近四年。

"我们的换乘观光车是与青岛地铁11号线同步开通的,实现了城市地铁与景区交通无缝衔接。"崂山风景区有关负责人介绍,"针对游客反映的进山不便问题,我们规划建设了零换乘中心。"自2018年4月项目建成以来,实现了轨道交通与景区的无缝衔接和"零换乘":乘坐地铁11号线的游客在北九水站下车,坐扶梯至"零换乘中心"购票后,即可乘

坐观光车直接进入北九水景区。

崂山风景区牢固树立"游客至上"理念，坚持以游客需求为导向，不断提升景区服务品质。先后组织实施十大重点工程、南北黄金线提升、生态环境整治行动，建设旅游配套项目100余个。创新完成38处标准化生态厕所，获得全国厕所革命"最佳景区""十大典型景区"等荣誉称号，"崂山标准"也被写入中国国际智慧城市发展蓝皮书。

崂山风景区还建成了全域覆盖、全网售票、全景展示的智慧旅游系统，实现"刷脸入园"和"一部手机游崂山"，获得全国"风景名胜区数字化示范点"和"全国数字文旅先锋奖"。2020年，崂山风景区全网分时段预约系统在落实景区"限量、预约、错峰"游览中发挥重要作用，受到广泛好评。

近年来，高水平的优质服务正在成为崂山风景区的新名片。景区大力倡导"最美的风景是崂山人"，建立了20支文明旅游志愿者队伍，开展"绿水青山无痕旅游""文明优质服务大提升"等实践活动，着力提供人性化服务，带动景区农家宴、茶社、商铺的从业人员真诚待客、诚信经营。崂山风景区在5A级景区检查中总评分排名领先。

4. 创新驱动转型升级，景区产业发展增添新动力

进入新时代，我国的旅游市场也在发生着深刻的变化，游客在欣赏绿水青山自然美景的同时，也渴望感受独具特色的地域文化。崂山风景区瞄准文旅产业转型发展前沿，依托崂山特色文化，加速文旅融合，积极打造崂山特色山海文化品牌，大力开展"上山下海"和"美丽崂山"行动，推动文旅产业转型升级。

近年来，崂山风景区的文旅产业得到迅速发展，旅游品质进一步提升。投资近百亿的沙港湾等重点项目开工建设，太清道苑精品酒店、九水和园艺术酒店、崂山书院等一批精品文旅融合业态相继问世；开通太清海上旅游航线，升级仰口海水浴场，开发海岛观光游览，引进通用航空、虚拟体验、文化演艺等新业态，推出"飞阅崂山"低空旅游项目，以创新性举措激发景区发展新活力，景区先后成为国家蓝色旅游示范基地、全国通用航空旅游示范工程，获得全国首批"中国天然氧吧"称号；景区策划推出的"太清水月"中秋赏月会，为崂山山海文化赋予了新的内涵；组织开展了"春色崂山""秋韵崂山""冬趣崂山"特色节会；连续举办五届"崂山100"国际山地越野赛，入选国家体育产业示范项目。

5. 合力建设生态崂山，让绿水青山持续造福人民

崂山不仅是绿水青山的旅游景区，更是一座生态资源丰富的金山银山。崂山风景区坚定不移走生态优先、绿色发展道路，扎实推进生态保护工作稳步向前。

崂山属暖温带大陆性季风气候，具有夏无酷暑、冬无严寒、雨量充沛、四季分明的气候特点。崂山植物资源丰富多样，是难得的植物多样性区域和植物资源基因库。目前，崂山有裸子植物总数54种、2变种、1栽培种，隶属9科26属；被子植物总数1138种、123变种、7栽培种，隶属126科573属。青岛百合（崂山百合）已被列入国家二级重点保护野生植物名录。崂山植物不仅具有十分重要的生态价值，而且许多植物具有重要的食药经济价值。崂山既是一座绿水青山，也是一座金山银山。

近年来，为控制病害向核心景区扩散，崂山率先引入国际领先的松材线虫病微创注射项目，通过先进的注射技术和高效药剂，对太清游览区、流清游览区、仰口游览区、华严游览区的3000余亩重点松林、4万余株松树采取了微创注药预防保护措施，有效控制了病害的扩散。

近年来，崂山建设了山东（暖温带）珍稀濒危树种种子资源保护与利用建设项目崂山原地保存库，项目实施方案设计被山东省林业科技专家委员会评为"林业优秀设计奖"。该项目合理利用崂山野生植物资源，保护珍稀濒危植物，对发展经济、开展科学研究、改善自然环境、维持生态平衡、丰富人民生活都有着重要意义。

目前，崂山已建成三处原地保存林，每处保护面积平均 15 公顷，共计 45 公顷；建成市级珍稀濒危树种种子资源原地保护库，位于太清林区老子路、张坡等区域；建成珍稀濒危种子资源保护基地石门异地库、九水引种试验区、凉泉繁育区，已具备保存、繁育、科研、科普、文化、展示等多种功能。

资料来源：修国华 品之.绿水青山打开新篇章 崂山风景区以创新开启转型新发展 [R/OL]. https://baijiahao.baidu.com/s?id=1720531715755131483&wfr=spider&for=pc.（2021-12-30）[2022-3-26].

根据案例回答下列问题。
1. 崂山风景区在经营管理中用到了哪些创新手段，这些创新手段分别属于创新的哪项内容？
2. 崂山风景区的创新管理对你所处的行业有什么启示？

课后测验

一、单项选择题

1. 麦当劳针对年轻人喜欢惊喜的特点，推出咖啡盲盒，买"麦咖啡"随机赠送 7 款萌宠蛋白霜中的一款。这属于创新中的（   ）。
   A. 技术创新　　　　B. 制度创新　　　　C. 环境创新　　　　D. 服务创新
2. 海尔的"人单合一"创新属于创新中的（   ）。
   A. 技术创新　　　　B. 组织创新　　　　C. 商业模式创新　　D. 服务创新
3. 改造材料性能，提高产品的质量，属于创新中的（   ）。
   A. 技术创新　　　　B. 组织创新　　　　C. 商业模式创新　　D. 服务创新
4. 海底捞为顾客提供免费美甲服务，这属于（   ）。
   A. 技术创新　　　　B. 组织创新　　　　C. 商业模式创新　　D. 服务创新
5. 通过对内外部环境的分析，预测到未来环境可能提供的有利机会，主动进行组织内部创新，以利用相应机会属于（   ）。
   A. 消极防御型创新　B. 积极攻击型创新　C. 局部创新　　　　D. 整体创新
6. 汽车工业流水线的发明属于（   ）。
   A. 技术创新　　　　B. 组织创新　　　　C. 商业模式创新　　D. 服务创新

二、判断题

1. 创新就是技术的创新。　　　　　　　　　　　　　　　　　　　　　　　　（　　）
2. 产品创新属于技术创新。　　　　　　　　　　　　　　　　　　　　　　　（　　）
3. 商业模式创新就是服务创新。　　　　　　　　　　　　　　　　　　　　　（　　）
4. 为了避免失败，创新方案一定要趋于完美才能付诸实践。　　　　　　　　　（　　）
5. 从创新的规模以及创新对组织的影响程度来分析，可以将其分为局部创新和整体创新。
　　　　　　　　　　　　　　　　　　　　　　　　　　　　　　　　　　　（　　）

6. 从创新与环境的关系来分析，可将其分为消极防御型创新与积极攻击型创新。（   ）

三、名词解释
1. 创新
2. 技术创新

四、简答题
1. 谈谈你对熊彼特关于创新的五方面内容的理解。
2. 创新有哪些类型？
3. 创新的内容包括哪些方面？
4. 创新的过程包括哪些步骤？

附录

管理学基础课程思政元素表

章　名	课程思政内容	课程思政元素
第一章　管理概述	政治立场	道路自信、理论自信、制度自信、文化自信、大局意识
第二章　管理理论的发展历程	思想方法	辩证唯物主义认识观和发展观、实事求是与实践检验方法、文化自信、守正创新、问题导向
第三章　决策	职业素养	细致果断、善于分析、客观冷静、统筹兼顾、谦虚谨慎
第四章　计划	企业家精神	时间管理、职业规划、坚持不懈、爱党爱国、自信自立
第五章　目标管理	目标意识	系统观念、目标明确、团结协作、脚踏实地、艰苦奋斗、时间观念
第六章　组织	团队意识	协作精神、责任意识、大局意识、服务精神、自信自强、系统观念
第七章　人员的配备	以人为本	正确的用人观、竞争意识、终身学习意识
第八章　领导	理想信念	严于律己、敢于担当、以德立身、不忘初心
第九章　激励	思想觉悟	责任意识、自信自强、团结协作、公平正义
第十章　沟通	道德观念	诚实守信、慎独自律、知行合一、乐观向上
第十一章　控制	思想观念	实事求是、责任意识、迅速行动、大局意识
第十二章　创新	创新精神	自信自强、守正创新、踔厉奋发、勇毅前行、坚持忍耐

参 考 文 献

[1] 弗雷德里克·泰勒. 科学管理原理 [M]. 北京：机械工业出版社，2021.
[2] 赫伯特·A·西蒙. 管理决策新科学 [M]. 北京：中国社会科学院，2000.
[3] 德鲁克. 管理——任务、责任、实践 [M]. 陈小白译. 北京：华夏出版社，2007.
[4] 法约尔. 工业管理与一般管理 [M]. 迟力耕等，译. 北京：机械工业出版社，2013.
[5] 黎红雷. 中国管理智慧教程 [M]. 北京：人民出版社，2006.
[6] 斯蒂芬·罗宾斯. 管理学 [M]. 4版. 北京：中国人民大学出版社，1997.
[7] 黄海力，曹继霞，杨欣. 管理学 [M]. 北京：经济科学出版社，2010.
[8] 焦强. 管理学 [M]. 3版. 成都：四川大学出版社，2014.
[9] 王长根. 美丽管理 [M]. 北京：企业管理出版社，2011.
[10] 宋嘉. 主体间性视域下"霍桑实验"中的非正式组织研究 [D]. 西安建筑科技大学.
[11] 李勇. 马克斯·韦伯科层制理论中的用人思想 [J]. 决策与信息旬刊，2013，000(11)：39.
[12] 宇红. 论韦伯科层制理论及其在当代管理实践中的运用 [J]. 社会科学辑刊，2005(3)：4.
[13] 刑以群. 管理学 [M]. 2版. 杭州：浙江大学出版社，2006年.
[14] 王光健，胡友宇，石媚山. 管理学基础 [M]. 北京：中国人民大学出版社. 2018.
[15] 刑以群. 管理学 [M]. 4版. 杭州：浙江大学出版社，2016年.
[16] 孙宗耀，荆春丽，周鹏. 管理学基础 [M]. 北京：北京理工大学出版社，2020.
[17] 王利晓. 管理学基础 [M]. 西安：西北大学出版社，2019.
[18] 于随园. 管理学基础 [M]. 杭州：浙江大学出版社，2018.
[19] 姜磊，马玉梅. 管理学基础 [M]. 北京：北京理工大学出版社，2018.
[20] 张永良，李博，卫玉成. 管理学基础 [M]. 3版. 北京：北京理工大学出版社，2018.
[21] 邢以群. 管理学 [M]. 4版. 杭州：浙江大学出版社，2016.
[22] 魏想明. 管理学 [M]. 武汉：湖北科学技术出版社，2014.
[23] 蔡茂生，黄秋文. 管理学基础 [M]. 广州：广东高等教育出版社，2011.
[24] 陈伟. 目标管理法 [M]. 苏州：古吴轩出版社，2019.
[25] 朱友发，司树宏. 管理学基础 [M]. 北京：北京师范大学出版社，2010.
[26] 许澂. 效率管理 [M]. 北京：经济管理出版社，2004.
[27] 周开全. 管理学原理 [M]. 北京：科学出版社，2012.
[28] 哈罗德·孔茨. 管理学：国际化与领导力的视角 [M]. 马春光译. 9版. 北京：中国人民大学出版社，2013.
[29] 中国就业培训技术指导中心. 企业人力资源管理师三级 [M]. 4版. 北京：中国劳动社会保障出版社，2020.
[30] 陆雄文. 管理学大辞典 [M]. 上海：上海辞书出版社，2013.

[31] 管理学编写组. 管理学 [M]. 北京：高等教育出版社，2019.

[32] 蔡茂生，黄秋文. 管理学基础 [M]. 2版. 广州：广东高等教育出版社，2012.

[33] 方振邦. 管理学基础 [M]. 3版. 北京：中国人民大学出版社，2016.

[34] 颜明健. 管理学原理 [M]. 2版. 厦门：厦门大学出版社，2017.

[35] 陈劲. 管理学 [M]. 2版. 北京：中国人民大学出版社，2017.

[36] 焦叔斌，杨文士. 管理学 [M]. 5版. 北京：中国人民大学出版社，2019.

[37] 哈罗德·孔茨，海因茨·韦里克. 管理学——国际化与领导力的视角 [M]. 9版. 北京：中国人民大学出版社，2014.

[38] 陈传明，周小虎. 管理学原理 [M]. 2版. 北京：机械工业出版社，2012.

[39] 加里·德斯勒. 人力资源管理 [M]. 北京：中国人民大学出版社，2017.

[40] 周三多. 管理学——原理与方法 [M]. 7版. 上海：复旦大学出版社，2018.

[41] 白瑷峥. 管理学原理 [M]. 北京：中国人民大学出版社，2014.

[42] 曹晓丽，林枚. 领导科学基础 [M]. 2版. 北京：首都经济贸易大学出版社，2016.

[43] 郑雪玲. 管理学基础 [M]. 2版. 厦门：厦门大学出版社，2019.

[44] 管理学编写组. 管理学 [M]. 5版. 北京：高等教育出版社，2019.

[45] 陈传明等. 管理学原理 [M]. 北京：机械工业出版社，2012.

[46] 陈劲，郑刚. 创新管理：赢得持续竞争优势 [M]. 3版. 北京：北京大学出版社，2016.

[47] 黄佐春. 李克强推进大众创业万众创新国务院22份相关文件部署 [EB/OL]. http：//news. cntv. cn/2015/08/06/ARTI1438812428847285. shtml.（2015–08–06）[2021–12–30].

[48] 陈劲，郑刚. 创新管理：赢得持续竞争优势 [M]. 2版. 北京：北京大学出版社，2015.

[49] 周三多，陈传明等. 管理学——原理与方法 [M]. 7版. 上海：复旦大学出版社，2018.

[50] 曾旗，胡延松. 管理学原理 [M]. 2版. 武汉：武汉理工大学出版社，2014.

[51] 黄朝宾. 管理学原理 [M] .2版. 北京：化学工业出版社，2014.

[52] 刘飞燕，张云侠. 管理学原理[M]. 2版. 广州：华南理工大学出版社，2018.

[53] 陆雄文. 管理学大辞典 [M]. 上海：上海辞书出版社，2013年

[54] 何盛明. 财经大辞典[M]. 北京：中国财政经济出版社，1990.

[55] 佚名. 国外早期管理思想. [EB/OL]. https：//wenku. baidu. com/view/60864e721b37f111f18583d049649b6649d709e4. html.（2020–04–22）[2022–1–20].

[56] 佚名. 西方早期的管理思想. [EB/OL]. https：//wenku. baidu. com/view/dd03814425284b73f242336c1eb91a37f1113235. html?fixfr=iSeE8c%252FTbAxnrpAPx1QZjw%253D%253D&fr=income1–wk_go_search–search.（2020–04–06）[2022–01–05].

[57] 姜桂娟. 管理学基础 [M]. 北京：北京大学出版社，2011年.

[58] 郭咸纲. 西方管理思想史 [M]. 3版. 北京：经济管理出版社，2004年.